道路深层病害雷达无损检测技术

崔玉萍　董雨明　王世成　贾耀飞　编著
张红春　审

人民交通出版社股份有限公司
北京

内 容 提 要

本书从电磁波的散射理论出发，首先研究裂缝等异常体在不同情况下的波场特征和识别方法，指导数值模拟和物理模拟；然后建立裂缝等大量的数学和物理模型，进行数值模拟和物理模拟，系统总结电磁波的波场特征；通过现场试验，与数值模拟和物理模拟结果进行对比，了解实际裂缝、脱空等的电磁波响应特征和识别方法。

根据上述理论研究成果开发了道路结构层厚度检测仪、道路结构变形检测仪、地质特征调查仪、路面隐性病害调查仪、梁板检测仪、边坡隐患调查仪、隧道检测仪、裂缝检测仪、生命探测仪。通过这些仪器实现对道路深层病害的定性描述和定量检测。

本书可供从事公路工程养护的检测技术人员使用，亦可供高校相关专业师生参考学习。

图书在版编目(CIP)数据

道路深层病害雷达无损检测技术 / 崔玉萍等编著. — 北京：人民交通出版社股份有限公司, 2021.1

ISBN 978-7-114-17019-5

Ⅰ.①道… Ⅱ.①崔… Ⅲ.①道路工程—病害—无损检验 Ⅳ.①U418

中国版本图书馆 CIP 数据核字(2021)第 019615 号

书　　名：道路深层病害雷达无损检测技术
著 作 者：崔玉萍　董雨明　王世成　贾耀飞
责任编辑：赵瑞琴
责任校对：孙国靖　宋佳时
责任印制：张　凯
出版发行：人民交通出版社股份有限公司
地　　址：(100011)北京市朝阳区安定门外外馆斜街 3 号
网　　址：http://www.ccpcl.com.cn
销售电话：(010)59757973
总 经 销：人民交通出版社股份有限公司发行部
经　　销：各地新华书店
印　　刷：北京鑫正大印刷有限公司
开　　本：787 × 1092　1/16
印　　张：8.25
字　　数：188 千
版　　次：2021 年 1 月　第 1 版
印　　次：2021 年 1 月　第 1 次印刷
书　　号：ISBN 978-7-114-17019-5
定　　价：38.00 元

序

目前，我国高速公路已进入大规模养护时代，高速公路大中修养护工程主要采用招标方式，基于“检测诊断＋综合设计＋养护施工、养护产品”的综合养护承包模式是未来的发展方向。通过实施深层病害检测及处治、长寿命预养护、裂缝全深度处治、大修路面结构转换等新技术，来全方位开展高速公路养护检测、设计、施工。

本书根据深层病害检测理论研究成果开发了道路结构层厚度检测仪、道路结构变形检测仪、地质特征调查仪、路面隐性病害调查仪、梁板检测仪、边坡隐患调查仪、隧道检测仪、裂缝检测仪、生命探测仪。通过这些仪器实现对道路深层病害的定性描述和定量检测。

目前作者已在河南、陕西、安徽、江西、四川、重庆等多个省（自治区、直辖市）使用深层病害系列检测仪，通过对道路的无损检测，为高速公路深层病害的精确处治提供了技术支持，使高速公路大中修由传统的整段开挖处理转变为局部处治，从而有效提升高速公路养护质量。该书具有实用性，可供相关技术人员参考学习。

二〇二〇年十月八日

前　　言

据交通运输部发布的《2019年交通运输行业发展统计公报》显示，2019年我国公路里程达到501.25万km，其中高速公路里程14.96万km，截至2019年末，公路养护里程达到495.31万km，占总里程的98.8%。数据表明，我国公路已经进入了大规模养护时代。

《公路技术状况评定标准》(JTG 5210—2018)将沥青路面病害分为裂缝、坑槽、松散、沉陷、车辙、波浪拥包、泛油等，这些病害均是显性病害。显性病害就是沥青路面已经发生并且已显现出病害特征的病害，是不通过仪器检测肉眼就能发现的病害。道路深层病害指道路已经发生但没有显现出明显的病害特征、不在表面层位或无法看到的病害。国内、外已颁布的道路预防性养护标准、规范或指南中，均未提及道路深层病害。道路深层病害一般要通过仪器检测才能发现，或经验特别丰富的技术人员能察觉道路深层病害的先兆，或在特定的条件下才能显现(随后又消失)。道路深层病害可能是轻微的病害，也可能是严重的病害。在已建成和计划修建的公路中95%以上为半刚性基层沥青路面，这种道路路面结构在建设成本、承载等方面具有优势，但易发生裂缝、松散、唧浆、脱空、沉陷路基强度不足、路基滑移等深层病害。道路深层病害的处治并不容易，传统的养护方案一般为在深层病害的初期不进行处理，任其发展；当其发展到一定程度进行罩面或者加铺；等深层病害严重到严重影响交通时，再进行开挖处治，即传统的大中修养护施工，其带来的弊端如下。

(1)成本高

我国每年至少有10%的道路陆续进行大修，往往需要开挖处理，费用高昂。目前我国普通道路养护资金普遍匮乏，高速公路略好，但也不容乐观。当前大部分高速公路的盈利能力并不强，大修费存在严重的不足，尤其随着高速公路路网的逐年扩大，养护经费不足的情况会愈发严重。

(2)浪费严重

我国每年至少有15%的道路陆续进行中修，通常会采用罩面或者加铺处理，这类工艺只能解决路表的病害，而深层病害依然存在。因此，加铺层的寿命往往达不到预期，要反复罩面或加铺，造成极大的浪费。

(3)影响交通

大中修都需要对路面进行开挖施工，工期少则数周、多则数月，对交通影响大，是造成目前道路拥堵和交通事故的重要因素。

(4)影响环境

加铺、开挖施工污染高，还会产生大量废料，带来环保问题。我国每年大约有100多万km的道路要进行大中修，施工中的扬尘，以及生产和使用各类施工材料会排放大量的污染物。由此可见,目前的公路养护技术缺乏可持续性,亟须改变和创新。

在传统的养护理念中,大中修必不可少,是为了恢复高速公路设计技术指标而必须进行的养护作业。但随着我国高速公路总里程的不断增加,在养护规模越来越大的今天,传统的高速公路大中修养护模式的弊端越发凸显。

在传统的养护理念中,沥青混凝土路面在15年的设计寿命内至少需要进行1次大修,2次中修及各类表面处治。高速公路路基路面20年不大修的养护理念是基于高速公路养护技术日新月异的发展、预防性养护的普及应用以及无损测技术的进步,而提出的全新养护概念。在该理念的指导下,未来高速公路路基路面有望实现在设计寿命内(甚至更长时间)不大修,并减少中修次数。

概括起来,高速公路路基路面不大修的核心理念为:预防性养护、深层病害检测、深层病害处治。只要加强预防性养护,并凭借先进的无损检测技术及时掌握路基路面深层病害的发展情况,并在设计和施工中利用高分子材料注浆、裂缝全深度处治(裂缝焊接)、CGMT等技术,及时对路基路面深层病害进行非开挖处治,保证其结构稳固,就能延长路基路面的寿命,进而避免大修。至于各种面层病害,应用薄层加铺、罩面以及表处等表面处治工艺就完全能够解决。

为了实现高速公路路基路面20年不大修深层病害处治是重中之重,由于国外的高速公路大多为全厚式沥青路面,沥青路面的病害主要是裂缝、坑槽、松散、车辙、泛油、波浪拥包等面层病害,这些病害主要是从上向下发展,由于基层引起的病害相对较少,所以国外的高速公路深层病害相对较少,国外对深层病害的研究比较少。我国高速公路95%以上都是半刚性基层沥青路面,沥青路面的主要病害很多是由于半刚性基层引起,由于半刚性基层的特殊性和施工技术问题、施工管理问题,半刚性基层易发生裂缝、层间不连续、基层脱空、松散等深层病害,进而引起面层病害。对于半刚性基层沥青路面,相对来讲半刚性基层的深层病害更典型、更难处理。

深层病害应引起足够的重视,因为深层病害看不到、摸不着,许多大的病害都是先发生深层病害,进而发展为显性病害,这些病害如果在隐性时得到处理就可以避免发展为显性时再处理,可以大大节约养护费用。要进行深层病害处治必须首先解决深层病害检测问题。

本书通过对探地雷达检测裂缝方法的研究,从理论分析、数值模拟、物理模拟和现场检测实验等多方面论述并验证了采用探地雷达检测裂缝等灾害的可行性、可靠性和准确性,并以对高速公路基层隐含裂缝的检测为例给出了具体的检测方法和参数选取原则,该方法作为最先进的检测技术手段必将在工程检测特别是高速公路养护监控等领域发挥巨大作用;探索了探地雷达用于生命探测的可行性,从而赋予探地雷达在多领域极强的实用价值。

编著者

2020年8月

目　录

第1章　概　　述

1.1　技术背景

《公路技术状况评定标准》(JTG 5210—2018)将沥青路面病害分为裂缝、坑槽、松散、沉陷、车辙、波浪拥包、泛油等,这些病害均是显性病害。显性病害就是沥青路面已经发生并且已显现出病害特征的病害,是不通过仪器检测肉眼就能发现的病害。

道路隐性病害:道路已经发生但没有显现出明显的病害特征、不在表面层位或无法看到的病害。国内、外已颁布的道路预防性养护标准、规范或指南中,均未提及道路隐性病害。道路隐性病害一般要通过仪器检测才能发现,或经验特别丰富的技术人员能察觉道路隐性病害的先兆,或在特定的条件下才能显现(随后又消失)。道路隐性病害可能是轻微的病害,也可能是严重的病害。

随着路面无损检测技术的提高,目前大多数的道路隐性病害都能通过仪器检测到,希望各运营管理单位像重视显性病害一样重视隐性病害,做到"早发现""早处理"。

由于国外的高速公路大多为全厚式沥青路面,沥青路面的病害主要是裂缝、坑槽、松散、车辙、泛油、波浪拥包等面层病害,这些病害主要是从上向下发展,由于基层引起的病害相对较少,所以国外的高速公路隐性病害相对较少,国外对隐性病害的研究比较少。我国高速公路95%以上都是半刚性基层沥青路面,沥青路面的主要病害很多是由于半刚性基层引起。由于半刚性基层的特殊性和施工技术问题、施工管理问题,半刚性基层易发生裂缝、层间不连续、基层脱空、松散等隐性病害,进而引起面层病害。对于半刚性基层沥青路面,相对来讲半刚性基层的隐性病害更典型、更难处理。

隐性病害应引起足够的重视,因为隐性病害看不到、摸不着,许多大的病害都是先发生隐性病害,进而发展为显性病害,这些病害如果在隐性时得到处理,就可以避免发展为显性病害,可以大大节约养护费用。

混凝土构件中存在各种各样的异常,如破碎板松动、沉陷、唧泥,板角断裂,错台,这些异常对以混凝土构件为基础的建筑构成很大的威胁和危害。高等级公路出现基层和面层裂缝、脱空是路基塌陷的前兆,水电站隧道衬砌裂缝、变形导致漏水甚至洞壁垮塌。如何能准确、快速地预测这些异常体,一直是工程领域的一个难题。诸多的研究学者在工程病害检测方面做了一定的研究和探索,但由于构筑物材料的不同,引发病害产生的原因也不同,其性质也大相径庭,使得病害的定量检测问题难度很大,在理论和方法研究方面一直没有太大的突破。

裂缝是建筑物、路基路面等构筑物最常见的安全隐患,所以有必要从裂缝检测入手来研究探地雷达的理论与应用。诸多学者在裂缝检测方面做了大量的研究和探索。牛永田等对混凝土坝裂缝产生的机理进行分析时提出了三大类不同的裂缝。夏惠芬等早在1996年就以拟三维模型对垂直裂缝几何形态进行数值模拟并对影响因素进行了分析。该文利用拉格朗日公式并结合虚功原理,推导出反映裂缝长度的能量方程,建立了拟三维模型。这方面的研究有三个前提条件:①裂缝的两翼需要对称;②裂缝在垂直平面内符合平面应变条件;③压裂液在裂缝内的流动为一维流动。而这三个条件在实际中很难得以满足,从检测的角度分析,其实用价值受到了很大的影响。刘江平等在建立垂直裂缝反射波运动学数学模型的基础上,对垂直裂缝模型进行了数值模拟和超声波物理模拟,并对计算结果作了综合讨论和分析。该方法从射线理论的角度充分阐述了裂缝在地震波场中所形成的特征及其本质,并在实际的运用中起到一定的效果。但是,该方法需要一个比较苛刻的前提,即需要一个深度适中的底界面,这大大地影响了实际运用的推广。聂立新等研究了深部垂直裂缝方位的确定原则。贺振华等利用垂直定向裂缝模型和MTS岩石物性测试系统,测试了不同材料和不同状态裂缝模型的地震特征响应,结果表明,利用地震波的振幅衰减等属性参数检测裂缝特征比利用速度参数更有效。罗杰等利用探地雷达检测技术对壁可法修补裂缝的效果进行了评价。曾昭英等对矩形油藏垂直裂缝试井进行了数学模拟及应用分析,为油藏垂直裂缝井试井资料的解释提供了理论依据和分析方法。另外,李成香等阐述了探地雷达在宜黄高速公路路面裂缝检测中的应用并对公路路基变形程度提出四种划分标准。薛国新等实现了基于最小矩理论的计算机裂缝自动识别方法。岳建华等利用超吸收边界条件在探地雷达剖面正演中能有效减少截断边界的伪反射,提高计算精度。何兵寿等在探地雷达正演中得到的结论表明,理想频散关系能真实反映雷达波在地下介质中的传播规律,超吸收边界条件能有效减少截断边界的伪反射,提高正演精度。孟美丽等采用回波模拟法对探地雷达脉冲波在路面结构层介质中的反射波进行了模拟合成。孙洪星等从电磁波传播的麦克斯韦方程出发,较为系统地研究和分析了雷达脉冲电磁波在有耗介质中传播的衰减特性,对研究雷达脉冲电磁波在地下有耗介质中的传播机制具有一定的指导意义。

目前,用于无损探测的方法主要有超声波法、地震映象法和探地雷达法等,超声波法由于能量弱,耦合困难,所用使用较少。地震映像法和探地雷达方法是裂缝检测的主要手段,但地震映像法由于频率较低,对浅表分辨率低,使其对浅表裂缝的探测受到限制,不能有效检测构筑物中的裂隙或微裂缝;探地雷达方法则拥有高分辨率、高效率、低成本和具有一定的探测深度等诸多优势,在过去的三十多年里,在工程建设、环境保护、考古等浅层高分辨率探测方面发挥了重要的作用,并被广泛运用在高等级公路的勘察、检测、监测,地基勘察,建筑物、堤坝等构筑物质量检测方面。工作实践中发现,在检测各种构筑物内部的裂缝或裂隙等病害,探地雷达可充分发挥其优势,并取得了较好的应用效果。但由于目前国内、外对探地雷达检测理论和应用方面的研究还不够系统和深入,阻碍了该方法的应用和推广,所以需要研究探地雷达检测理论与应用,通过理论分析、数值模拟和物理模拟,系统归纳单一或多层均匀介质中各种异常体的电磁波响应特征,为探地雷达检测病害的定量或半定量解释提供理论基础。

本书将从理论和应用两个方面完善探地雷达无损检测方法。其研究成果不仅可应用于各种裂缝、脱空、沉陷等工程病害的无损检测,还可用于生命与安全探测。

1.2 技术内容与技术路线

1.2.1 技术内容

(1)从电磁波的散射理论出发,研究裂缝等异常体在不同情况下的波场特征和识别方法,指导数值模拟和物理模拟;

(2)建立裂缝等大量的数学和物理模型,进行数值模拟和物理模拟,系统总结电磁波的波场特征;

(3)现场试验,与数值模拟和物理模拟结果进行对比,了解实际裂缝、脱空等的电磁波响应特征和识别方法。

1.2.2 技术路线

(1)以电磁场散射理论为基础,研究分析各种情况下裂缝等异常体的电磁波响应特征;

(2)建立数学模型,采用时间域有限差分方法,编制相应的软件进行正演模拟,同时进行物理模拟。以理论分析为基础,结合数值模拟和物理模拟结果,剖析裂缝波场特征形成的物理机制,并对其动力学特征进行分析探讨;

(3)以高速公路基层裂缝等的检测为例,讨论具体的检测方法和参数选取原则;

(4)通过现场检测试验和对资料的解释、对比,论证探地雷达检测裂缝等异常体的可行性、可靠性和实用性,探索采用探地雷达进行生命探测的可能性。

1.3 技 术 成 果

(1)根据散射波理论,从分析点元电磁波响应特征入手,系统分析各种情况下裂缝等异常体的电磁波响应特征,为进一步深入研究裂缝等异常体检测技术打下了基础。

(2)基于电磁波的散射理论,对导线、钢筋、钢管、金属板、非金属板、长方体铁皮盒等多种模型的电磁波场特征进行了系统的物理模拟和数值模拟研究,总结了单一或多层均匀介质中各种倾角和宽度裂缝等异常体的电磁波响应特征,为探地雷达探测裂缝等异常体从定性解释转为定量解释提供了理论依据。根据数值模拟结果,现有灵敏度为2mV的探地雷达可检测裂缝的最小宽度为1.67μm。

(3)以物理模拟和数值模拟研究总结的电磁波响应特征为指导,成功解决了桥梁空心板顶板厚度检测和人体生命探测技术难题,有效拓宽了探地雷达应用领域。

(4)在理论研究的指导下,通过试验分析总结了探地雷达检测裂缝的具体方法,给出采集参数选取原则和裂缝异常的识别与解释方法。

第2章　探地雷达技术

2.1　探地雷达发展历史概述

探地雷达(Ground Penetrating Radar,简称GPR)是一种利用高频电磁波的反射探测地下目标体及地质现象的物探方法,亦称地质雷达。它由地面通过天线向地下发射电磁波,经地层或目标体反射,为另一天线所接收,并以脉冲反射波的波形形式记录,经处理得到二维雷达图像,以波形、彩色或灰阶方式显示地下垂直剖面。早在1909年,Q. Trustedt等就提出了电磁波勘探方法的设想,同年,Long和Leinbach等利用电磁波进行地下探测的试验。1929年,Eve和Keys指出电磁波能入射进入地下。1937年,B. S. Melton提出了利用向下发射电磁波来检测地下回波的雷达方案,从而获得了美国专利。采用雷达方式的探地雷达具体化是从20世纪60年代后期才开始的,但探地雷达技术的真正发展是20世纪70年代以后的事情。20世纪70年代以来,探地雷达技术的发展过程大体上可分为三个阶段:70年代初期至中期为第一阶段,可称之为试验室阶段,其主要工作是研究探地雷达的工作原理、方法,研制探地雷达试验系统;70年代中期至80年代中期为第二阶段,可称之为实用化阶段,同时也是技术不断发展的阶段;80年代中期到现在为第三个阶段。探地雷达技术已被证明能解决多种多样的问题。只要感兴趣的目标物掩埋在诸如冰、盐、岩石、水或土壤等物体中并与周围介质间存在电磁物性差异,这种方法就有"用武之地"。

探地雷达应用早期主要限用于电磁波吸收较弱的冰层、岩盐矿等介质中,如1963年Evans用雷达测量了极地冰层厚度,1970年Harrison在南极冰面上取得800～2200m穿透深度的资料。20世纪70年代以后,随着仪器信噪比的提高和数据处理技术的应用,探地雷达的实际应用范围迅速扩大,如高速公路、机场跑道的路基质量检测,道路下方、隧道周围的空洞和弱点探测,掩埋管缆、地下水库的探测,桥梁和建筑物完整性及基岩持力层等方面的工程地质调查和工程无损检测,水坝内部侵蚀探测等;环境地质方面主要应用于放射性废料处理所涉及的断裂带勘查,地表或平巷内雷达剖面测量,孔内雷达勘测和跨孔雷达层析勘测,地下水污染扩散,洞穴、地裂缝、滑坡的勘查等;另外,探地雷达在宅基、城池、墓葬遗址等城市考古中也得到了广泛应用,甚至在航天遥感领域用于探测火星永冻层厚度和所存在的水量。在短短的几年中,我国对探地雷达技术进行了大量应用和研究工作,并取得了许多成就。当然,探地雷达方法与其他探测方法相比也有其自身的不足:譬如存在分辨率与探测深度的矛盾问题;高频信号可得到较高分辨率,但限制了其探测深度,在分辨率和探测深度之间要合理折中;黏土的高传导性、海水电解质的吸收性等也限制了探地雷达技术在这些区域的应用。

探地雷达方法和技术,以其探测的分辨率高于其他地球物理手段、不具破坏性、抗干扰性和适应性强、图像显示直观清晰等特点,在地质调查、工程无损检测和考古调查等领域均获得了成功，并显示了广阔的应用前景。但是，探地雷达方法无论是在理论基础方面，还是在实际应用方面都还存在许多问题有待人们去探索、去研究。

2.2 探地雷达技术简介

2.2.1 探地雷达系统

探地雷达系统一般由发射电路、接收电路、低频放大电路和数据采集与处理等四大部分组成。其中，发射电路由脉冲发生器和发射天线组成，产生的脉冲上升时间在3ns以下，发射的电磁能量进入地下。接收电路由接收天线、高频放大器、取样电路等构成。由接收天线接收到的高频信号经过放大、滤波后，利用脉冲取样技术，把重复接收的波形变成音频信号，并送入低频放大电路进行模拟信号处理。低频放大电路由滤波器、时变增益放大和主放大电路组成。由于电磁波深部信号比较弱，采用时变增益放大可以有效提高深层目标反射信号的幅度。数据采集和处理部分主要由模拟/数字(A/D)采集板、图像处理和图像显示等构成。系统中，宽频带行波收/发天线是一个关键问题。以研究柱形对称偶极天线为基础，经过多次实际应用和反复改进，已设计出加载方式和电阻率分布独特的行波天线，天线形状为扇形，其两臂夹角为60°。天线上电阻率分布随天线臂长呈阶梯递减变化，以致形成强辐射的电磁能量进入地下。对不同中心频率的天线，其电阻率分布不同，发射效率达20% ~70%。

2.2.2 数据采集

根据研究内容及探测目标的不同，在进行数据采集时，探地雷达的观测方法(即发射天线与接收天线的相对位置和移动关系)也不相同，通常采用以下4种观测方式。

(1)剖面法，类似于自激自收单次覆盖的地震反射法。

(2)穿透法，类似于无线电波透视法。

(3)广角法，类似于折射地震法。

(4)共中心点法，类似于多次覆盖地震反射法。

由于大多数频率在几百兆赫兹至1GHz以上的探地雷达天线多采用收、发天线一体化封装设计，收、发偏移距固定不变，也无法更改，所以，实际工作中以类似自激自收的剖面法最为常用。在进行剖面法检测时，为提高记录的信噪比，一般采用多次垂直叠加方式。探地雷达的多次垂直叠加效果要比地震勘探中的可控震源多次垂直叠加效果好得多，因为探地雷达的多次垂直叠加更能够保证多次激发信号的一致性。

2.2.3 信号处理

探地雷达资料的数据处理与地震勘探数据处理基本相同，可以说，多数用于地震勘探数据处理的模块均可直接用于探地雷达资料的处理。雷达资料处理主要包括动校正、滤波及时频变换处理、自动时变增益或控制增益处理、偏移处理、速度分析和时深转换等。

(1)动校正

将非零偏资料校正为真正自激自收意义上的零偏移距资料。

(2)滤波处理

滤波的方法很多,带通滤波可以滤掉信号中的低频振荡和高频噪声等成分,水平滤波则可以消除背景噪声;频率-波数滤波可除去高频杂波或突出目标体,降低背景噪声和余振影响,还可以消除由于地表类点状反射体和测量装置引起的斜反射;反褶积滤波可以消除天线的瞬变和多次反射,提高数据的垂向分辨能力。总的来说,滤波处理对消除雷达数据噪声是比较有效的。

(3)时频变换处理

将记录从时间域变换到频率域,以分析资料的频率成分或进行频域切除滤波等。

(4)自动时变增益或控制增益处理

可以补偿介质吸收和抑制杂波。

(5)偏移处理

又称为偏移归位,与地震偏移处理的意义相同。偏移处理是用来消除在数据采集过程中引起二维图像畸变的处理方法,这种畸变是由于天线具有一定的辐射波束宽度,造成似点状反射体以双曲线形态呈现在剖面上,并使斜界面出现偏移失真。偏移可以把双曲线两翼上的能量归位到顶点上,即可使绕射波收敛,反射波归位。经过偏移处理不但可提高 GPR 剖面的分辨率,而且使处理以后的 GPR 深度剖面更加接近实际地质剖面,便于进行地质解释。

(6)速度分析和时深转换

通过对宽角资料或层析反演资料进行分析以获得雷达波在地下介质中传播的真实速度,并利用该速度将时间剖面转换成深度剖面。

目前数据处理仍相对地集中在时间波形处理上,今后应主要研究和设计与脉冲波形有关的反滤波或匹配滤波器,构建聚焦算法,发展二维和三维空间滤波和偏移处理技术,同时加强对回波的频谱特性和介质极化特性的研究。

2.2.4 图像识别

原始的 GPR 剖面是一个时间剖面,通过宽角法、层析反演方法等可求得地下介质的波速,这样就可以将时间剖面转换成二维空间剖面。目前,利用二维图像剖面识别目标体的方法有两类,一类是人工智能法,另一类是目视判读法。人工智能图像识别法在 GPR 中的应用刚刚起步,常用的是能量探测方法和频谱识别方法。能量探测是通过统计区域测点时间波形的累计能量并与确定的阈值比较,当能量超过阈值时,就作为异常;然后再在异常范围内确定出几个对比时窗,统计各时窗的能量,找出具有异常能量的时窗段。根据异常能量分布空间范围,获得目标体的分布。这种方法快速、简便,可以给出目标体可能的分布范围,但不能精确地给出目标体的形状和边界;频谱识别是通过计算获取某一形体的精确特征频谱,把这些频谱特征与实测资料的频谱进行比较,以识别目标体的形体。这种方法目前还只能用于一些最简单目标体的识别。

目视判读是利用人眼判读二维图像,从而得出地下目标体的形状、大小及其空间位置。目视判读解释是目前最常用的图像识别方法,这种方法的基础在于熟悉各种地下掩埋体的图像模型，即GPR图像的正演模型。王惠濂、M. Bernabini等的物理模拟和野外试验的成果为异常识别和图像的地质解释提供了理论和实证依据。图像异常的地质解译不是一个简单的电磁学问题，它涉及地理、工程、考古等学科知识，故它是一个系统工程，需要综合各方面的知识和经验才能提高探测水平，特别是解译水平。

2.2.5　主频、探测深度及应用范围

探地雷达的应用是多方面的，按其探测深度一般可分为：

(1)浅部应用：中心主频大于1000MHz，探测深度小于0.5m，主要用于公路路面、机场跑道、墙厚及墙内空洞和隐藏物的探测等。

(2)中深度应用：中心主频100～900MHz，探测深度0.5～8m，主要用于地下管线、地下空洞、考古研究、混凝土质量检测等。

(3)大深度应用：中心主频小于100MHz，探测深度10～50m，主要用于岩土工程勘察，以探明地下岩溶洞穴、堤坝隐患、地基勘察、岩土层划分、基岩埋深及其构造破碎带的分布形态等。

此外，GPR也已应用于航空、卫星测量及一些特殊领域。可以推定，随着人们对GPR研究的不断深入，它的应用范围也将进一步拓宽。探地雷达在水利水电工程建设中以大、中深度的应用为主，以查明地下地质结构，进行岩土分层，探测坝体隐患等岩土工程勘察项目为主，发挥着越来越大的作用。

2.3　探地雷达技术在应用中急待解决的问题

在实际工程检测中，国内对探地雷达的应用非常普遍。无论是进口仪器或是国产仪器，目前在国内总的占有率已为数不小。但由于探地雷达方法和技术还不像地震勘探那样经过了长期的发展不但非常成熟，而且能作为物探的主要手段在石油和天然气勘探开发中起着举足轻重的作用而倍受重视，探地雷达方法目前还没有形成一种独立的、成熟的理论方法体系，在实际应用中暴露出很多的问题。导致这些问题的原因可归纳为以下几点：

(1)理论研究不够。

探地雷达方法主要依靠地下介质中的异常体对发射天线发射的电磁波产生的响应(包括散射、反射、折射等)来探测地下异常体的形态、性质和埋深的。它与军用雷达探测空中目标的原理相似，但涉及的传播介质则远较军用雷达复杂。军用雷达的研究和运用涉及国防建设和国家安全，其理论研究方面的投入远较探地雷达大得多。到目前为止，探地雷达方法主要还是借助于地震勘探的理论进行正演模拟和反演解释。但探地雷达毕竟不是地震勘探，其依据的理论基础也不能完全被地震勘探原理所取代。除了与地震勘探原理的相似性之外，它还具有自身的特殊性。所以，探地雷达应该独自拥有一套完整的理论和方法体系，以适应其自身发展和运用的需要。

(2)野外采集参数选取不够规范。

由于理论上研究不够，导致野外采集方法也不够成熟。针对给定类型和埋深范围的目标，该如何选取最佳的采集参数才能得到最理想的采集效果？要回答类似客观而又实际的问题，

从根本上说必须要有相应的理论作为依据，否则就容易失去其科学性和合理性，导致盲目性。盲目采集是目前探地雷达应用中较常见的问题，所以通过理论研究来探索科学合理的采集方法也是当务之急。

(3)资料处理技术跟不上。

高分辨率体现了探地雷达方法的优势。高分辨率意味着发射的信号脉冲拥有较宽的频带和较高的主频。较高主频的探地雷达天线又多采用双极相对固定的统一封装模式。这种类型天线的使用主要是采用等偏移距激发接收的连续探测方式，该方式下获得的剖面类似于浅层地震勘探中的地震映像剖面，它包含诸如空气直达波、地面直达波、反射波、散射波、折射波、面波等多种类型的电磁波。这种雷达资料有以下特点：①多次波发育；②干扰严重；③介质速度难以求取等。从处理的角度看，这些特点使得资料在处理上难度很大，但到目前为止，探地雷达资料的处理还主要是照搬了地震勘探资料的处理方法，并没有针对自身的特点开发出特殊的处理程序。采用现有的地震处理程序来处理上述雷达资料显然有很多不足之处或无法克服的困难，这也大大限制了该方法的应用和推广。

(4)资料解释方法不成熟。

目前的探地雷达资料解释还主要是停留在目视判读的定性解释层面上。从理论上讲，探地雷达利用了电磁波频率高、分辨率高的特点，应当在探测地下小尺度异常体的大小和埋深方面发挥更大的作用；而且目前探地雷达资料的解释却仅仅停留在定性解释上显然是不够的。譬如对于探测剖面上隐蔽的、肉眼难以分辨的，但却又是实际存在的微弱异常，可以从波场动力学的角度，通过对特征参数的数值分析进行定量或半定量的解释，从而使探地雷达资料的解释提升一个高度。这应当是研究资料解释问题的一个切入点，是将探地雷达资料解释方法引向成熟发展的一个方向。曾有这样一句名言：任何一门科学，如果不能从量上进行把握，就不能算得上是一门科学。所以，探地雷达技术的运用和发展很大一部分将体现在其资料的解释由定性向定量的过渡上。

总之，关于探地雷达方法，无论在理论方面还是实际方面，目前都还存在许多问题亟须研究解决。对探地雷达检测裂缝问题的研究正适应了目前和将来工程界对现代检测技术的需求。随着我国高速公路建设规划的实施，从未来着眼，养护检测不但必不可少，而且检测工作量会逐年递增，探地雷达技术以其诸多优势将被优先考虑。将该项技术进一步发展和完善是目前亟须解决的问题。

第3章　理论分析、数值模拟与物理模拟

3.1　基本原理、数值模拟方法和物理模拟方法

3.1.1　基本原理与基本概念

由于弹性波与电磁波具有非常相似的性质，许多基于弹性波性质提出的基本原理同样也适用于电磁波。所以，这里在阐述基本原理和表达基本概念时将借助弹性波来研究和类比电磁波，这样既便于进行表述，又能从直观上帮助我们理解问题的本质。

3.1.1.1　惠更斯-菲涅尔原理

在研究弹性波波前向前传播的规律时，惠更斯于1690年提出："在弹性介质中，任何时刻波前上的每一点，都可以看作一个新的点震源，由它产生二次扰动，形成子波前，而以后新波前的位置可以认为是该时刻各子波波前的包络"，这就是著名的惠更斯原理，又称波前原理（图3-1）。

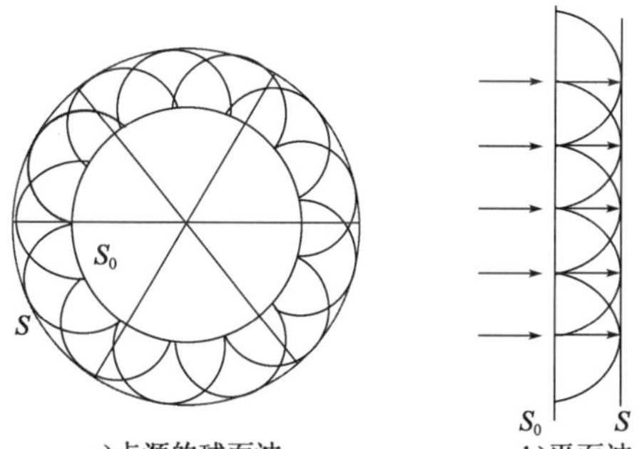

a)点源的球面波　　b)平面波

图3-1　惠更斯原理示意图

用惠更斯原理来描述波传播的特点，只给出了波传播的空间几何位置，而不能给出波传播的物理状态，如能量的问题。1814年菲涅尔（Fresnel）补充了惠更斯原理中的不足，他认为波传播时，任一点处质点的新扰动，相当于上一时刻波前面上全部新震源所产生的子波在该点处相互干涉叠加形成的合成波，这就是惠更斯-菲涅尔原理，因此，经惠更斯几何地提出，菲涅尔物理地补充而形成了较完整的波动传播的运动学基础。

在后面的论述中将会看出，惠更斯-菲涅尔原理是本书讨论和研究电磁波场特征的最基本的原理，是研究问题的第一出发点，所有的结论的得出都是该原理直接或间接运用的结果。

3.1.1.2 费马原理

费马原理是从射线的角度对波的传播路径的描述。所谓射线,就是波从一点到另一点传播的路径,而波在任一时刻的射线总是与该时刻的波前面垂直。费马原理指出,波沿射线传播的时间和沿其他任何路径传播的时间比较起来是最小的,所以又称之为时间最小原理。在均匀介质中,射线为自震源发出的一簇辐射直线。因为射线恒与波前垂直,所以平面波的射线是垂直于波前的平行直线;而在非均匀介质中,射线有可能是一簇曲线。对光线传播特性的观察有利于帮助我们从直观上来理解射线的含义。在研究反射地震原理时用得最多的就是射线理论。

3.1.1.3 绕射波

绕射波的形成体现了惠更斯原理最简单的情况。在反射地震勘探中,绕射波的概念是这样引出的:地震波在地下岩层中传播,当遇到岩性突变点,如断棱、地层尖灭点和不整合面的起伏点等(图 3-2),这些点都会成为新的点震源,而产生一种新的波动,称这种波为绕射波,新的点源称为绕射点。

前人已经推导并证明了绕射波的时距曲线是一条标准的双曲线。如图 3-3 所示,设测线垂直断棱,绕射点 D 的埋藏深度为 h,D 在测线上的投影点为 M,$O_1M = d$。

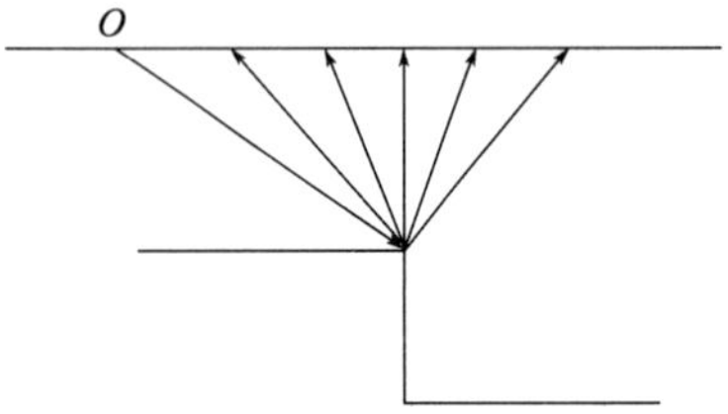

图 3-2 绕射波形成示意图

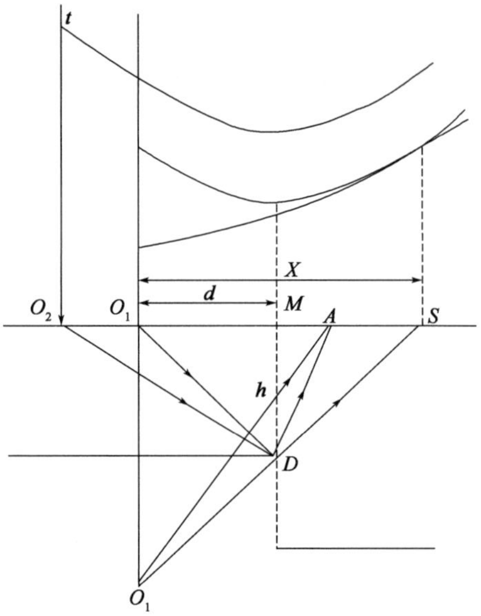

图 3-3 绕射波时距曲线

在震源激发的地震波入射到 D 点,然后以 D 点为新震源产生绕射波,传播到测线上各接收点,如 S 点,绕射波传播的时间 t_D 为:

$$t_D = \frac{O_1D + DS}{v} = \frac{1}{v}\left[\sqrt{h^2 + d^2} + \sqrt{(X - d)^2 + h^2}\right] \tag{3-1}$$

通过简单的公式变换可以证明,该时距曲线为一标准的双曲线,其极小值点位于绕射点的正上方,坐标为:

$$\begin{cases} X_{\mathrm{m}} = d \\ t_{\mathrm{m}} = \dfrac{1}{v}\left(\sqrt{d^2 + h^2} + h\right) \end{cases} \tag{3-2}$$

当激发点的位置沿测线移动时,只改变 d 值,而绕射波时距曲线的形状和极小点的位置不变。因此,在测线上不同点激发时,所得的时距曲线互相平行。

在进行上述讨论时必须牢记一点:这里的绕射波双曲线是在一发多收的情况下形成的。绕射双曲线顶点时间的大小取决于绕射点的埋深 h 和激发点距绕射点的水平距离 d,而绕射双曲线的形状(开口大小)则只与绕射点的埋深 h 有关,埋深越大,则开口越大,即双曲线的两翼越平缓;当绕射点的埋深 h 固定时,改变激发点距绕射点的水平距离 d,就可得到一簇形状相同、相互平行的双曲线簇。

了解绕射波的概念和性质有利于后面做进一步的理论分析。

3.1.1.4 散射波

上面所讨论的绕射波只是散射波的一个特例。从广义上讲,对包括反射波、折射波、透射波和绕射波等在内的所有类型的波都可以从散射波的角度进行讨论。散射波与绕射波很相似,只是产生散射或绕射的对象——散射点或绕射点的内涵不同。对于二维或三维空间中的介质体,无论是均匀的或是非均匀的,也无论是连续均匀的或者是非连续均匀的,介质体内的任何一点都可以等效为一个孤立的散射点。弹性波入射该介质体所产生的反射、折射、绕射和透射等波场均为所有这些孤立散射点所产生的散射波的整体相互叠加的结果,这就是广义的散射理论。散射与绕射的根本区别就在于,散射是从微观着手来研究宏观效应,是整体的和全面的;而绕射则直接根据宏观现象来逆推求解,是局部的和片面的。绕射只是把断棱、地层尖灭点等特殊点孤立出来单独考察;而散射则是把整个区域离散为连续的点元,然后再对所有的点元同时进行考察。所以,绕射只是散射的一个特例。在后面的讨论中,我们将主要借助于广义的散射理论来研究问题。其实,广义的散射理论已经暗含在惠更斯-菲涅尔原理之中了。

针对本书所涉及的探地雷达波场特征,这里有必要再讨论一下二维均匀半无限空间介质内一个点元所产生的散射波的时距曲线方程。其实,这个时距曲线方程与前面所述的绕射波的时距曲线方程有完全相同的形式,因为在研究时距曲线方程时,两者所考察的对象都是同一个孤立的点。式(3-1)所描述的时距曲线是一发多收的情况,而在实际的探地雷达检测中最常用到的观测方法就是剖面法,即等偏移距连续移动探测。下面来讨论一下它的时距曲线方程。

如图 3-4 所示,设探地雷达收发间距为 d,接收点距研究对象——地下散射点 D 在地面的投影点 O 的水平距离为 x,散射点的埋深为 h,则时距曲线方程可表示为:

$$t_{\mathrm{R}} = \frac{SD + DR}{v} = \frac{1}{v}\left[\sqrt{(x+d)^2 + h^2} + \sqrt{x^2 + h^2}\right] \tag{3-3}$$

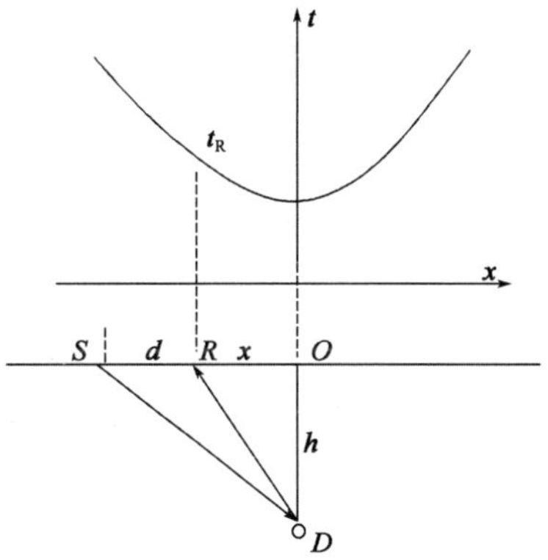

图 3-4 等偏移距散射波时距曲线

对于上式,当 $d = 0$ 时可化为下式来表示:

$$\frac{t_R^2}{\left(\frac{2h}{v}\right)^2} - \frac{x^2}{h^2} = 1 \tag{3-4}$$

这是一个标准的双曲线方程，即当探地雷达的两个收发天线之间的距离可以忽略不计时，采用剖面法探测到的地下散射点的异常波形是一条双曲线弧。该结果表明，自激自收剖面上地下散射点的波场特征是一条双曲线。如果分别来考察下行波和上行波，即只考虑单程情况时，则时间将减半，得到的异常形态依然是一条双曲线。

现在假定 d 不等于 0。设波的下行时间为 t_1，上行时间为 t_2，即 $t_R = t_1 + t_2$，将式(3-3)拆分为两个子公式：

$$\begin{cases} t_1 = \dfrac{SD}{v} = \dfrac{1}{v}\sqrt{(x+d)^2 + h^2} & (3\text{-}5) \\[2ex] t_2 = \dfrac{DO}{v} = \dfrac{1}{v}\sqrt{x^2 + h^2} & (3\text{-}6) \end{cases}$$

将以上两式做一简单变换后得：

$$\begin{cases} \dfrac{t_1^2}{\left(\frac{h}{v}\right)^2} - \dfrac{(x+d)^2}{h^2} = 1 & (3\text{-}7) \\[2ex] \dfrac{t_2^2}{\left(\frac{h}{v}\right)^2} - \dfrac{x^2}{h^2} = 1 & (3\text{-}8) \end{cases}$$

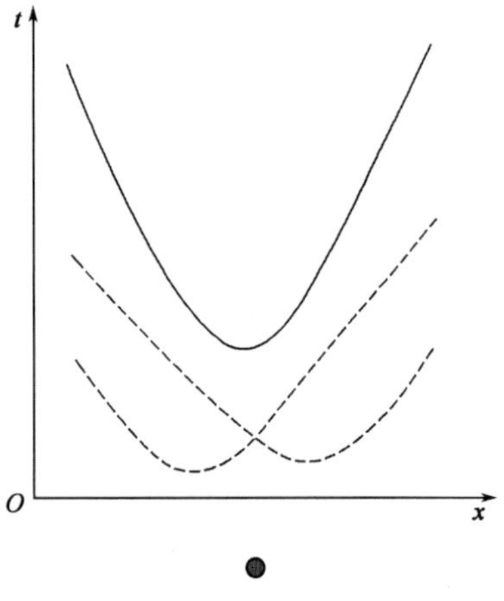

图 3-5　非零偏移距剖面点散射波时距曲线

可见，下行时间和上行时间均为双曲线，总时间是两条双曲线时间之和(图 3-5)。但这两条双曲线不是对中求和，而是在水平方向上错动了一个收发偏移距的距离 d。将式(3-3)对 x 求导数，并令导数等于 0，则可求得当 $x = -d/2$ 时，t_R 有最小值。这表明，当收发天线连线的中点与地下散射点在地面的投影点重合时，接收时间最短。

在后面的讨论中，除非是针对偏移距因素的讨论，一般情况下我们都假定雷达天线收发偏移距为 0，也即采用剖面法采集的雷达数据剖面为自激自收剖面，地下散射点在自激自收剖面上的波场特征为一条双曲线。

在广义的散射理论中研究散射特性时，当“弹性”波入射一介质点元时将产生朝向四面八方的散射，包括前向散射、侧向散射和后向散射。我们将后向散射中与入射波同一路径但方向相反的散射称为逆向散射或背向散射。在假定收发偏移距为零的情况下，探地雷达的自激自收所记录的信号就属于逆向散射信号。其实，若要细究散射问题，所衍生出的新问题的复杂程度将远远超出我们的想象。它涉及介质的本质特性，如电磁特性等，所以，在散射的机理问题上不再做更深入的探究，只需要知道散射理论是最基本的理论，是研究所有波场正问题的出发点；了解点散射的时距曲线是一条双曲线,在雷达自激自收(零偏移距)剖面上,点散射波场特征也表现为一条双曲线就足够了。

3.1.2 数值模拟方法

采用空间域有限差分(FDTD)方法对二维空间内的波场进行数值模拟。因为三维空间数值模拟存在计算工作量太大、计算速度太慢等实际问题,所以,从既能很好地说明问题,又可大大减少计算工作量的角度考虑,在进行数值模拟计算时只计算二维空间内的波场,本书的研究和讨论也主要在二维空间内进行。下面首先给出时间域有限差分(FDTD)正演模拟的差分格式,然后讨论其解的稳定性、场源设置方法和吸收边界条件等。

3.1.2.1 差分格式

时间域有限差分法利用二阶精度的中心差分近似直接求解时间域的麦克斯韦旋度方程式(3-9)。

$$\begin{cases} \nabla \times H^* = \varepsilon \dfrac{\partial E}{\partial t} + J_e \\ \nabla \times E = -\mu \dfrac{\partial H^*}{\partial t} - J_m \end{cases} \tag{3-9}$$

式中:E——电场强度(V/m);

H^*——磁场强度(A/m);

ε——介质介电常数(F/m);

μ——磁导系数(H/m);

J_e——电流密度(A/m^2);

J_m——磁流密度(V/m^2)。

使用$c_0 = \dfrac{1}{\sqrt{\varepsilon_0\mu_0}}, Z_0 = \sqrt{\dfrac{\mu_0}{\varepsilon_0}}, \varepsilon = \varepsilon_r\varepsilon_0, \mu = \mu_r\mu_0$,以及$J_e = \sigma_e E, J_m = \sigma_m H^*, H = Z_0 H^*$,将式(3-9)归一化后的麦克斯韦旋度方程为:

$$\begin{cases} \nabla \times H = \dfrac{\varepsilon_r}{c_0}\dfrac{\partial E}{\partial t} + \sigma_e Z_0 E \\ \nabla \times E = -\dfrac{\mu_r}{c_0}\dfrac{\partial H}{\partial t} - \dfrac{\sigma_m}{Z_0} H \end{cases} \tag{3-10}$$

其中,$\varepsilon_0 = 8.85 \times 10^{-12}$F/m;$\mu_0 = 4\pi \times 10^7$H/m;$\sigma_e$为电导率(S/m);$\sigma_m$为磁导率(Ω/m)。

在直角坐标系中,对上面偏微分方程(3-10)在空间建立矩形差分网格。Yee 采用了中心差分来代替对时间和空间坐标的微分,将空间任一矩形网格上的 E 和 H 的 6 个分量如图 3-6 所示放置,每个磁场分量由 4 个电场分量环绕着,同时每个电场分量也由 4 个磁场分量所环绕,并且 E 和 H 在时间上相差半个步长交替计算。这样,麦克斯韦旋度方程可化为如下的差分方程。令 $f(x,y,z,t)$ 代表 E 或 H 在直角坐标系中某一分量,在时间域和空间域中的离散取以下符号表示:

$$f(x,y,z,t) = f(i\Delta x, j\Delta y, k\Delta z, n\Delta t) = f^n_{x|y|z}(i,j,k) \tag{3-11}$$

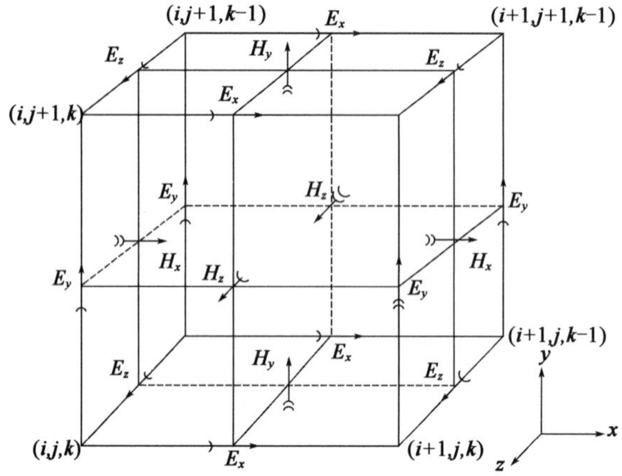

图 3-6　Yee 的差分网格

对 $f(x,y,z,t)$ 关于时间和空间的一阶偏导数取中心差分近似为：

$$\left.\begin{aligned}
\frac{\partial f(x,y,z,t)}{\partial x}\Big|_{x=i\Delta x} &\approx \frac{f^n(i+\frac{1}{2},j,k)-f^n(i-\frac{1}{2},j,k)}{\Delta x}\\
\frac{\partial f(x,y,z,t)}{\partial y}\Big|_{y=i\Delta y} &\approx \frac{f^n(i,j+\frac{1}{2},k)-f^n(i,j-\frac{1}{2},k)}{\Delta y}\\
\frac{\partial f(x,y,z,t)}{\partial z}\Big|_{z=i\Delta z} &\approx \frac{f^n(i,j,k+\frac{1}{2})-f^n(i,j,k-\frac{1}{2})}{\Delta z}\\
\frac{\partial f(x,y,z,t)}{\partial t}\Big|_{t=n\Delta t} &\approx \frac{f^{n+\frac{1}{2}}(i,j,k)-f^{n-\frac{1}{2}}(i,j,k)}{\Delta t}
\end{aligned}\right\}\tag{3-12}$$

式中：Δx、Δy、Δz——矩形网格分别沿三个坐标轴方向的空间步长；

Δt——时间步长。

另外，对 $f(x,y,z,t)$ 还经常用到平均值近似，例如对 $f_x^{n+\frac{1}{2}}(i+\frac{1}{2},j,k)$ 有：

$$f_x^{n+\frac{1}{2}}(i+\frac{1}{2},j,k) \approx \frac{f_x^{n+1}(i+\frac{1}{2},j,k)+f_x^n(i+\frac{1}{2},j,k)}{2}\tag{3-13}$$

在以后的计算中，如果不做特殊说明，则直角坐标系中各个方向的空间步长相同，即 $\Delta x=\Delta y=\Delta z=\delta$。

设观察点 (x,y,z) 为磁场分量 H_z 的节点，即 $(i+\frac{1}{2},j+\frac{1}{2},k)$ 以及时刻 $t=n\Delta t$，则第一式离散为式(3-14)［对磁场的其他分量类似，见式(3-15)和式(3-16)］：

$$\begin{aligned}
H_z^{n+\frac{1}{2}}(i,j+\frac{1}{2},k+\frac{1}{2}) = {} & \frac{\mu_r-0.25\sigma_m\delta Z_0}{\mu_r+0.25\sigma_m\delta Z_0}\times H_z^{n-\frac{1}{2}}(i,j+\frac{1}{2},k+\frac{1}{2})+\frac{0.5}{\mu_r+0.25\sigma_m\delta Z_0}\times\\
& \Big[E_y^n(i,j+\frac{1}{2},k+1)-E_y^n(i,j+\frac{1}{2},k)+\\
& E_z^n(i,j,k+\frac{1}{2})-E_z^n(i,j+1,k+\frac{1}{2})\Big]
\end{aligned}\tag{3-14}$$

$$H_y^{n+\frac{1}{2}}(i+\frac{1}{2},j,k+\frac{1}{2}) = \frac{\mu_r - 0.25\sigma_m \delta Z_0}{\mu_r + 0.25\sigma_m \delta Z_0} \times H_y^{n-\frac{1}{2}}(i+\frac{1}{2},j,k+\frac{1}{2}) + \frac{0.5}{\mu_r + 0.25\sigma_m \delta Z_0} \times \left[E_z^n(i+1,j,k+\frac{1}{2}) - E_z^n(i,j,k+\frac{1}{2}) + E_x^n(i+\frac{1}{2},j,k) - E_x^n(i+\frac{1}{2},j,k+1)\right] \tag{3-15}$$

$$H_z^{n+\frac{1}{2}}(i+\frac{1}{2},j+\frac{1}{2},k) = \frac{\mu_r - 0.25\sigma_m \delta Z_0}{\mu_r + 0.25\sigma_m \delta Z_0} \times H_z^{n-\frac{1}{2}}(i+\frac{1}{2},j+\frac{1}{2},k) + \frac{0.5}{\mu_r + 0.25\sigma_m \delta Z_0} \times \left[E_x^n(i+\frac{1}{2},j+1,k) - E_x^n(i+\frac{1}{2},j,k) + E_y^n(i,j+\frac{1}{2},k) - E_y^n(i+1,j+\frac{1}{2},k)\right] \tag{3-16}$$

设观察点(x,y,z)为电场分量E_x的节点，即$\left(i+\frac{1}{2},j,k\right)$以及时刻$t=\left(n+\frac{1}{2}\right)\Delta t$，则第一式离散为式(3-17)［对电场的其他分量类似，见式(3-18)和式(3-19)］：

$$E_x^{n+1}(i+\frac{1}{2},j,k) = \frac{\varepsilon_r - 0.25\sigma_e \delta Z_0}{\varepsilon_r + 0.25\sigma_e \delta Z_0} \times E_x^n(i+\frac{1}{2},j,k) + \frac{0.5}{\varepsilon_r + 0.25\sigma_e \delta Z_0} \times \left[H_z^{n+\frac{1}{2}}(i+\frac{1}{2},j+\frac{1}{2},k) - H_z^{n+\frac{1}{2}}(i+\frac{1}{2},j-\frac{1}{2},k) + H_y^{n+\frac{1}{2}}(i+\frac{1}{2},j,k-\frac{1}{2}) - H_y^{n+\frac{1}{2}}(i+\frac{1}{2},j,k+\frac{1}{2})\right] \tag{3-17}$$

$$E_y^{n+1}(i,j+\frac{1}{2},k) = \frac{\varepsilon_r - 0.25\sigma_e \delta Z_0}{\varepsilon_r + 0.25\sigma_e \delta Z_0} \times E_y^n(i,j+\frac{1}{2},k) + \frac{0.5}{\varepsilon_r + 0.25\sigma_e \delta Z_0} \times \left[H_x^{n+\frac{1}{2}}(i,j+\frac{1}{2},k+\frac{1}{2}) - H_x^{n+\frac{1}{2}}(i+\frac{1}{2},j,k-\frac{1}{2}) + H_z^{n+\frac{1}{2}}(i-\frac{1}{2},j+\frac{1}{2},k) - H_z^{n+\frac{1}{2}}(i+\frac{1}{2},j+\frac{1}{2},k)\right] \tag{3-18}$$

$$E_z^{n+1}(i,j,k+\frac{1}{2}) = \frac{\varepsilon_r - 0.25\sigma_e \delta Z_0}{\varepsilon_r + 0.25\sigma_e \delta Z_0} \times E_z^n(i,j,k+\frac{1}{2}) + \frac{0.5}{\varepsilon_r + 0.25\sigma_e \delta Z_0} \times \left[H_y^{n+\frac{1}{2}}(i+\frac{1}{2},j,k+\frac{1}{2}) - H_y^{n+\frac{1}{2}}(i-\frac{1}{2},j,k+\frac{1}{2}) + H_x^{n+\frac{1}{2}}(i,j-\frac{1}{2},k+\frac{1}{2}) - H_x^{n+\frac{1}{2}}(i,j+\frac{1}{2},k+\frac{1}{2})\right] \tag{3-19}$$

其中，介质电磁参数μ_r和σ_m的坐标下标与对应的网格节点上的磁场分量坐标下标相同，介质电磁参数ε_r和σ_e的坐标下标与对应的网格节点上的电场分量坐标下标相同。

3.1.2.2 解的稳定性

(1)解的稳定条件

有限差分法的执行过程并非都是稳定的。为了使所求的解收敛，时间步进的方法应该稳定。因此，找出有限差分法稳定的条件非常必要。

在时间域有限差分中，时间增量和空间增量不是相互独立的，它们的取值必须满足一定的关系。Courant 推导出空间和时间离散间隔之间应该满足以下关系：

$$c\Delta t \leqslant \frac{1}{\sqrt{\dfrac{1}{(\Delta x)^2}+\dfrac{1}{(\Delta y)^2}+\dfrac{1}{(\Delta z)^2}}} \tag{3-20}$$

当 $\Delta x=\Delta y=\Delta z=\delta$，对于三维、二维和一维情况应该分别有 $c\Delta t\leqslant\frac{\delta}{\sqrt{3}}$、$c\Delta t\leqslant\frac{\delta}{\sqrt{2}}$，在实际计算中通常取 $c\Delta t=\frac{\delta}{2}$，就可以使数值计算达到稳定。

(2)数值色散

用差分方法对麦克斯韦方程进行数值计算时，将会在计算网格中引起所模拟波模的色散，即在时域有限差分网格中，数值波模的传播速度将随频率改变。这种改变由非物理因素引起，随数值波模在网格中的传播方向以及离散化情况不同而改变。这种色散将导致非物理因素引起的脉冲波形畸变、人为的各向异性以及虚假的折射现象。因此，数值色散是时域有限差分法中必须考虑的一个因素。

三维情况下的数值色散关系式为：

$$\left(\frac{1}{v\Delta t}\right)^2\sin^2\left(\frac{\omega\Delta t}{2}\right)=\frac{\sin^2\left(\frac{k_x\Delta x}{2}\right)}{(\Delta x)^2}+\frac{\sin^2\left(\frac{k_y\Delta y}{2}\right)}{(\Delta y)^2}+\frac{\sin^2\left(\frac{k_z\Delta z}{2}\right)}{(\Delta z)^2} \tag{3-21}$$

其解析色散关系式为：

$$\left(\frac{\omega}{v}\right)^2=k_x^2+k_y^2+k_z^2 \tag{3-22}$$

可见当时间步长和解析步长趋于零时，式(3-21)就变成了式(3-22)。这说明数值色散可以减小到任意程度，只需要时间步长和空间步长足够小，但这将大大增加所需的计算机存储空间和内存(CPU)占用时间，并使累积误差增加。因此，应采用适当的时间和空间步长。有限步长对数值色散的影响是不可避免的。

由于有当 $\xi\leqslant\frac{\pi}{12}$ 时，$\sin\xi\approx\xi$，所以有 $\Delta x\leqslant\frac{\lambda}{12}$ 以及 $\Delta t\leqslant\frac{T}{12}$。对于非单色波的时域脉冲信号，应以信号带宽中所对应上限频率之波长 λ_{min} 来代替 λ。

3.1.2.3 离散网格的确定

无论是简单目标，还是复杂目标，在进行 FDTD 离散时，网格尺寸的确定，除了受到计算资源的限制不可能取得很小外，还需要考虑以下几个因素：

(1)目标离散精度的要求。网格应该足够小以便能够精确地模拟目标几何形状和电磁参数。

(2)FDTD 方法本身的要求。主要是考虑色散误差的影响。设网格为立方体 $\Delta x=\Delta y=\Delta z=\delta$，所关心频段的频率上限为 f_{max}，对应波长为 λ_{min}，则考虑 FDTD 的数值色散要求 $\delta\leqslant\frac{\lambda_{min}}{N}$，通常 $N\geqslant10$。若计算区域只包含自由空间和理想导体，则上式中 $\lambda_{min}=\frac{c}{f_{max}}$，$c$ 为自由空间波速。实际上 FDTD 网格相当于一个低通滤波器，在脉冲波激励下，脉冲中所含大于 f_{max} 的频率分量在通过 FDTD 空间网格时被滤掉，计算结果会有较大误差。

若计算区域包含有耗介质 $\varepsilon_r = \varepsilon'_r - j\varepsilon''_r, \mu_r = \mu'_r - j\mu''_r$，波在介质中的传播呈指数衰减，应用平面波理论，设 $k = k_0\sqrt{\varepsilon_r \mu_r} = k_R + jk_I$（$k_0$ 为自由空间波数，$k_0 = \sqrt{\varepsilon_0 \mu_0}$），则波在有耗介质中的相速为 ω/k_R，波长为 $2\pi/k_R$，衰减常数为 $1/k_I$，则 λ_{min} 应由下式来代替：

$$\lambda_{min} = \min\left(\frac{1}{k_I}, \frac{2\pi}{k_R}\right) \tag{3-23}$$

式(3-23)也适用于无耗介质。

(3)入射脉冲的要求。入射波的上限截止频率 f_c 应包含我们所关心频率范围，即 $f_c \geqslant f_{max}$。以高斯脉冲为例，其时域形式为 $E(t) = \exp\left[-\frac{4\pi(t-t_0)^2}{\tau^2}\right]$，对应的频谱为：

$$E(f) = \frac{\tau}{2}\exp\left[-j2\pi f t_0 - \frac{\pi f^2 \tau^2}{4}\right] \tag{3-24}$$

式中：τ——高斯脉冲宽度。

频谱幅度最大值在零频，即直流分量处。设在频谱相对幅度为 a 以前的频率是可用的，幅度 a 对应的频率点为 f_c，即：

$$\left|\frac{E(f=f_c)}{E(f=0)}\right| = a \tag{3-25}$$

通常 $a \geqslant 10\%$。则在 a 确定后，设这时脉冲宽度为 τ_c，得：

$$f_c = \frac{2}{\sqrt{\pi}\,\tau_c}\sqrt{\ln\frac{1}{a}} \tag{3-26}$$

上式也可写成：

$$\tau_c = \frac{2}{\sqrt{\pi} f_c}\sqrt{\ln\frac{1}{a}} \tag{3-27}$$

显然在计算中若取高斯脉冲宽度 $\tau \leqslant \tau_c$，它就会有更高的上限频率。

假设所关心的上限频率 $f_{max} = f_c$，对应的高斯脉冲宽度为 τ_c，并取稳定性条件 $\Delta t = \delta/(2c)$，并假设 $a = 10\%$，$N = 10$，有：

$$\Delta t \leqslant \frac{\sqrt{\pi}\,\tau_c}{4N\sqrt{\ln\frac{1}{a}}} \approx \frac{\tau_c}{34} \tag{3-28}$$

上式表明，为了保证 FDTD 顺利进行，通常一个高斯脉冲宽度 τ_c 内，一般应取不少于 $N_\tau = 34$ 个采样点。在实际计算中这个条件可以适当放宽，例如取 $N_\tau = 30$。

如果取稳定条件 $\Delta t = \delta/(2c)$，可得

$$\delta \leqslant \frac{2c\,\tau_c}{N_\tau} \tag{3-29}$$

这就是入射高斯脉冲对 FDTD 网格尺寸的限制。

3.1.2.4 场源的设置

实际的电磁场问题总是包含有激励源，因此，恰当地将激励源引入到 FDTD 网格之中对于正确地模拟电磁场问题是至关重要的。在激励源的引入过程中，为了尽量减少由此带来的计

算机内存占用,节约计算时间,提高整个程序的效率,通常要求激励源的实现尽可能地紧凑,即在 FDTD 网格中只用很少的几个电磁场分量就可以实现对源的恰当模拟。

3.1.2.4.1 *激励源*

在 FDTD 法应用中,采用最多的激励源引入方式是建立在总场/散射场体系上的。以电磁散射问题为例,通常将计算区域划分为两个区域:区域 1 为总场区,在该场区,FDTD 方程直接作用于总场(散射场 + 入射场),散射体被包含在该区;区域 2 为散射区,在该场区,FDTD 方程直接作用于散射场。区域 2 的外边界为截断边界,将在此用吸收边界条件吸收外向的散射波。

在两区的连接边界上,可根据总场 = 散射场 + 入射场引入连接条件。设连接边界上的场为总场。当用总场 FDTD 公式计算连接表面上的场分量时,需要连接边界外(散射场区)相邻网格点处的总场信息,该信息可由这些网格点处的散射场信息加上入射场信息得到。与之相似,当用散射场 FDTD 公式计算连接边界外、紧邻连接边界的网格点上的场分量时,需要连接边界上网格点处的散射场信息,该信息可由这些网格点处的总场信息减去入射场信息得到。

总场/散射场具有如下特点:

(1)可实现任意入射波激励。对任意时间波形、入射角度、极化角的入射波,可根据实际入射场的情况,将入射波离散化赋值在此连接表面上,实现紧凑的任意入射波激励。

(2)可直接使用吸收边界条件,因为截断边界位于散射场区。

(3)更宽的计算动态范围。

(4)易于计算远场信息。由于 2 区是纯散射场区,很容易实现从近区场到远区场的变换。

在 FDTD 中,通过直接对特定的电场或磁场分量强行赋予所需的时间变化,可以简便建立强迫激励源。

强迫激励源一般都会引起虚假反射。克服强迫激励源引起虚假反射的一个简单办法是,在激励脉冲几乎衰减为零、来自结构的反射波到达源点网格点之前,将激励源去掉,源点网格点场值的刷新换用标准 FDTD 格式。如果源点网格点为边界点,场值的刷新换用吸收边界条件。但是这种方法不适合于正弦激励源;另外,对于脉冲宽度较宽的高斯脉冲等形式的激励源,为了使来自结构的反射波到达源点网格点之前激励脉冲几乎衰减为零,源点网格点到结构点的距离必须保持充分大,这将占用计算机内存、增加计算时间。

克服强迫激励源引起虚假反射的另一个办法是,将激励源看作有源麦克斯韦方程中的一项 J,作下述处理:

$$\nabla \times H = \varepsilon \frac{\partial E}{\partial t} + \sigma E + J_{\text{源}} \tag{3-30}$$

这种激励源加入方式不会产生虚假反射。这对于在 FDTD 仿真过程中一直存在着的正弦波激励源、或宽脉冲的高斯脉冲源、或持续时间特长的抽样函数激励源的引入非常有用。不必在源和反射(散射)结构之间设置一长段隔离段来分离激励波形和反射波形。由于这种激励以 FDTD 公式为载体,它不能放在仿真区的边界,在那里 FDTD 公式所需的域外信息无法得到。上述的附加激励源在电场 FDTD 公式中引入,相当于电压激励源。附加激励源也可以在磁场 FDTD 公式中引入,相当于电流环激励。

3.1.2.4.2 源的函数形式

(1)时谐场源

假设入射场为：

$$E_i(t)=\begin{cases}0 & t<0\\ E_0\sin(\omega t) & t\geqslant 0\end{cases} \tag{3-31}$$

这是一个自 $t=0$ 开始的半无限正弦波列。由于场达到时谐场稳态需要一个过程，通常需要3～5个周期。为了缩短稳态建立时间，减小冲激效应，可以引入开关函数（或称窗函数），时谐函数可重写为 $E_i(t)=E_0U(t)\sin(\omega t)$。开关函数一般可采用阶梯函数、倒指数函数、斜坡函数和升余弦函数。计算表明，采用升余弦函数所引起的附加起伏最小，可使时谐场达到较好的稳态。升余弦的函数形式为：

$$U(t)=\begin{cases}0\\ 0.5[1-\cos(\pi t/t_0)]\\ 1\end{cases} \tag{3-32}$$

(2)脉冲场源

脉冲波源的频谱通常具有一定的带宽。常用的脉冲有高斯脉冲、升余弦脉冲、微分高斯脉冲、截断三余弦脉冲、截断三正弦脉冲、调制高斯脉冲、双指数脉冲以及抽样脉冲。

高斯脉冲函数的时域形式为：

$$E_i(t)=E_0\exp\left[-\frac{(t-t_0)^2}{T^2}\right]=E_0\exp\left[-\left(\frac{n-n_0}{n_{\mathrm{decay}}}\right)^2\right] \tag{3-33}$$

该脉冲的中心在 $n_0\Delta t$，在 $t-t_0=T=n_{\mathrm{decay}}\Delta t$ 时衰减为 E_0/e。如果要求高斯脉冲在 $t=0$ 时近似为零，则应选取 $t_0\geqslant 3T$。T 的选择取决于所需脉冲频谱带宽。高斯脉冲的傅立叶变换为：

$$E_i(f)\text{-}\exp(-\pi^2T^2f^2) \tag{3-34}$$

也是高斯形的。一般把频谱强度低到一定程度的频率定义为高斯脉冲的最高频率 $f_{\max}$，即高斯脉冲的有效频谱从直流到 $f_{\max}$。如果要使直流分量为零，有效频谱中心位于 f_0，则可采用下列调制高斯脉冲作激励源：

$$E_i(t)=E_0\exp\left[-\left(\frac{n-n_0}{n_{\mathrm{decay}}}\right)^2\right]\sin[2\pi f_0(n-n_0)\Delta t] \tag{3-35}$$

另外一种常用的时域抽样函数为：

$$E_i(t)=E_0\frac{\sin(\Omega t/2)}{\Omega t/2} \tag{3-36}$$

其傅立叶变换为：

$$E_i(f)=E_0\frac{2\pi}{\Omega}\left[U\left(f+\frac{\Omega}{4\pi}\right)-U\left(f-\frac{\Omega}{4\pi}\right)\right] \tag{3-37}$$

它提供在 $-\frac{\Omega}{4\pi}<f<\frac{\Omega}{4\pi}$ 通带内的均匀分布频谱信号。通常只取主峰前后 $2T$ 范围内的波形，例如可取 $2T=40\frac{2\pi}{\Omega}$。考虑到FDTD执行时间从零开始，中心频率为 f_0 的时域波形平移

后为：

$$E_i(t) = E_0 \frac{\sin[\Omega(t-T)/2]}{\Omega(t-T)/2}\cos(2\pi f_0 t) \tag{3-38}$$

一般将激励源看作有源麦克斯韦方程中的一项 J 引入 FDTD 方程中，从而可以克服强迫激励源引起的虚假反射。

采用以上的脉冲波作为入射波时，最高频率 f_{max} 对应的真空波长为 $\lambda_{min} = c/f_{max}$。如果 Yee 元胞尺度取为 $\delta = \lambda_{min}/N(N \geqslant 12$，数值色散约束$)$，且时间步长和空间步长满足 $c\Delta t = 0.5\delta$（解的稳定性约束），则有 $\Delta t = \frac{1}{2f_{max}N}$。若脉冲宽度为 T，则在一个脉冲时间内，采样点数 N_T 至少应取 $N_T = T/\Delta t = 2f_{max}TN$。

3.1.2.5 吸收边界条件

为了使有限差分（FDTD）在有限区域中能够模拟开放的电磁散射过程，在计算区域的截断边界处必须给出吸收边界条件。在 20 世纪七八十年代共提出了 4 大类吸收边界条件，它们是：Sommerfield 辐射条件的 Bayliss-Turkel 吸收边界条件；基于单向波动方程的 Engquist-Majda 吸收边界条件（在此基础上，Mur 提出了简单有效的差分数值算法）；利用插值技术的廖氏吸收边界条件；以及梅-方超吸收边界条件。这些吸收边界条件通常在 FDTD 仿真计算区域的外边界具有 0.5% ~5% 的反射系数，在很多场合可视为无反射吸收。在 20 世纪 90 年代，Berenger 提出了完全匹配层（PML）的理论模型，据报道它的反射系数是前述吸收边界条件的 1/3000；Sacks（1995 年）和 Gedney（1996 年）提出各向异性介质（PML）理论，在 FDTD 计算中常用作高损耗介质的吸收边界，它不仅能够吸收传播模，而且能够吸收凋落模。在实际计算中，最常用的是二阶 Mur 吸收边界条件和 Berenger 的完全匹配层。

3.1.2.5.1 Mur 吸收边界条件

如果一个偏微分方程允许波沿一定的方向传播，则它称为单向波方程。当单向波方程用于 FDTD 网格的外边界时，它可以吸收外向散射和辐射波。Engquist 和 Majda 导出了适合作直角坐标 FDTD 网格吸收边界条件的单向波方程。它们的单向波方程可以用偏微分算子分解因式得到。以直角坐标系中的二维波动方程为例，有：

$$\frac{\partial^2 U}{\partial x^2} + \frac{\partial^2 U}{\partial y^2} - \frac{1}{v^2}\frac{\partial^2 U}{\partial t^2} = 0 \tag{3-39}$$

U 是一场量标量方程，v 是波的相速度。定义偏微分算子为：

$$L = \frac{\partial^2}{\partial x^2} + \frac{\partial^2}{\partial y^2} - \frac{1}{v^2}\frac{\partial^2}{\partial t^2} = D_x^2 + D_y^2 - \frac{1}{v^2}D_t^2 \tag{3-40}$$

于是波动方程可写成 $LU = 0$。波动算子 L 可通过分解因式写成如下形式 $LU = L^+ L^- U = 0$，其中 $L^- \equiv D_x - \frac{D_t}{v}\sqrt{1-s^2}$，$L^+ \equiv D_x + \frac{D_t}{v}\sqrt{1-s^2}$，$s \equiv \frac{vD_y}{D_t}$。Engquist 和 Majda 曾经证明，在网格边界，例如 $x = 0$ 处，将算子 L^- 作用于波函数将完全吸收以任意角度 θ 入射向边界的平面波，即将 $L^- U = 0$ 用于边界 $x = 0$ 处左边界可以构成一个准确的解析吸收边界条件。相似地，算子 L^+ 作用于波函数，将构成 $x = h$ 处右边界的准确解析吸收边界条件。

由于 L^-、L^+ 中含有根式运算，这种特性限制了其直接用来数值实现吸收边界条件。Mur

吸收边界条件采用泰勒近似来处理根式。当 s 很小时，保留一项的泰勒级数为 $\sqrt{1-s^2}\cong 1$ 。从而得到 $x=0$ 处左边界一阶 Mur 吸收边界条件：

$$\frac{\partial U}{\partial x}-\frac{1}{v}\frac{\partial U}{\partial t}=0 \tag{3-41}$$

如果我们考虑在泰勒级数中保留两项的情形，这时有 $\sqrt{1-s^2}\cong 1-\frac{1}{2}s^2$，可以得到二阶近似解析吸收边界条件，即二阶 Mur 吸收边界条件：

$$\frac{\partial^2 U}{\partial x\partial t}-\frac{1}{v}\frac{\partial^2 U}{\partial t^2}+\frac{v}{2}\frac{\partial^2 U}{\partial y^2}=0 \tag{3-42}$$

上述吸收边界条件是在 $x=0$ 处左边界实现的，对于其他的三个边界有相似的推导。对于三维情况的吸收边界条件，相应的偏微分算子为 $L=D_x^2+D_y^2+D_z^2-\frac{1}{v^2}D_t^2$，而 s 由下式给出：

$$s=\sqrt{\left(\frac{cD_y}{D_t}\right)^2+\left(\frac{cD_z}{D_t}\right)^2}$$

吸收边界条件的检验算例：

设在二维 FDTD 区域设置一随时间为正弦周期变化的场源，在区域截断边界设为二阶 Mur 吸收边界，角点处设为一阶 Mur 吸收边界。计算 10000 时间步后，时谐场达到稳定状态。电场强度振幅 E_z 等值线是以电源为中心的同心圆，表明包括角点在内的吸收边界具有良好的吸收外向波的性能。图 3-7 是二维 TM 波线源辐射，图 3-8 是二维 TE 波线源辐射。

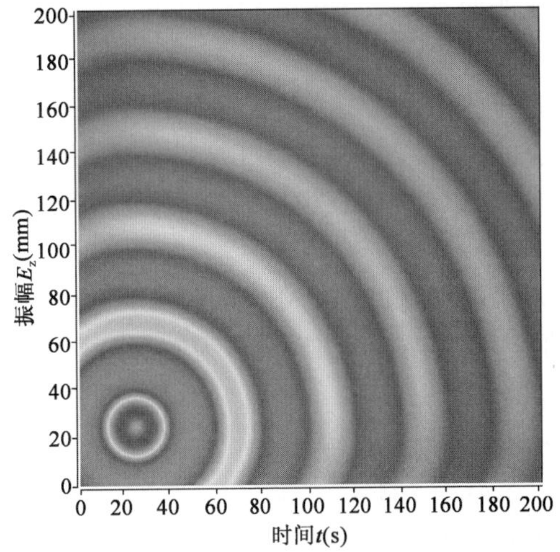

图 3-7　二维 TM 波线源辐射

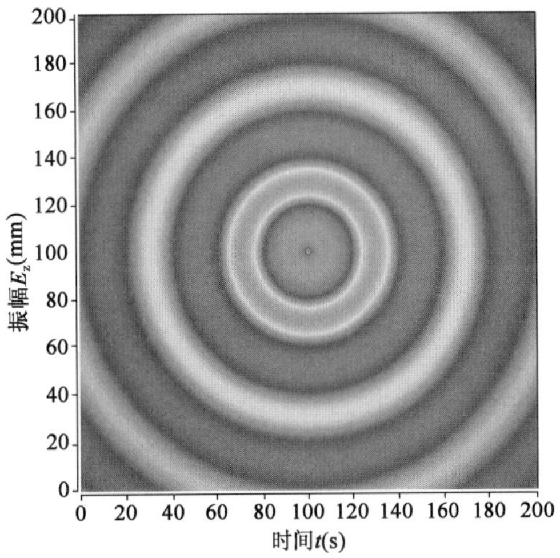

图 3-8　二维 TE 波线源辐射

3.1.2.5.2　Higdon 吸收边界条件

在二维直角坐标 FDTD 网格中，考虑一组以速度 c 向 $x=0$ 边界传播时的平面波的线性组合。Higdon 提出了一种湮灭算子，即：

$$\left[\prod_{j=1}^{p}\left(\cos\alpha_j\frac{\partial}{\partial t}-c\frac{\partial}{\partial x}\right)\right]U=0 \tag{3-43}$$

用于实现在 $x=0$ 处计算区域的闭合。该算子具有下列特性：

(1)以角度 α_j 传播的平面波任意组合将在 $x=0$ 处被无反射地完全吸收。

(2)对于以不同于 α_j 的入射角 θ 传播的正弦平面波，在 $x=0$ 处的反射系数理论值为：

$$R=-\prod\left[\frac{\cos\alpha_j-\cos\theta}{\cos\alpha_j+\cos\theta}\right]$$

(3)对于任意给定的湮灭阶数 p 和给定问题，可以准确选择吸收角度 α_j 来优化网格外边界处的总体传输特性。

(4)差分实现无须平行于网格外边界的空间导数，数据取样所需要的网格点将位于垂直于边界的一维方向上，数值实现得到简化，尤其体现在矩形计算域的角点处。

令 $p=1$，则由式(3-43)，可以得到一阶 Higdon 吸收边界条件：

$$\cos\alpha_1\frac{\partial U}{\partial t}-c\frac{\partial U}{\partial x}=0 \tag{3-44}$$

如果取 $\alpha=0$，就得到一阶 Mur 吸收边界条件。

令 $p=2$，就可以得到二阶 Higdon 吸收边界条件：

$$\left(\cos\alpha_2\frac{\partial U}{\partial t}-c\frac{\partial U}{\partial x}\right)\left(\cos\alpha_1\frac{\partial U}{\partial t}-c\frac{\partial U}{\partial y}\right)=0 \tag{3-45}$$

由于在推导中假设了均匀波速 c，Higdon 吸收边界条件也存在由伪反射引起的边界数值反射下界，通常在0.1% ~1%量级，即使采用高阶 Higdon 吸收边界条件也是如此。

3.1.2.5.3 GPML

1994 年，Berenger 提出了用完全匹配层(PML)来吸收外向电磁波。它将电磁场分量在吸收边界区分裂，并能分别对各个分裂的场分量赋予不同的损耗。这样一来，就能在 FDTD 网格外边界得到一种非物理的吸收媒质，它具有不依赖于外向波入射角及频率的波阻抗。据 Berenger 报道，PML 的反射系数是前述标准二阶或三阶吸收边界条件的1/3000，总的网格噪声能量是使用普通吸收边界条件的 $1/10^7$。使用 PML，可以使 FDTD 模拟的最大动态范围达到 80dB。

为了更有效地吸收凋落模，D. G. Fang 提出了一种改进的 PML 方案——GPML(或 MPML)。他在 PML 的基础上，对 ε_r、μ_r 引进额外的自由度，以二维 TE 情形为例，分裂后的相应的电磁场方程为

$$\left.\begin{aligned}
\varepsilon_0\varepsilon_y\frac{\partial Ex}{\partial t}+\sigma_yE_x&=\frac{\partial(H_{zx}+H_{zy})}{\partial y}\\
\varepsilon_0\varepsilon_x\frac{\partial Ey}{\partial t}+\sigma_xE_y&=\frac{\partial(H_{zx}+H_{zy})}{\partial x}\\
\mu_0\mu_x\frac{\partial H_{zx}}{\partial t}+\rho_xH_{zx}&=-\frac{\partial E_y}{\partial x}\\
\mu_0\mu_y\frac{\partial H_{zy}}{\partial t}+\rho_yH_{zy}&=\frac{\partial E_x}{\partial y}
\end{aligned}\right\} \tag{3-46}$$

当 $\varepsilon_x=\varepsilon_y=\mu_x=\mu_y=1$ 时，还原为普通的 PML 方程。

用 Ψ 代表平面波的任一场分量，在 GPML 中，有：

$$\Psi = \Psi_0 e^{j\omega\left(t-\frac{\varepsilon_x x\cos\varphi+\varepsilon_y y\sin\varphi}{cG}\right)} e^{-\frac{\sigma_x\cos\varphi}{\varepsilon_0 cG}x} e^{-\frac{\sigma_y\sin\varphi}{\varepsilon_0 cG}y} \tag{3-47}$$

其中，$Z = \sqrt{\dfrac{\mu_0}{\varepsilon_0}} \cdot \dfrac{1}{G}$；$G = \sqrt{\omega_x^2\cos^2\varphi + \omega_y^2\sin^2\varphi}$；$\omega_x = \dfrac{\varepsilon_x - j\dfrac{\sigma_x}{\omega\varepsilon_0}}{\mu_x - j\dfrac{\rho_x}{\omega\mu_0}}$；$\omega_y = \dfrac{\varepsilon_y - j\dfrac{\sigma_y}{\omega\varepsilon_0}}{\mu_y - j\dfrac{\rho_y}{\omega\mu_0}}$。

如果令参数满足条件 $\dfrac{\sigma_x}{\varepsilon_0} = \dfrac{\rho_x}{\mu_0}$，$\dfrac{\sigma_y}{\varepsilon_0} = \dfrac{\rho_y}{\mu_0}$，$\mu_x = \varepsilon_x$，$\mu_y = \rho_y$，则对任何频率，$\omega_x$、$\omega_y$ 和 G 均等于 1，场分量及波阻抗的结果如下：

$$\Psi = \Psi_0 e^{j\omega\left(t-\frac{\varepsilon_x x\cos\varphi+\varepsilon_y y\sin\varphi}{c}\right)} e^{-\frac{\sigma_x\cos\varphi}{\varepsilon_0 c}x} e^{-\frac{\sigma_y\sin\varphi}{\varepsilon_0 c}y} \tag{3-48}$$

在 FDTD 仿真区域外，用 MPML 作吸收材料，在其外侧为理想导体。

3.1.2.5.4　UPML

Berenger 的完全匹配层的理论体系是非麦克斯韦方程的，物理机制模糊。同时，其电、磁场分裂技术增加了数值实现的难度、计算机内存的占用。1996 年，Gedney 从理论上提出用单轴各向异性材料实现完全匹配层以吸收外向电磁波，并且证明它与 Berenger 的完全匹配层在数学上是等效的。但是，与 Berenger 的电、磁场分裂技术不同的是，Gedney 的理论体系是基于麦克斯韦方程的，更便于理解和高效数值实现。此外，Gedney 的完全匹配层不仅能够吸收传播模，也能同时吸收凋落模，这是原始 Berenger 完全匹配层难以完成的。

在 UPML 中，推广的麦克斯韦旋度方程为：

$$\begin{cases} \nabla \times E = j\omega\mu_0\mu_r\bar{\bar{\mu}}H \\ \nabla \times H = -j\omega\varepsilon_0\hat{\varepsilon}_r\bar{\bar{\varepsilon}}E \end{cases} \tag{3-49}$$

$$\bar{\bar{\varepsilon}} = \bar{\bar{\mu}} = \begin{bmatrix} \dfrac{s_y s_z}{s_x} & 0 & 0 \\ 0 & \dfrac{s_x s_z}{s_y} & 0 \\ 0 & 0 & \dfrac{s_x s_y}{s_z} \end{bmatrix}$$

其中，$s_x = \xi_x + \dfrac{\sigma_x}{j\omega\varepsilon_0}$；$s_y = \xi_y + \dfrac{\sigma_y}{j\omega\varepsilon_0}$；$s_z = \xi_z + \dfrac{\sigma_z}{j\omega\varepsilon_0}$；$\xi_x$、$\xi_y$、$\xi_z$ 为大于或等于 1 的数，它主要用来加速电磁波的衰减。

讨论：

当 $s_x = s_y = s_z = 1$ 时，就变成了普通介质中的麦克斯韦方程；

当 $s_x = s_y = 1$，$s_z \neq 1$ 时，就变成了沿着 z 轴方向的单轴完全匹配层；

当三者有两者不为 1 时，为边角区域的完全匹配层，当三者皆不为 1 时，就成为角点区域的完全匹配层。

如果电磁波入射区是有耗的各向同性媒质，相对介电常数为复数 $\hat{\varepsilon}_r(\omega) = \varepsilon_r + \dfrac{\sigma}{j\omega\varepsilon_0}$，$\sigma$

为各向同性媒质中的电导率。以 z 轴为例,完全匹配 PML 媒质中的麦克斯韦旋度方程可写成如下矩阵形式:

$$\begin{bmatrix} \frac{\partial H_z}{\partial y} - \frac{\partial H_y}{\partial z} \\ \frac{\partial H_x}{\partial z} - \frac{\partial H_z}{\partial x} \\ \frac{\partial H_y}{\partial x} - \frac{\partial H_x}{\partial y} \end{bmatrix} = \mathrm{j}\omega\varepsilon_0 \hat{\varepsilon}_{\mathrm{r}}(\omega) \begin{bmatrix} \xi_z + \frac{\sigma_z}{\mathrm{j}\omega\varepsilon_0} & 0 & 0 \\ 0 & \xi_z + \frac{\sigma_y}{\mathrm{j}\omega\varepsilon_0} & 0 \\ 0 & 0 & \frac{1}{\xi_z + \frac{\sigma_z}{\mathrm{j}\omega\varepsilon_0}} \end{bmatrix} \begin{bmatrix} E_x \\ E_y \\ E_z \end{bmatrix} \tag{3-50}$$

$$\begin{bmatrix} \frac{\partial E_z}{\partial y} - \frac{\partial E_y}{\partial z} \\ \frac{\partial E_x}{\partial z} - \frac{\partial E_z}{\partial x} \\ \frac{\partial E_y}{\partial x} - \frac{\partial E_x}{\partial y} \end{bmatrix} = -\mathrm{j}\omega\mu_0\mu_{\mathrm{r}} \begin{bmatrix} \xi_z + \frac{\sigma_z}{\mathrm{j}\omega\varepsilon_0} & 0 & 0 \\ 0 & \xi_z + \frac{\sigma_y}{\mathrm{j}\omega\varepsilon_0} & 0 \\ 0 & 0 & \frac{1}{\xi_z + \frac{\sigma_z}{\mathrm{j}\omega\varepsilon_0}} \end{bmatrix} \begin{bmatrix} H_x \\ H_y \\ H_z \end{bmatrix} \tag{3-51}$$

注意,其中 σ_z 已经对 ε_{r} 归一化。而且上述公式中都隐含了等效磁阻率 ρ_z 满足下列阻抗完全匹配条件:$\frac{\rho_z}{\mu_0} = \frac{\sigma_z}{\varepsilon_0}$。

3.1.3　物理模拟方法

物理模拟是在数值模拟的基础上,根据数值模拟结果设计物理模型,采用实际的探地雷达仪器对物理模型进行测试试验,然后将试验结果与数值模拟结果进行对比,考察分析二者之间可能存在的差别,并分析引起这种差别的原因。物理模拟一方面可以检验理论分析和数值模拟的正确性,发现问题并解决问题,补充并完善理论;另一方面可以较好地指导我们开展实际工作。因为物理模拟是通过实际操作来实现的,它采用真实的仪器对实际材质的介质模型进行测试,虽然与实际检测情况有些差别,但这种差别也只是量上的差别,主要是由于二者的母体介质的性质和均匀程度、异常体介质的性质等存在差别造成的,但不会引起质的不同的结果,所以,物理模拟结果能够在很大程度上代表实际检测的近似结果。

3.1.3.1　几个假定条件

为了使问题简化,与数值模拟相同,我们只在二维空间内考察在三维空间内完成的模拟结果。这种情况与实际检测非常类似,因为在实际检测中,我们常采用的剖面法所得到的检测结果就是在三维空间内获取的一条二维剖面。

根据这一思维,在进行物理模拟时我们首先给出以下假定条件:

(1)采用将不同粗细的圆柱体平放并与探地雷达仪器移动方向垂直来模拟点元(当直径足够小时)的情况。

(2)采用将长条状平板横放并与探地雷达仪器移动方向垂直来模拟不同长度、宽度或倾角的裂缝异常。

(3)在没有特别说明或做针对性试验的情况下,我们总是按照探地雷达发射和接收天线的连线方向与探地雷达的移动方向一致的方式来安置仪器,而且在进行一般讨论时还假定收发偏移距足够小,以至于可以忽略不计,即等效于零偏移距自激自收的情况。从前面关于散射波和绕射波时距曲线的讨论中可以看出,做这种假设可以使对问题的分析和讨论大大简化。

3.1.3.2 异常体模型材料的选取

一般来讲,在考察均匀介质中异常体的电磁波响应特征时,最主要的是考察其运动学特征,即平时我们在做资料解释时最关心的波的形态特征,或波的空间分布特征,这是我们做资料反演和解释的基础。为了通过物理模拟更好地研究异常体的波场特征与其形态、大小和埋深之间的对应关系,我们将选择一种能突出反映波场特征的介质作为试验的对象。基于此,我们首先考虑到导体。在所有的介质中,导体介质对电磁波场的反映最为强烈,其波场特征也最明显。所以,选择钢筋、钢管、金属板等作为试验对象,有利于我们从理论上、从运动学的角度对问题进行分析和讨论。只有在针对介质的电磁特性来模拟实际介质的试验时,我们才选择相应电磁参数的非导体介质作为试验对象,进而分析其波场的动力学特征。

本书物理模拟试验所用到的异常体模型材料、尺寸及编号见表3-1。

物理模拟试验异常体模型材料、尺寸及编号一览表 表3-1

编号	名称	尺寸	备注
1	细导线	ϕ1mm×200cm	漆包铜线
2	钢筋	ϕ5mm×140cm	
3	钢管	ϕ25mm×140cm	
4	钢管	ϕ50mm×140cm	
5	钢管	ϕ127×1400	
6	塑料管	ϕ60mm×140cm	PVC
7	薄金属板	40cm×150cm	镀锌板
8	薄金属板	20cm×150cm	镀锌板
9	薄金属板条	5cm×150cm	镀锌板
10	玻璃板	8mm×20cm×150cm	
11	浸水木板	20cm×150cm	三合板
12	塑料瓶	ϕ100mm 和 ϕ60mm	塑质饮料瓶
13	短圆木	ϕ100mm	长度与大饮料瓶相当
14	长方块铁皮	100mm×150mm	
15	长方体铁皮盒	50mm×100mm×150mm	
16	长方体铁皮盒	100mm×100mm×150mm	
17	长方体铁皮盒	300mm×100mm×150mm	
18	空心聚氯乙烯(PVC)板	5mm×20cm×150cm	厨房天花板装修材料

3.1.3.3 母体介质的选取

这里所说的母体介质就是进行物理模拟试验时放置异常体的空间介质。在我们通过试验来考察异常体的电磁波响应特征时，无法离开母体介质这个背景，即便是在真空中进行试验，那么真空也是一种背景，它依然具有自己的电磁特性。选择这种背景介质时，最主要的假定就是该介质的各项电磁参数具有空间均匀性。这一假定其实就是排除了背景干扰，使我们在分析试验结果时不至于受到其他因素的影响。

本书的物理模拟试验主要选择了三种母体介质：空气、水和干细砂。其实，在这三种介质中进行物理模拟试验时，因受客观条件的制约，都无法很好地保证试验结果的背景是完全干净的。与进行数值模拟时需要考虑吸收边界条件相同，进行物理模拟也存在边界条件问题。例如在空气中的试验，由于电磁波在空气中的传播速度很快，可以用光速近似，其值为 3×10^{8}m/s，试验平台周围支架和下部地面的反射波很容易进入采集剖面两端的时窗形成背景异常。但幸运的是，虽然这些杂波已经进入了采集剖面时窗并形成了不干净的背景，但在异常体形成的异常周围较小的时空范围内依然有一个较干净的背景区，这对于我们分析试验结果已经足够。在水中的试验也是如此。由于水这种物质的流易性，基本上可以保证其在密度上的空间均匀性，但进行试验时由于盛水的容器（水池）不能做得太大（否则会给试验操作带来很多不便），来自容器四壁和底部的反射干扰依然存在，但同样好在并不怎么影响对试验结果的分析。另外，在干细砂中的试验就有些不同了。在干细砂中除存在与水中类似的情况外，还存在密度的空间不均匀性问题。因为砂不具备像水那样的流易性，所以，每次置入异常体后砂的密实度在空间上的分布都很不均匀，与理想情况相比差别很大，试验剖面上表现为很多不规则分布的背景干扰。下面简要介绍在三种情况下进行物理模拟试验的模型空间尺寸和相应的主要试验采集参数。

（1）以空气为母体介质时的情况

试验示意图如图 3-9a）所示。选择一块空旷的场地，要求周围、空中和地下没有金属器物、电线、电缆或地下管道等干扰物。用双木条做成天线木质滑轨，标以刻度（最小 1cm）。天线在滑轨上最大滑动范围为 2m。滑轨支离地面 1.2m。异常体安置在滑轨和地面之间，一般放在水平方向的中间位置。

试验时，每改变一项模型参数测试一条剖面，剖面的长度为 2m，空间采样点距为 1cm。每张试验剖面采集 201 个扫描道，每个扫描道 512 个采样点，时窗长度选 15ns。

（2）以干细砂为母体介质时的情况

如图 3-9b）所示。砂坑长 2.0m、宽 1.5m、深 0.5m。天线木质滑轨置于干细砂面上，天线距砂表面 0.02cm。天线在滑轨上最大滑动范围为 2.0m。记录时窗长度为 20ns，空间采样点距为 1cm，每张试验剖面采集 201 个扫描道，每个扫描道 512 个采样点。

（3）以水为母体介质时的情况

如图 3-9c）所示。水坑长 2.0m、宽 1.5m、深 0.5m。天线木质滑轨置于水坑上，天线距水面 0.02cm。天线在滑轨上最大滑动范围为 2.0m。记录时窗长度为 50ns，空间采样点距为 1cm，每张试验剖面采集 201 个扫描道，每个扫描道 512 个采样点。

3.1.3.4 雷达天线参数

进行物理模拟试验时，采用中国电波传播研究所研制的 LTD-3 探地雷达系统，共采用了 3 种不同主频的雷达天线：300MHz、500MHz 和 900MHz。3 种频率的天线均为屏蔽天线，均采用固定收发偏移距的统一封装，每副雷达天线的两个极板均采用平面蝶形偶极子形式，收发间距分别为35cm、20cm和15cm。

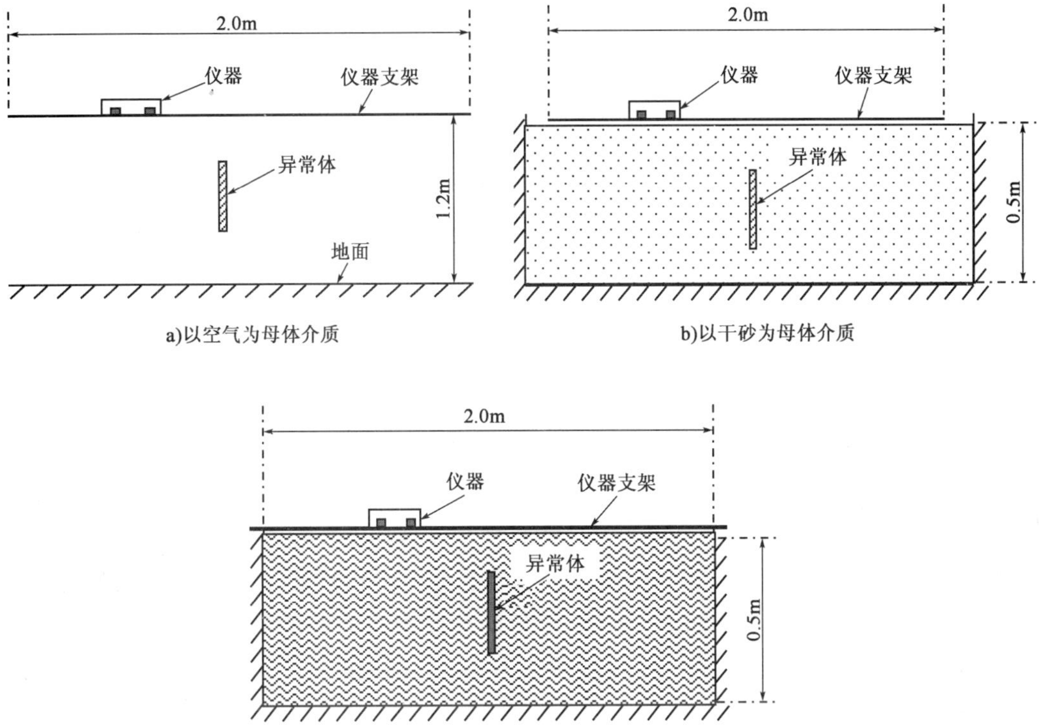

a)以空气为母体介质　b)以干砂为母体介质

c)以水为母体介质

图3-9　物理模拟试验示意图

3.2　异常体电磁波响应特征分析

从这里开始，我们将按照理论分析→数值模拟→物理模拟的顺序对每种情况下裂缝的电磁波响应特征进行系统分析研究并总结规律。前面已经提到，广义的散射理论是研究弹性波场最基本的理论，从该理论出发，任何其他形式的弹性波都可以通过散射波的相互叠加得到。所以，为了从感性上加深对电磁散射波的叠加特性的理解，我们首先从分析一个被抽象化了的点元的电磁波响应特征入手。

3.2.1　探地雷达波的种类

将探地雷达置于地表，由发射极向地下发射雷达波，一般由接收极可以接收到如下几种类型的波：空气直达波、地面直达波、地下分界面或不均匀体的散射波（包括反射波）、满足折射条件的地层分界面处的折射波、上行波在地表产生的折射波等，如图3-10所示。在本书的讨论中，我们将主要针对地下散射波进行讨论，而其他几种类型的波将留待以后作为另外的专题进行讨论。需要说明的是，在针对裂缝检测的实际剖面成像中，空气直达波和地面直达波等会形成强烈的干扰背景，为突出显示异常（如裂缝异常），必须将这些干扰背景去除。

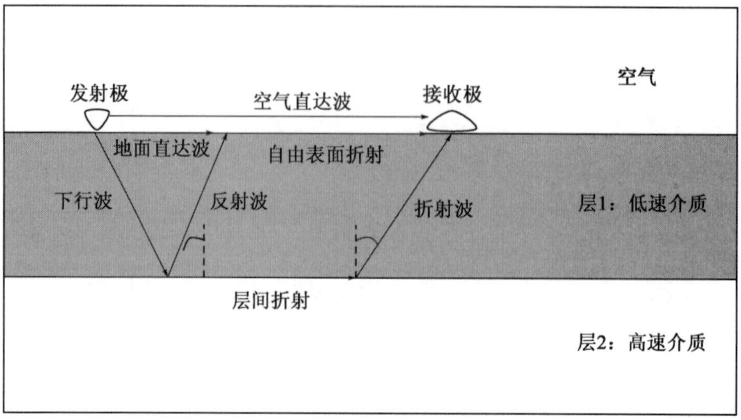

图 3-10　探地雷达波的种类

3.2.2　异常点元的电磁波响应特征

在前面介绍绕射和散射的基本概念时,我们已经熟悉点元异常的散射波特征。在自激自收的雷达测试剖面上,一个点元的电磁波响应特征是一条标准的双曲线。图 3-11 为模拟一根粗细为 ϕ5mm 的钢筋(左)与一根粗细为 ϕ1mm 的铜线(右)相距 80cm 平行放置时的雷达波响应剖面。在与异常体垂直的剖面上,两个异常体的截面为两个直径大小不同的圆。特别是对于细铜线的截面,其直径已足够小,可以抽象化为二维空间内的一个点元。一个点元的电磁波响应特征就是由多条幅度不等的雷达子波沿双曲线轨迹排列而成的双曲线弧。

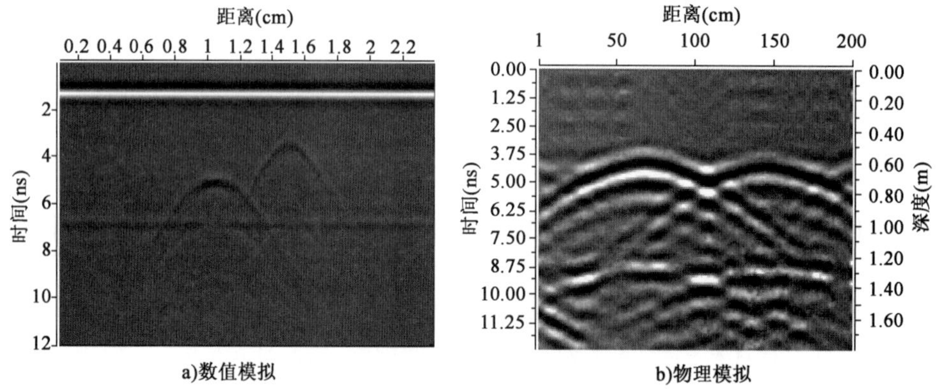

图 3-11　钢筋(左)和细导线(右)的雷达波响应物理模拟剖面

在以后的讨论中,对于一个具有一定空间尺寸的异常体,我们主要在二维空间内考虑它作为异常的横切面面积;然后,将这个横切面细分成很多个相同大小的面元。当面元足够小时就变成了点元,而对切面异常的考察就转化成了对所有点元的总和的考察了。根据电磁波的叠加原理,二维面积异常的电磁波响应正是所有这些点元异常的电磁波响应相互叠加的结果,这就是我们分析问题的基本思路和方法。

从图 3-11 的数值模拟和物理模拟均可以看出,钢筋的响应振幅明显比细铜线的强(即便在进行数值模拟时把钢筋的埋深设置得较大,但钢筋的振幅响应仍较强),而且从物理模拟剖面上看，钢筋的响应波形延续时间较长。可见，当钢筋的粗细大到一定程度后，我们在考察其雷达波响应特征时就不能简单地将它抽象成一根线元或点元了，而必须先对其进行细分，然后再求细分后各点元的响应，最后按时空关系求和（叠加原理）。

这里需要特别说明的是，在图3-11b）所示的物理模拟中，深度1.2m处的干扰系由地面感应引起，在后面还要详细论述。为了突出显示异常波（均匀介质中的异常体对电磁波的响应，以后统称为异常波）特征，本书对所有的物理模拟试验剖面均做了去除背景干扰的滤波处理。图3-12所示的剖面是图3-11b）没有去除背景前的原始数据剖面。剖面上子波背景很强，地面反射也很清晰，但异常波则较弱。

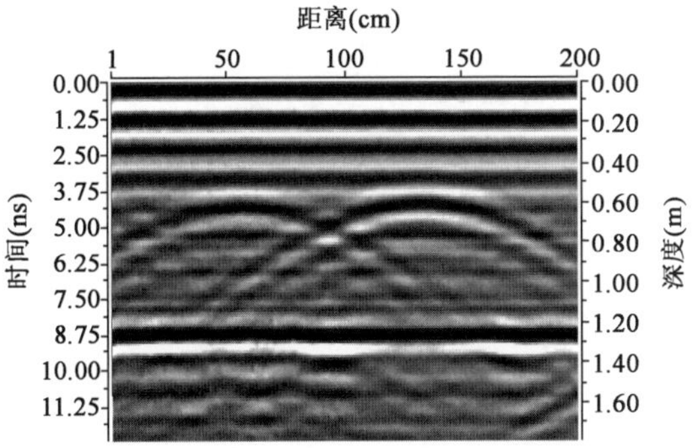

图3-12　图3-11b）的原始数据剖面

3.2.3　电磁波的叠加原理

这里直接通过数值模拟和物理模拟结果来说明电磁波的叠加原理，便于更直观地理解。

在上面对点元电磁波响应特征的数值模拟和物理模拟中，在空气中同时放置了两个近似点元的异常体，结果得到两条对应的双曲线弧。在原理分析中已经指出，点元散射波遵循叠加原理，这是电磁波的特性。从叠加原理出发，对所有复杂异常体的电磁波响应的正演都可以通过先微分再积分的方式解决，这是一条从根本上解决电磁波正演问题的途径。下面让我们通过更多的数值模拟和物理模拟实例来证实这一点。

图3-13为选择三根ϕ5mm钢筋按不同的深度平行放置进行的物理模拟，可以看到剖面上每根钢筋所形成的双曲线弧在时空关系上与实际的钢筋位置一一对应。

在图3-14a）中，选择了一块40cm宽的薄镀锌板，按45°倾角放置，顶深30cm。在图3-14b）中，我们选择了两块5cm宽的薄镀锌板，也按45°倾角放置，但分别与图3-14a）中宽镀锌板的顶底位置重合。图3-15和图3-16分别是对上述模型的数值模拟和物理模拟结果。从图3-16中可以看出，作为部分的点元的电磁波响应与整体的电磁波响应之间的相互关系，部分包含在整体之中，整体可以分割成无数个部分之和。

下面，借助于数值模拟方法再来模拟一种较为特殊的情况：如图3-17a）所示，在图3-14a）的基础上，以薄镀锌板作为正方形的对角线，在该正方形的左上角和右下角位置各放置一个点元（用ϕ2mm粗的导体代替），作为对模拟剖面进行分析时的位置标志。数值模拟结果如图3-17b）所示。

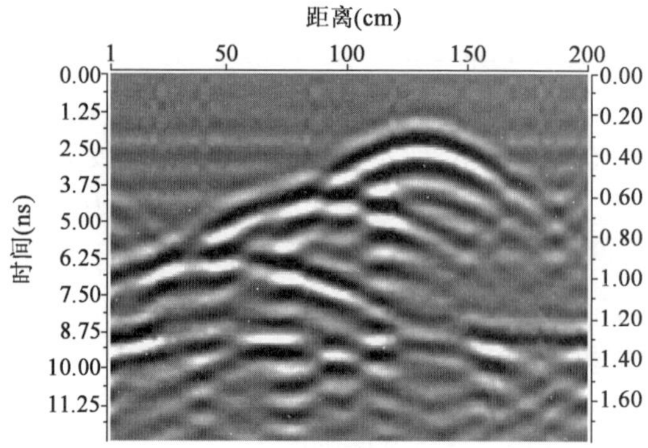

图 3-13　电磁波叠加原理

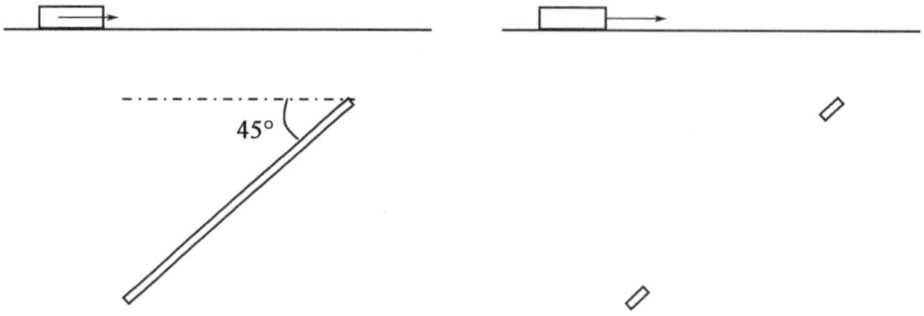

a)　　b)

图 3-14　倾斜镀锌板和具有倾斜位置关系的两个镀锌板元

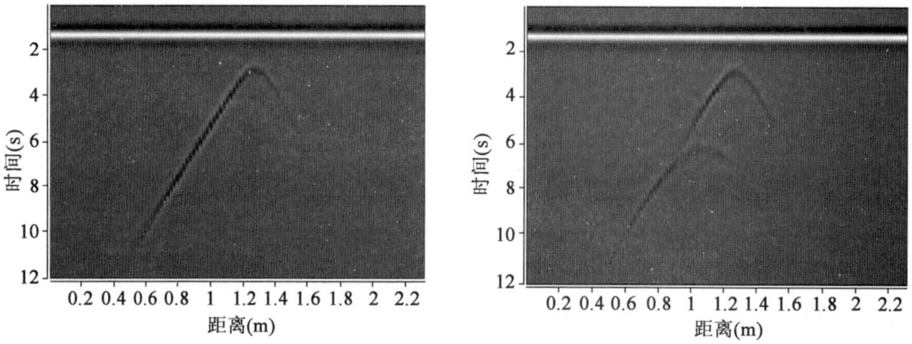

a)　　b)

图 3-15　倾斜镀锌板电磁波响应数值模拟结果

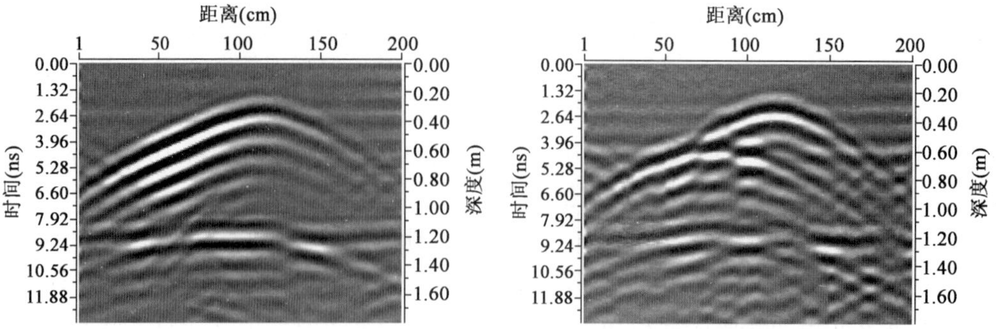

a)　　b)

图 3-16　倾斜镀锌板电磁波响应物理模拟结果

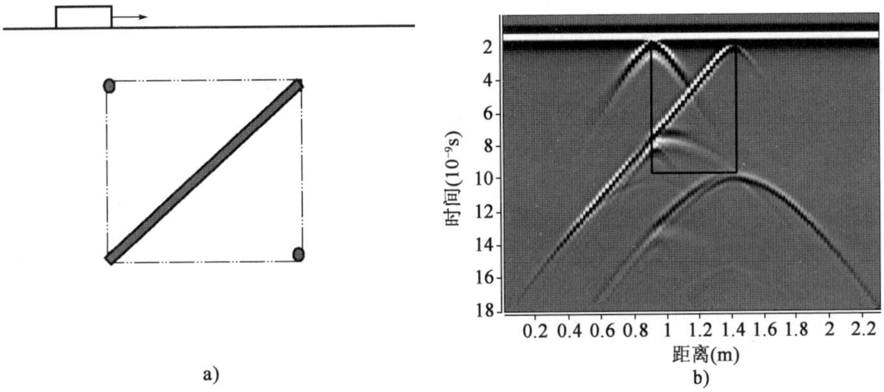

图 3-17　倾斜点元排列(斜面)产生的电磁波响应特征(模型与数值模拟剖面)

从前面的论述中已知,在自激自收雷达剖面上,一个点元的散射波是一条双曲线,且双曲线的顶点位置在水平方向上与点元的横向位置重合。线是由点组成的。若把一段线状异常体细分成很多点状异常,根据电磁波的叠加原理,先求取所有点状异常的电磁波响应,然后再按时空关系求和即可。对图 3-17a)进行数值模拟是为了验证这一思路的正确性。在图 3-17b)上,过两个标志点形成的散射双曲线的顶点做水平线和铅垂线,则倾斜异常体上的点元所形成的散射双曲线的顶点必分配在由这四条直线所围成的正方形的对角线上,即异常体所在的实际位置。但从模拟结果来看,剖面上显示的异常明显向左偏离了它的实际位置。所以,在二维空间中,对于一个倾斜的线状异常体,当从自激自收剖面上确定它的实际位置时,不能再简单依靠把异常体细分后各点元形成的双曲线顶点来定位,因为该数值模拟结果证明,这些双曲线的顶点在模拟剖面上已经消失了。下面,先用费马原理来解释各双曲线的顶点“消失”的原因。

费马原理说,电磁波总是沿费时最小的射线路径传播。在这里也可以理解成距雷达接收点最近的散射点形成的散射波最先到达仪器而成为首波。如图 3-18 所示,倾斜线状异常体 CBD,雷达位于 A 点,$AB \perp CD$,C 点刚好位于 A 点的正下方,也就是说,当雷达位于 A 点时,线状异常体上的 B 点距它最近,D 点次之,位于其正下方的 C 点则距它最远。为便于讨论,这里假设雷达波在母体介质中的传播速度为 2。设线状异常体上有某一点 X,雷达波由 A 点发出到达 X 点后被散射又回到 A 点时的首波旅行时为 $t = 2 \times AX/2 = AX$(所以,在这里我们可以直接用距离来表示首波旅行时的大小)。当雷达仪器位于 A 点时,在 A 点记录一次扫描,也即采集一道记录。该记录道的首波位于 E 时刻,它是来自于 B 点的散射;而来自 D 点和 C 的散射则相继以续至波的形式在 F 时刻和 C 时刻被记录。所以,位于雷达仪器正下方的异常点所产生的散射波不一定会以首波的形式被记录,特别是对于倾斜异常体,除其上端点外,其他点产生的散射波都是以续至波的形式被记录的;而在考察一个异常体的散射波特征时最关心的是首波,而不是

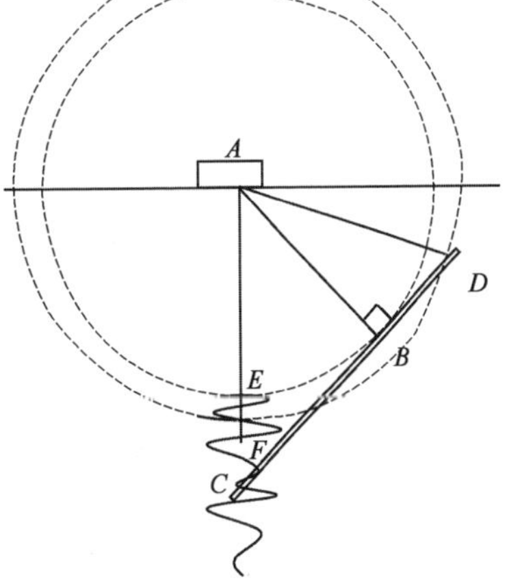

图 3-18　偏移产生的原因

续至波，因为首波在记录上的出现具有从无到有的特性，它不会被相互抵消，也最容易辨别，它在空间上对应着异常体的边界；而续至波出现时还伴随着较强的散射背景，它多数情况下会因为相互抵消而消失。所以，在下面的讨论中将进一步说明，在倾斜异常体的雷达波响应剖面上呈现的散射波同相轴是各点元散射双曲线的侧翼形成的包络。

在图3-18的情况下，当雷达仪器位于倾斜异常体上某点 C 的正上方时，由 C 点产生的散射波所形成的散射双曲线的顶点波形已不再以首波的形式出现在该记录道中了，而是被淹没在记录道的续至波中。该记录点的首波来自侧面距雷达仪器更近的点。首波不会被抵消，所有记录道的首波在横向上的堆积便形成能够反映异常体空间特征的同相轴，但该同相轴的位置已不是它所反映的异常体的真实位置，而发生偏移。

图3-19采用散射叠加原理和费马原理进一步说明了倾斜异常体产生偏移的原因。倾斜异常体的真实位置依然位于其上的点元所形成的散射双曲线的顶点位置，但每个散射双曲线的顶点波形都是作为续至波被记录的(除异常体的上端点外)，而首波则是由各双曲线的侧翼的包络线组成。对于倾斜异常体上的每一个点元，由它产生的对成像作出贡献的双曲线的侧翼，相对于该点元在倾斜体上的实际位置向倾斜方向的远处和深处发生了明显的偏移(从表象上看，图像相对于实际异常体变缓变浅了，但从成像机理上分析则不然)。这些包络线在雷达检测剖面上不会被抵消，它反映了异常体的特征，但由于它是倾斜的，所以，它明显地偏离了倾斜异常体所在的实际位置。

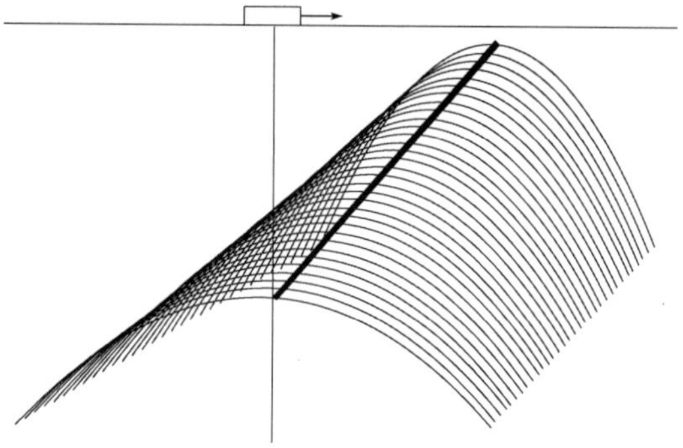

图3-19　倾斜异常体点元散射叠加原理示意图

注：该示意图为二维平面图，且莫当成三维立体图观察。

在自激自收雷达检测剖面上，倾斜异常体的波形是由异常体上的点元所形成的散射双曲线的侧翼的包络线组成的，它明显偏离了异常体所在的实际位置。只有当异常体上的某个点元所形成的散射波被位于其正上方的雷达仪器以首波的形式记录时，该记录点所对应的水平位置才是该点元所在的实际位置。

在上面阐述电磁场散射波的叠加原理时只在二维空间内讨论了点元和倾斜线状异常的情况，而对于有限面积异常(对应于三维空间内异常体的切面)的情况并没有讨论，这里只把有关的结论简单叙述一下，限于篇幅，本书不再做细致分析。

不管是一维线状异常还是二维面积异常，我们总是假定属于异常范围内的介质电性常数或磁性常数是连续均匀分布的。对于这样的异常介质，它所产生的电磁波响应特征一般只与其边界形态有关。对于二维异常，边界内部介质产生的异常波形往往会相互抵消或基本抵消

(考虑距离因素),所以,要研究异常体整体的波场特征一般只需要研究其边界形态特征即可。

3.2.4 垂直裂缝的电磁波响应特征

在讨论之前先看一个数值模拟和物理模拟的例子。如图 3-20 所示,以空气为母体介质,用导体材料来模拟裂缝。假设垂直裂缝上下延伸长度为 40cm、宽度为 0.5mm。数值模拟和物理模拟结果如图 3-21 所示。

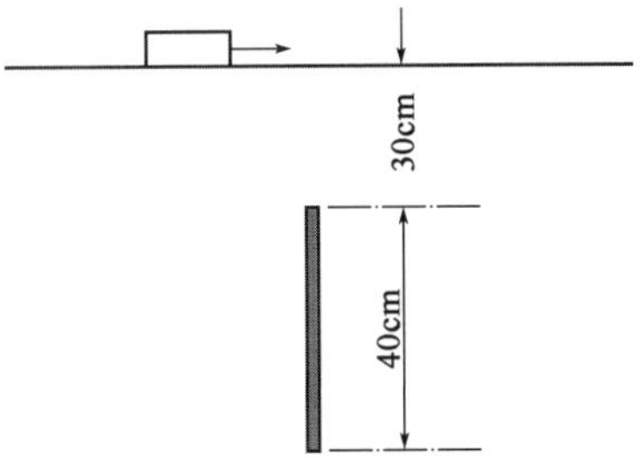

图 3-20 垂直裂缝模型

从数值模拟结果看,当垂直裂缝的宽度较小时,其电磁波响应特征与前面讨论过的点元的电磁波响应特征非常相似,是过垂直裂缝上端点的一条散射双曲线。不同的是,在裂缝的下端点处也有一条双曲线,其开口稍大,相位与前者相反,且幅度较弱。从物理模拟结果看[说明:在图 3-21b)中,暂时只考虑深度 1m 以上的部分,因为在进行物理模拟时,裂缝下端点的深度只有 70cm。而深度 1m 以下的异常属于二次散射,在后面还要做专门讨论],上端点的响应特征与细钢筋的类似,但下端点的响应由于受上端点续至波的干扰,已不像数值模拟结果那样能明显看出一条独立的双曲线了。从理论分析和数值模拟结果可以看出:垂直裂缝的上、下端点各对应一条散射双曲线弧,并据此可以判定裂缝的顶、底端位置。虽然下端点的散射波的能量较上端点的弱得多,但作为一种解决问题的研究方向,在将来有可能通过某种信息提取方法来突出异常,从而解决裂缝下端点的定位问题。

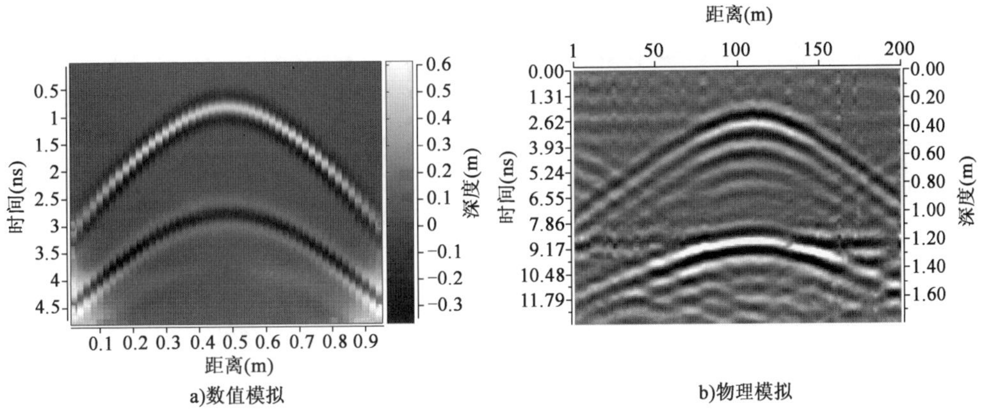

图 3-21 垂直裂缝(长 40cm,宽 0.5mm、顶深 30cm)数值模拟与物理模拟结果

将图 3-21b)与图 3-22c)做比较(暂不考虑 1m 深度以下的部分),先不考虑振幅大小,但从波形特征上看几乎没有什么差别。这说明,当垂直裂缝的上端点深度固定时,上端点散射波特征对垂直裂缝在垂向上的长度变化不敏感(在后面讨论裂缝顶端散射波振幅与裂缝垂向延深变化的关系时将进一步说明,只有当垂直裂缝的垂向长度超过一定值——1/2 波长时,该结论才成立;当小于 1/4 波长时,其动力学特征变化非常明显)。将图 3-21b)与图 3-22a)、b)比较,最明显的不同是,随着裂缝顶深加大,双曲线的开口变宽了,幅度也减弱了。

图 3-23 是模拟三个长度为 5cm 的短垂直裂缝在同一水平方向位置进行垂向组合的情况。

三个短裂缝的顶深分别为30cm、50cm、65cm，这类似于在图3-21b）中，在长裂缝的上、中、下各取一小段的情况。将物理模拟结果与图3-21b）进行对比。前者在双曲线的两翼有较强的幅度，只局部被削弱，呈叠瓦状；而后者两翼的幅度向两侧衰减很快，只在裂缝附近幅度较大。这是因为，对于连续的、垂向尺度较大的垂直裂缝，除上端点产生的双曲线作为首波不会被抵消外，从上端点向下直到下端点，这中间连续部分各点元所产生的散射双曲线经叠加后基本上相互抵消，没有被完全抵消的部分是由于随着深度的变化，各点元双曲线的幅度会有所变化，另外，双曲线的形状也会随深度而变，造成叠加后存在剩余背景。这种剩余背景会随着整体深度的加大而减弱，所以，垂直裂缝的异常为两条双曲线波组，它们分别位于裂缝的顶、底位置，而在裂缝的中部不会有异常显示（假定裂缝上下宽窄恒定）。

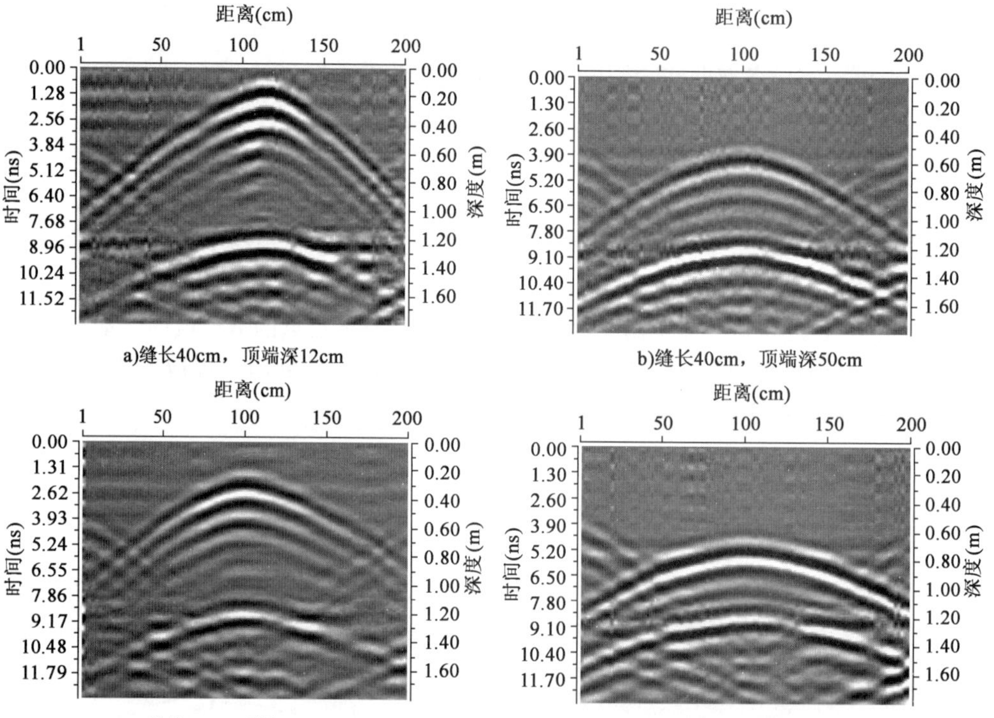

a)缝长40cm，顶端深12cm

b)缝长40cm，顶端深50cm

c)缝长5cm，顶端深30cm

d)缝长5cm，顶端深70cm

图3-22　垂直裂缝物理模拟结果

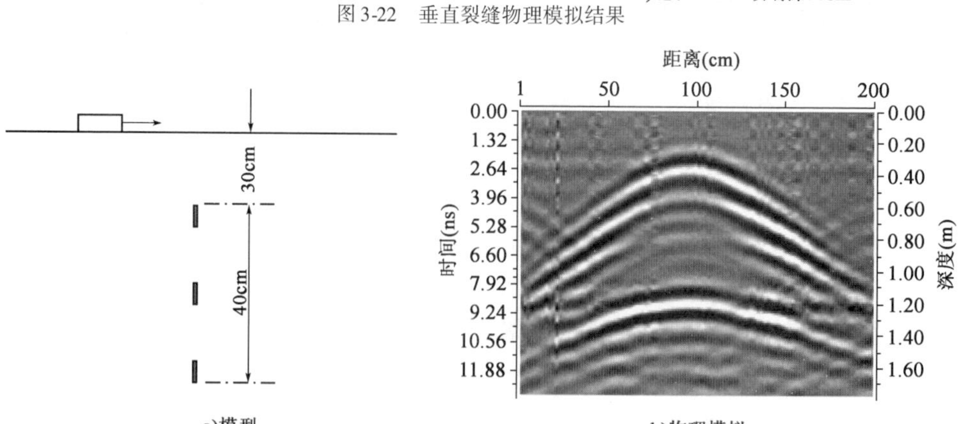

a)模型

b)物理模拟

图3-23　短垂直裂缝垂向组合物理模拟结果

再来看上面的模拟结果,短裂缝组合的情况相当于长裂缝的中间段存在不均匀的变化,各点元散射双曲线叠加后不能很好地相互抵消,所以就出现的较强的剩余能量。

3.2.5　垂直裂缝宽度变化对其电磁波响应的影响

工程构筑物裂缝的产生一般遵循从无到有、从窄到宽的变化规律。裂缝产生以后,若能尽早地检测、发现并及时采取有效措施给予治理是非常关键的。所以,研究垂直裂缝的电磁波响应特征与其宽度变化之间的关系、了解探地雷达能够探测到的裂缝宽度的理论下限等对指导我们进行实际检测具有非常重要的意义,它可以帮助我们在检测时更合理选择和设置雷达参数,在资料处理时有目的地选取有针对性的处理方法,在资料解释时尽量提高解释的正确率等。

当垂直裂缝的宽度发生变化时,雷达检测到的裂缝异常波场特征必然会随着发生相应的变化。这种变化主要表现为两个方面:一方面,运动学特征的变化和动力学特征的变化。对于微裂缝,由于其宽度的变化量在水平方向上的表现非常微小,相应的其波场特征的变化则主要表现在动力学方面,我们可以注重分析其波场的振幅、相位或频率等与宽度变化之间的关系;另一方面,当垂直裂缝的宽度较大时,其宽度的变化量也可以较大,相应的其波场的运动学特征和动力学特征都有可能发生较大的变化。所以,对于宽裂缝,我们将从波的运动学和波的动力学两个方面分别加以研究。

为了从整体上把握规律,先考虑垂直裂缝宽度处于两个极端时的情况:①非常宽,近似为一层状介质;②非常窄,宽度接近于零。了解了这两种情况后,则垂直裂缝的波场特征与其宽度连续变化之间的对应关系必处在这两种情况之间。当裂缝还没有产生时,则假想的垂直裂缝的宽度为零,那么,当垂直裂缝产生以后,选择怎样的一个最小裂缝宽度作为研究问题的起点呢?从数值模拟的角度来看,这个最小宽度的设定不能小于模拟运算时一个差分网格的宽度,但差分网格的宽度从理论上讲是可以无限小的。另一方面,考虑到进行数值模拟时的运算时间问题,差分网格也不能选得太小,那样既浪费机时,又没有必要。一般情况下,我们会结合雷达子波的波长来设定差分网格的宽度,如前所述,可以取模拟子波主波长的1/30等,这样算来,对于900MHz的雷达天线,在空气中其子波的主波长为33cm,取其1/30为1.1cm,显然,如果实际裂缝的宽度能达到11mm,则其不是微裂缝,而是较宽的裂缝。所以,纯粹考虑选择一个最小裂缝宽度作为研究问题的起点是没有意义的。以上是从数值模拟的角度进行分析,而对于物理模拟的情况更为复杂,因为在现实世界中要模拟一个宽度很窄的裂缝很难,也就是说,我们不知道多窄才算很窄,这与我们对模型的可操作性有关;再者,垂直裂缝的波场特征,特别是动力学特征,不但与其宽度有关,还与裂缝的深度、介质参数、雷达波主频等都有关系,涉及的因素比较多,也比较复杂。所以,在讨论这一问题时,还是首先从理论上进行分析,然后进行数值模拟,最后根据理论分析和数值模拟结果有代表性地做一些物理模拟试验来加以验证。

3.2.5.1　理论分析

理论分析可借助于采用Excel表格构建一个雷克子波,并把它放在表格的第 U 列中,如图3-24a)所示,图3-24b)为该雷克子波的波形图。子波的主瓣半周期为6(对应半波长为6

个长度单位），振幅最大值为5.3。然后假定有一极窄的垂直裂缝，它在垂向上足够长，其底端不会对顶端的散射产生影响，其宽度仅1个长度单位，或仅由一个点元组成。当雷达仪器位于该垂直裂缝正上方时，其自激自收得到的裂缝顶部散射波刚好为图3-24b）所示的一个雷达子波。

Q	R	S	T	U	V	W	X	Y
				0				
			0	-0.6	0			
		0	-0.6	-1.5	-0.6	0		
	0	-0.6	-1.5	-1.6	-1.5	-0.6	0	
0	-0.6	-1.5	-1.6	-1.5	-1.6	-1.5	-0.6	0
-0.6	-1.5	-1.6	-1.5	0	-1.5	-1.6	-1.5	-0.6
-1.5	-1.6	-1.5	0	3.3	0	-1.5	-1.6	-1.5
-1.6	-1.5	0	3.3	4.8	3.3	0	-1.5	-1.6
-1.5	0	3.3	4.8	5.3	4.8	3.3	0	-1.5
0	3.3	4.8	5.3	4.8	5.3	4.8	3.3	0
3.3	4.8	5.3	4.8	3.3	4.8	5.3	4.8	3.3
4.8	5.3	4.8	3.3	0	3.3	4.8	5.3	4.8
5.3	4.8	3.3	0	-1.5	0	3.3	4.8	5.3
4.8	3.3	0	-1.5	-1.6	-1.5	0	3.3	4.8
3.3	0	-1.5	-1.6	-1.5	-1.6	-1.5	0	3.3
0	-1.5	-1.6	-1.5	-0.6	-1.5	-1.6	-1.5	0
-1.5	-1.6	-1.5	-0.6	0	-0.6	-1.5	-1.6	-1.5
-1.6	-1.5	-0.6	0		0	-0.6	-1.5	-1.6
-1.5	-0.6	0				0	-0.6	-1.5
-0.6	0						0	-0.6
0								0

a)

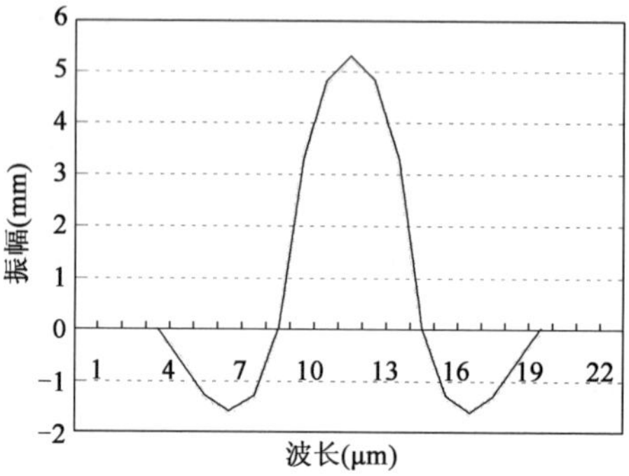

b)

图3-24　采用Excel构建的雷克子波及其波形图

现在把该裂缝同时向两侧加宽，每次向两侧各增加一个点元，则生成宽度依次为包含1、3、5、7、…、41个点元的21个不同宽度的裂缝。当雷达仪器在该裂缝上方采用自激自收方式按每次移动一个点元的步长扫过后，在每个点元的正上方均可接收到对应点元产生的同样的初至雷克子波，这些初至雷克子波群如图3-25所示。

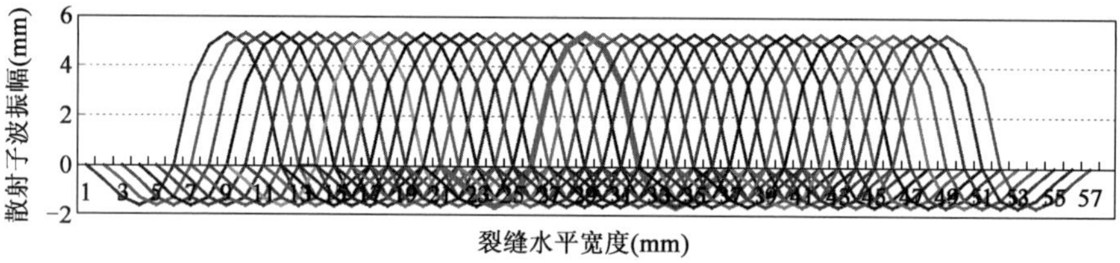

图3-25　一个宽度由41个点元组成的裂缝顶端形成的散射子波群

现在以第21个点元为中心，计算不同宽度裂缝中点（第21个点元）的雷达波响应曲线。在Excel表格中，以第21列的子波为基准，同时向两侧复制粘贴该子波［图3-24a）］，且每加宽一列，子波起点向下错动一行，代表偏离中点的点元产生的散射子波在到达时间上滞后一个时间单位（每一行代表一个时间单位——1/6主瓣半周期长度）。以第21列为中心，对宽度分别为1、3、5、…、41个点元的裂缝，根据电磁波的叠加原理，在Excel表格中进行横向求和，得到不同宽度裂缝顶端中点处的雷达散射波波形示意图，如图3-26所示。

对不同宽度裂缝顶端中点散射波提取振幅最大值并绘制振幅随裂缝宽度变化的关系曲线，如图3-27所示。从该曲线可以看出，当裂缝宽度约等于雷克子波的一个视波长时，振幅达到极大值，超过一个视波长后首先衰减，然后趋于一个稳定值。将裂缝中心点的散射子波与振幅达到最大值时裂缝顶部端点的一个子波抽出绘于图3-28，可见，两个子波的主瓣刚好处于分离点上。当裂缝宽度小于该值时，位于这两个子波之间的所有散射子波均相干加强；当裂缝宽度大于该值时，超出该宽度的散射子波会使中心点的散射波削减；当裂缝宽度超过一定值后，对裂缝中点散射波的振幅不再有影响。

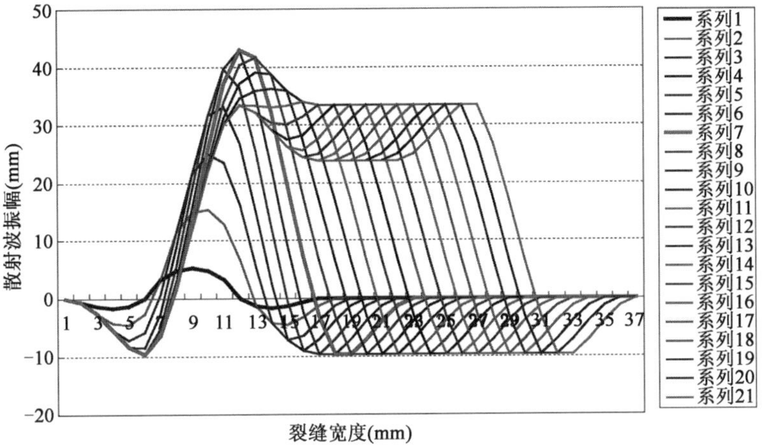

图 3-26 不同宽度垂直裂缝顶端中点散射波特征示意图

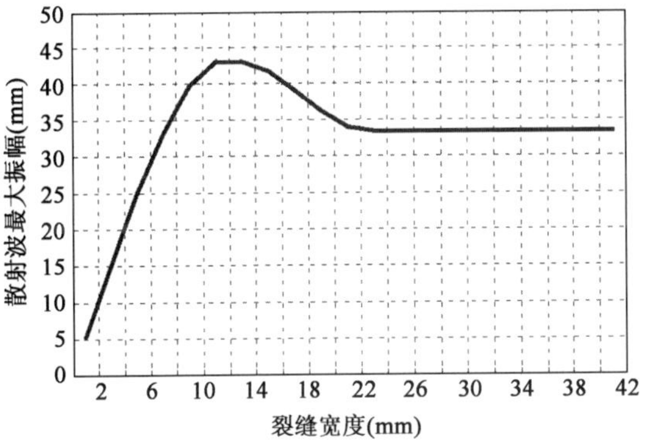

图 3-27 裂缝顶端中点散射波最大振幅与裂缝宽度的关系

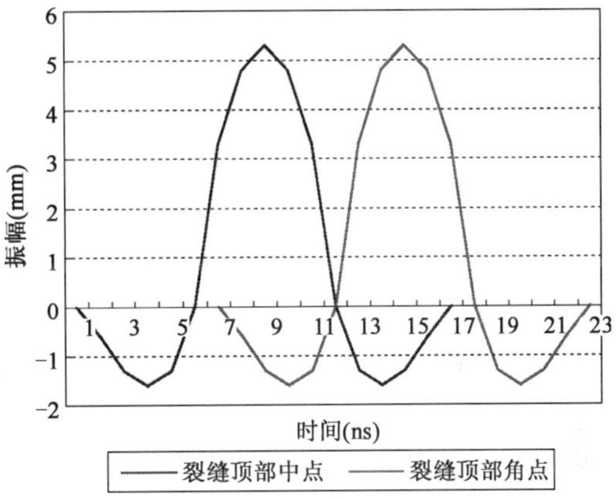

图 3-28 振幅最大值时对应的裂缝顶部中点散射子波和顶部端点散射子波的时间关系

从图 3-27 可以看出，当裂缝的宽度小于一个子波的视波长时，裂缝顶部中点散射波振幅随裂缝宽度呈近似过原点的直线关系变化，这点对于我们从定量的角度来分析探地雷达检测垂直裂缝宽度非常重要，在后面还要详细讨论。

上面讨论中特别提到子波的视波长的概念，因为视波长还涉及深度因素，说明上述关系不但与雷达子波的波长 λ 有关，还与裂缝顶端的埋深 h 有关。下面借助于地震勘探原理中在讨论横向分辨率时引入的第一菲涅尔带的概念做进一步的讨论。

如图 3-29 所示，设在界面 O 点自激自收，波在 O'点产生的散射波最先到达接收点 O，在界面 O'点两侧所有点产生的散射波到达 O 点的时间均晚于 O'点。一般认为，双程时间小于半个周期的界面上的点(例如 C 和 C'点)产生的散射，在 O 点上是相互加强的。假设雷达子波为典型的雷克子波，如图 3-24b)所示，则双程时间小于半个周期意味着两个子波的主瓣时间间隔小于图 3-28 中所示的时间间隔。双程时间大于半个周期时，界面上的点产生的散射对 O 点的贡献不大。可见，以 O'点为圆心，其附近的点产生的散射随着离开 O'点的距离的加大，与

O'点产生的散射进行相干加强的能力逐渐减弱，当距离大到一定程度时，由双程时差导致的两个子波的主瓣正半周开始完全分离，分离点正是以 O 点为圆心，以 OC 为半径在分界面上所画的平面圆，平面圆圈定的面积范围就叫作该深度界面相对于 O 点的第一菲涅尔带。在图 3-29 所示的二维情况下，第一菲涅尔带指 CC'界面段。显然，第一菲涅尔带不仅与波长有关，还与深度有关。经简单的几何推导可得，第一菲涅尔带的宽度为：

$$c'c = 2\sqrt{\frac{\lambda h}{2} + \frac{\lambda^2}{16}} \tag{3-52}$$

图 3-30 显示了第一菲涅尔带宽度与深度的关系。可见，深度越大，第一菲涅尔带宽度也越大。

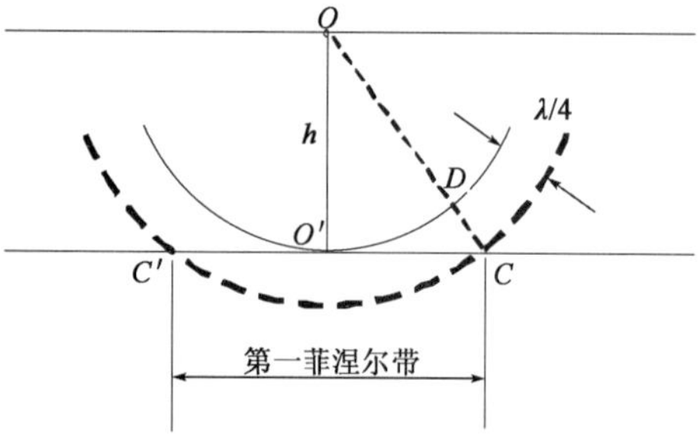

图 3-29　菲涅尔带示意图

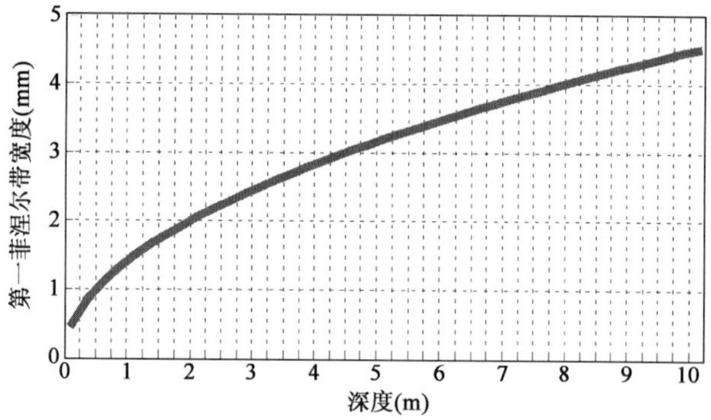

图 3-30　第一菲涅尔带宽度与深度的关系

3.2.5.2　数值模拟

下面通过数值模拟来讨论垂直裂缝顶端散射波特征与裂缝宽度变化的关系。

根据上面理论分析结果，我们先选择两个宽度分别为大于或等于一个菲涅尔带宽度的裂缝作为模拟的起点，如宽度为 1m 和 0.5m 的两条超宽垂直裂缝，以观察波场特征的变化趋势。取母体介质的相对介电常数为 4（混凝土的相对介电常数 4 ~ 7，沥青的相对介电常数 3 ~ 5），裂缝由空气充填，相对介电常数为 1，模型总宽 2.5m、高度 0.55m，两个垂直裂缝宽分别为 1m 和 0.5m，垂向长 0.2m，裂缝顶深 0.2m，如图 3-31 所示。

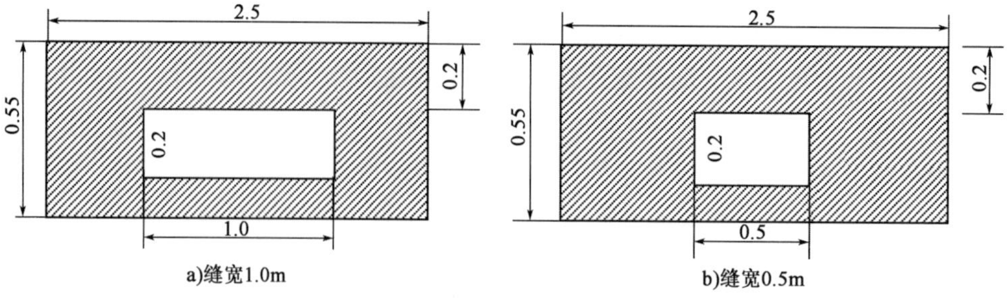

图 3-31　超宽垂直裂缝模型（尺寸单位：m）

上述模型的数值模拟结果如图 3-32 所示。从模拟剖面来看，当裂缝的宽度很大时，暂时撇开裂缝两端的特殊情况不考虑，只考虑中间段，这时整个模型可等效为三层介质：上、下两层为母体介质，中间为空气层。从模拟剖面可以看到，在“裂缝”的顶、底均存在横向上幅度稳定的反射同相轴，这也可以帮助我们理解在前面讨论中得到的关于垂直裂缝的一些结论：前面所说的垂直裂缝其实也可以看成是有限宽度的层状介质当其宽度非常小时的特殊情况。层状介质只要是均匀的，除顶底界面外，内部产生的散射被完全抵消，所以，在垂直裂缝的中部看不到散射异常；对于层状介质，不但其顶界面可以产生有效散射，其底界面同样也能产生有效散射，所以，在垂直裂缝的底端也存在一条散射双曲线，只是标志顶和底的散射波相位刚好翻转180°。这样，从这一角度加深了我们对垂直裂缝波场特征的认识。

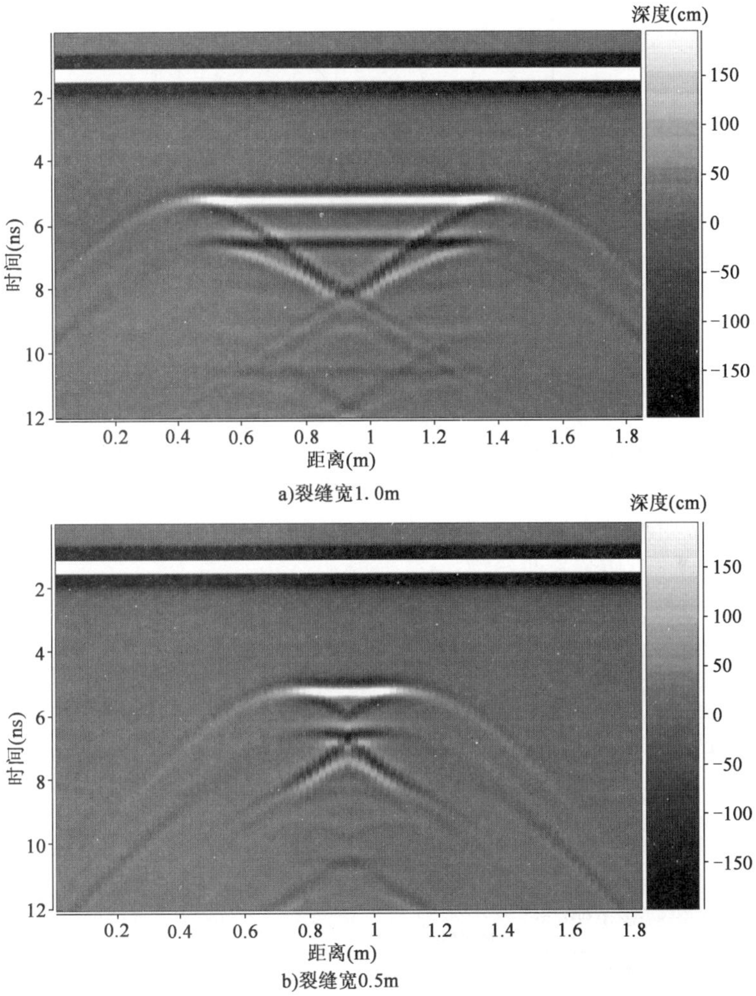

图3-32 超宽垂直裂缝数值模拟剖面

从图3-32a)中可以看出，裂缝的中间段顶、底散射波形特征在横向上保持稳定，其幅度的大小取决于分界面上、下介质介电常数的差异、界面的埋深、雷达波发射的强度等，而裂缝的两端顶、底位置各附着有一支双曲线，它是裂缝的两个垂直界面上的点元对雷达波散射的结果。仔细观察不难发现，每支双曲线波组的左右半支相位刚好相反，这是因为若把垂直裂缝的侧壁看作两种不同介质的分界面时，雷达波从左、右不同方向入射，反射系数刚好相反。为了研究双曲线波组在水平方向上的动力学特征的变化规律，对 0.5m 宽度裂缝顶端的反射波或散射波同相轴的最大振幅值绘制振幅在水平方向上的变化曲线，如图 3-33 所示（为使研究简化，我们只考虑裂缝顶部的情况，而研究的结果也同样适用于底部）。从图 3-33 中可以看出，裂缝顶端反射波的最大振幅在中间段保持稳定不变，到两端时各先出现一个峰，再向外侧则急剧衰减。可见，由于裂缝的宽度取得太大，多出中间振幅稳定的部分并不是我们感兴趣的，该平稳段长度约为 0.1m，即当裂缝的宽度小于 0.4m 时，图中振幅曲线的两个峰将开始合龙。下面再模拟几个宽度小于 0.5m 的裂缝。

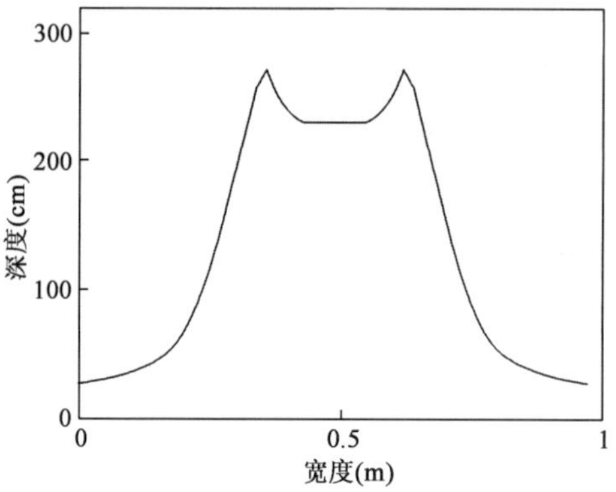

图 3-33　垂直裂缝顶端散射波最大幅度横向变化曲线

图 3-34 给出了与以上模型相同条件下裂缝宽度分别为 0.0015m、0.0075m、0.015m、0.03m、0.06m、0.125m、0.25m、0.5m 时的数值模拟剖面。图 3-35 给出了一系列不同宽度裂缝数值模拟剖面上裂缝顶端散射波最大振幅在横向上的变化曲线。图 3-36 给出了裂缝顶端中点处散射波最大振幅随宽度变化的关系曲线。

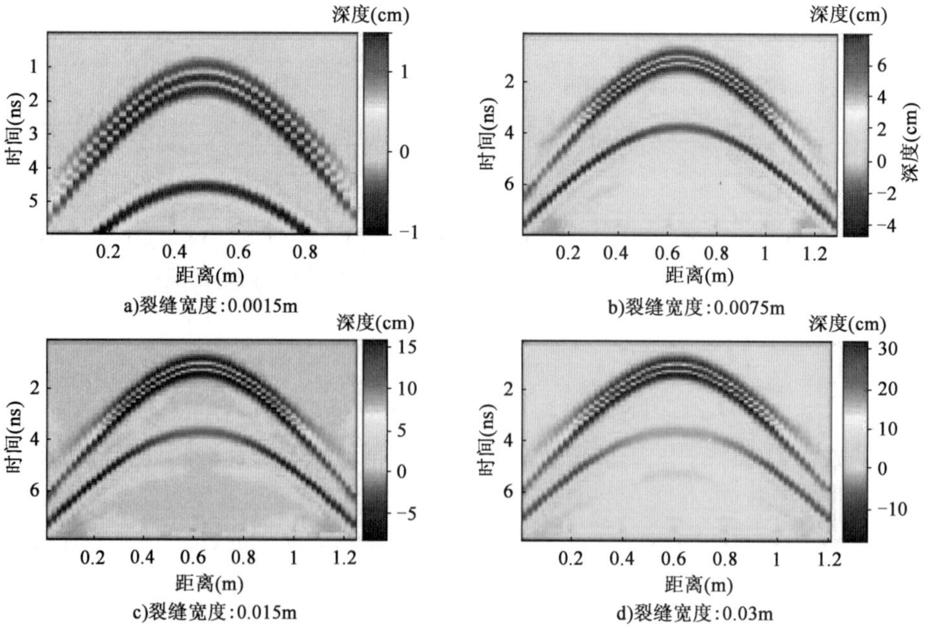

图　3-34

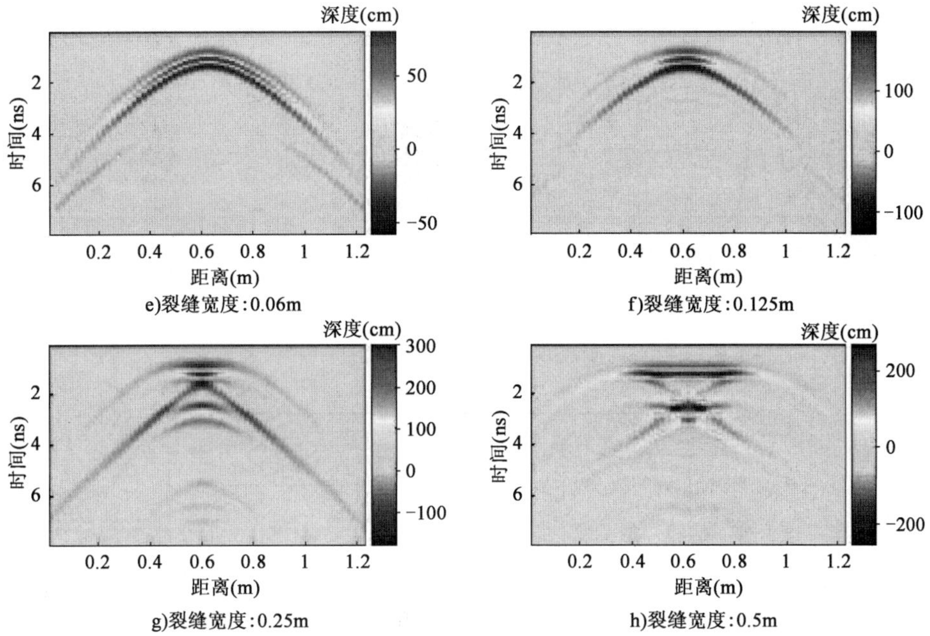

图 3-34 不同宽度裂缝的数值模拟剖面

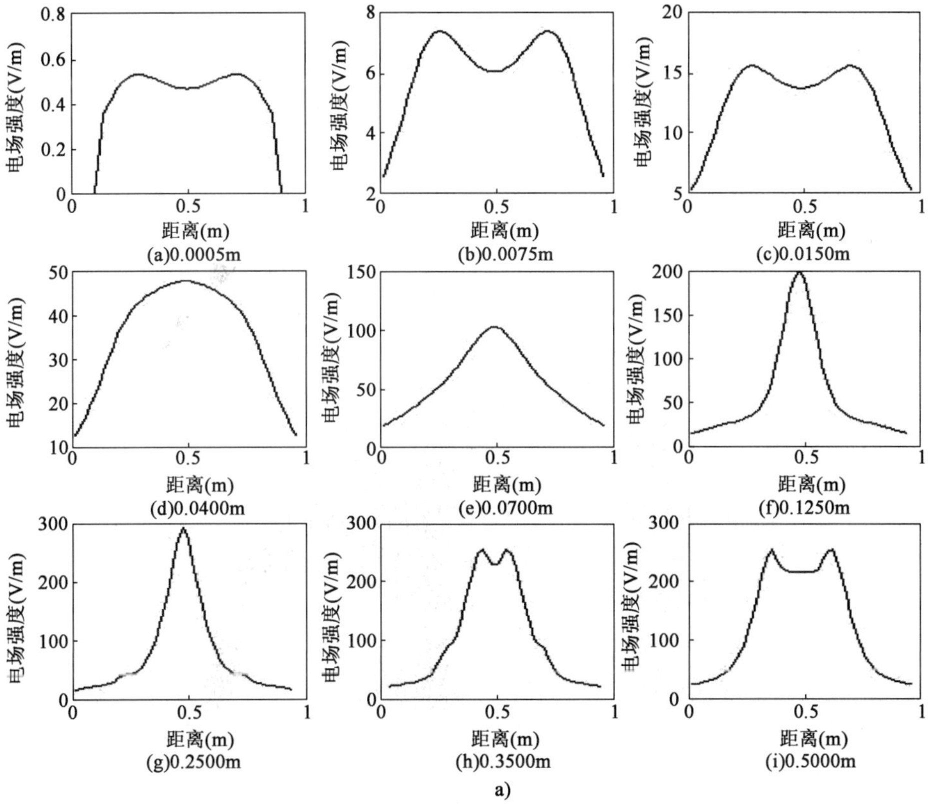

图 3-35

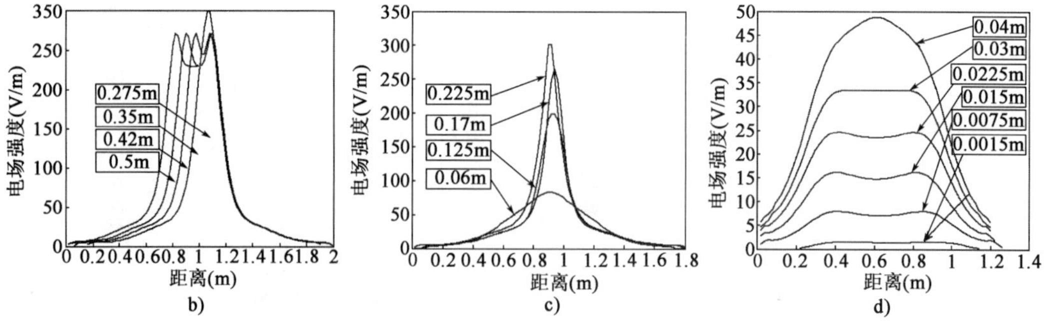

图 3-35　不同宽度垂直裂缝顶端散射波最大振幅横向变化综合分析曲线

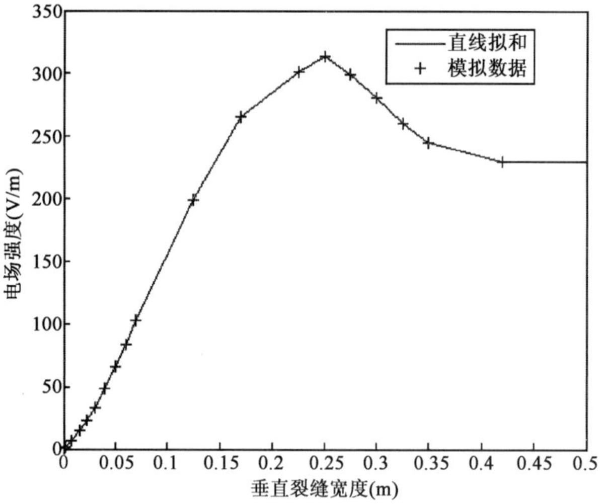

图 3-36　垂直裂缝顶端中点处散射波最大振幅随宽度变化关系曲线(第一菲涅尔带宽度:0.27m)

现在来分析图 3-36 的曲线特征。首先根据前面的理论分析结果,采用式(3-52)计算该模型相对于裂缝顶深 0.2m 处的第一菲涅尔带宽度。

在相对介电常数为 4 的母体介质中,雷达波的速度相对于真空介质中减半,其波长也减半。在真空介质中其传播速度为 3×10^8 m/s,主频为 9×10^8 Hz,则在真空中的波长为 0.33m,在模拟母体介质中的波长为 0.165m,裂缝顶端的深度为 0.2m,则根据式(3-52)计算所得的第一菲涅尔带宽度为 0.27m。从图 3-36 可以看出,当垂直裂缝宽度约等于 0.27m 时,裂缝顶端中点处散射波最大振幅达到最大值,超过该宽度后,振幅开始有所衰减,然后趋于一个恒定值,说明由地下目标对探地雷达信号散射形成的散射波组的动力学特征对目标体在横向上的尺度变化有一个敏感范围,其大小约等于对应深度的第一菲涅尔带的宽度,超出该范围后,动力学特征的变化就不再敏感了,或者没有反应。

以上讨论的裂缝宽度,如接近一个菲涅尔带的宽度等,相对于实际工程中常见的裂缝明显大得多,所以,对于这样宽的裂缝,其顶端散射波的动力学特征如何对研究实际裂缝并不重要,我们真正关心的是宽度不超过几个厘米的裂缝。以图 3-31 所示的模型为例,当裂缝顶端距地表 5cm 时,第一菲涅尔带的宽度为 18.6cm,取其一半为 9.3cm,这样宽的裂缝在实际中仍很少见,但小于该宽度的裂缝,其顶端散射波的振幅与裂缝的宽度之间呈明显的近似直线关系,而且裂缝越窄,直线关系越明显。即在实际的工程裂缝检测中,一般来讲,实际裂缝的宽度均远远小于第一菲涅尔带的宽度。当裂缝宽度小于几个厘米,特别是几个毫米时,这种直线关系更明显。这种明显的近似直线关系为我们定量地确定裂缝宽度提供了理论依据。

从图3-36中的曲线关系可知,当裂缝很窄时,裂缝顶端中点散射波最大振幅与裂缝宽度之间的关系近似为一条过原点的直线。设散射波电场强度最大振幅为 E_z,裂缝宽度为 x,则:

$$E_z = ax$$

或

$$x = \frac{E_z}{a} \tag{3-53}$$

式中:a——比例系数(mV/mm^2);

E_z——裂缝顶端散射波垂向电场强度的最大振幅值(mV/mm)。

从图3-35a)中前4个窄裂缝曲线图中读取与裂缝宽度 x 对应的 E_z 的近似平均值,见表3-2。采用最小二乘法进行回归分析求得比例系数 $a \approx 1200V/m^2$,则垂直裂缝顶端中点处散射波电场强度最大振幅 E_z(单位:mV/mm)与裂缝宽度 x(单位:mm)之间的关系可近似表示为下面的一条过原点的直线:

$$E_z = 1200x(V/m) = 1200x(mV/mm)$$

或

$$x = \frac{E_z}{1200} \tag{3-54}$$

垂直裂缝顶端中点处散射波电场强度最大振幅 E_z 与裂缝宽度 x 之间的关系 表3-2

裂缝宽度 x(m)	垂直裂缝顶端中点处散射波电场强度最大振幅 E_z(V/m)
0.0005	0.48
0.0075	0.65
0.015	14
0.04	47

假设雷达天线的灵敏度为 k(mV/m),极板最大尺寸为 L(m),则雷达天线可检测到的最小信号电平为 kL(mV)。假设仪器背景噪声电平为 N(mV),当信噪比 S/N 不小于0.5时,通过多次垂直叠加可有效提高信噪比(如理论上叠加4次可使信噪比提高到2),则当 $kL \geqslant 0.5N$ 时,雷达仪器可检测到的最小裂缝宽度为 $x = kL/1200$(mm)。如对于中国电波传播研究所生产的雷达天线,仪器系统能感应到的最小信号电平为2mV,则针对该数值模拟的例子,它能够检测到的最小裂缝宽度为1.67μm,这样小的裂缝连肉眼都很难发现。当然,实际情况下,雷达天线发射的电磁波的强度较这里给定的子波源的强度要弱,再加上还要考虑母体介质的衰减情况,所以,相应的其能够检测到的最小裂缝的宽度没有这么细小。但该例至少说明,采用探地雷达方法,完全可以对细小裂缝进行检测,并对其宽度进行定量计算。在实际工作中,可以采用已知宽度和埋深的裂缝进行标定来求取近似比例系数 a,再根据雷达仪器的灵敏度和式(3-54)即可求取探地雷达在相应介质和相应深度时可检测到的最窄裂缝的宽度。

在实际检测中,上述理论公式的重要意义在于:

(1)采用探地雷达可以及早发现堤坝、高速公路结构层、工程构件等中隐含的微裂缝或裂隙,为尽早治理潜在隐患提供了可能性。

(2)通过不同时间检测剖面上同一裂缝异常的振幅大小对比和是否有新的裂缝出现可以有效监控构筑物中裂缝的发育情况,为治理、修复或防范工作提供科学依据。

(3)通过更深入的研究,有可能利用雷达波振幅的大小来方便快捷地确定隐含裂缝的宽窄,由定性解释上升到定量计算的高度。

3.2.5.3 物理模拟

图3-37为在水中安置不同宽度胶木板来模拟不同宽度垂直裂缝对900MHz雷达波响应的波场特征剖面。

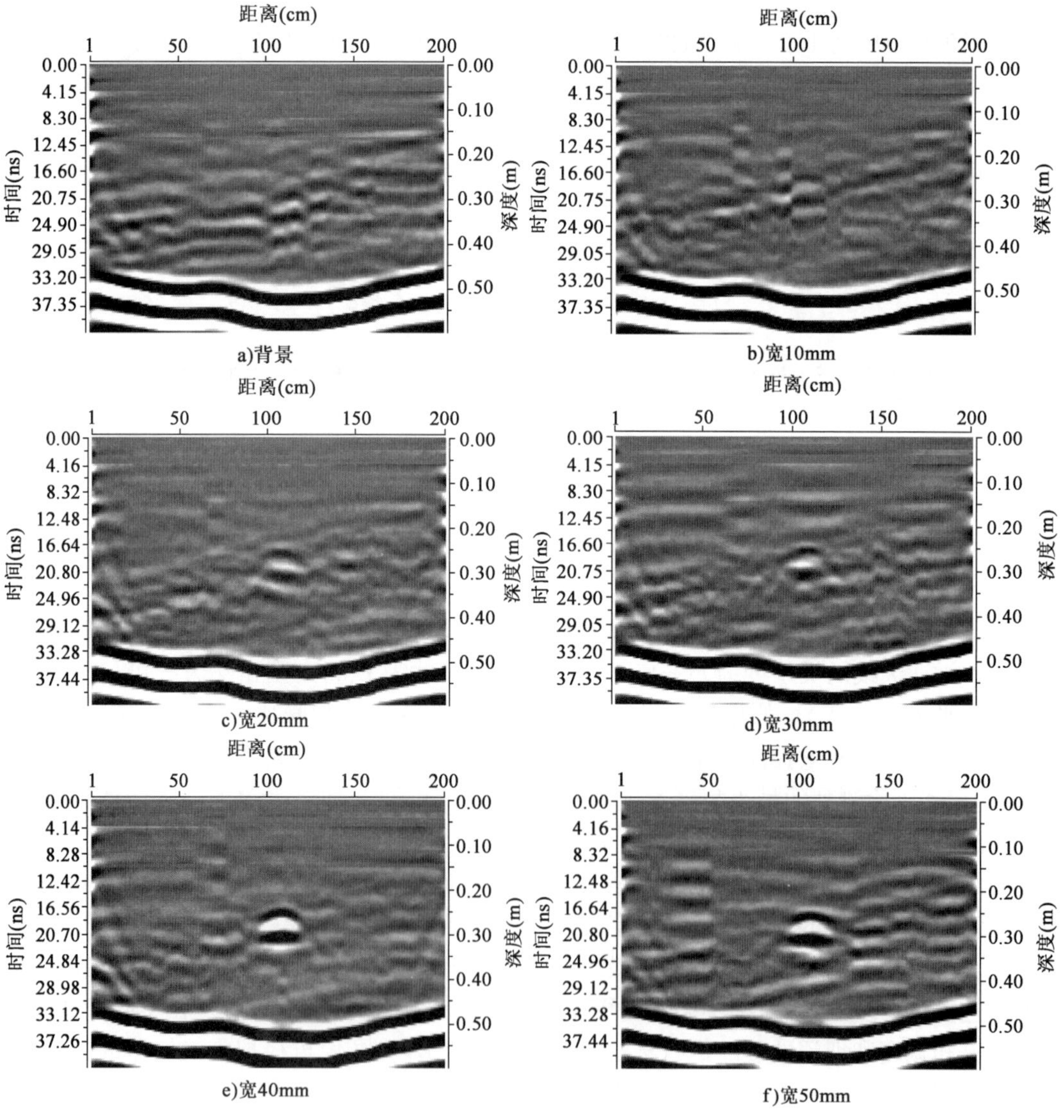

a)背景　b)宽10mm　c)宽20mm　d)宽30mm　e)宽40mm　f)宽50mm

图 3-37

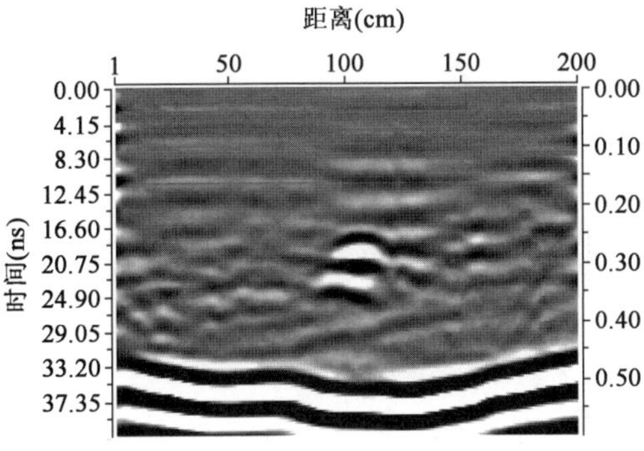

g)宽60mm

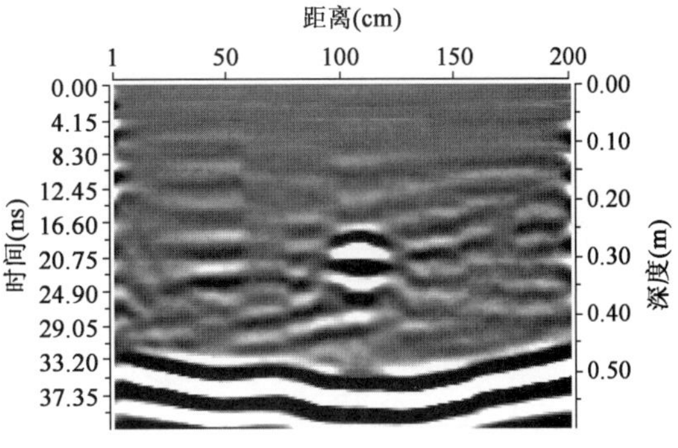

h)宽30mm

图3-37 不同宽度裂缝的雷达波响应物理模拟剖面(水中,900MHz,采用胶木板模拟垂直裂缝)

从物理模拟剖面可以看出:

(1)随着裂缝由窄变宽,剖面上裂缝异常的强度逐渐增大,续至波相位逐渐增多。

(2)当裂缝异常强度超过一定值后,在波形图上,异常的正负相位均超调(被削波),灰度剖面上异常显示为纯白(正相位)和纯黑(负相位)相间的“斑马”图案特征。这是雷达子波的带宽较窄导致续至相位较多,仪器的记录和显示动态范围不足,导致强异常信号被削波造成的。

(3)裂缝异常的两翼被严重衰减,只剩下中间能量较强的部分。

以上特征是采用探地雷达检测垂直裂缝时识别裂缝和判定裂缝宽度相对大小的主要依据,裂缝越宽,能量越强,“斑马”图案越突出。在实际检测中,对于多层介质的情况(如公路层状结构),由介质分界面产生的裂缝多次波也表现为这种特征明显的“斑马”图案,它与一次散射波共同形成上、下连续的裂缝“斑马”条,是判别裂缝是否存在的明显标志。

3.2.5.4 雷达波主频变化的影响

当雷达波的主频发生变化时,上述垂直裂缝顶端散射波振幅随宽度变化的基本关系不会发生改变,但式(3-52)中的第一菲涅尔带的宽度会随着雷达波主波长的变化而变化,主频越高,第一菲涅尔带的宽度越小;反之,主频越低,第一菲涅尔带的宽度越大。我们在前面的讨论中已经提到,第一菲涅尔带宽度的大小意味着探地雷达天线对地下目标物在横向上变化反应敏感的横向尺度的大小,这一点对后面将要提到的“跨越距”影响较大,关于“跨越距”的概念在后面还要详细论述;另外,天线主频的高低还影响探测深度,主频越低,探测深度越大,对深部的微裂缝的探测能力就越强。图3-38和图3-39是采用450MHz主频的天线对顶深为20cm、不同宽度裂缝进行数值模拟的例子,母体介质与图3-31中的模型相同。

从图3-38和图3-39的曲线可以看出,虽然天线主频降低,但裂缝顶端散射波振幅最大值随裂缝宽度变化的关系依然没有改变。根据前面的计算可知,这里的第一菲涅尔带宽度是图3-31模型的2倍:0.54m。图3-39大致显示了这一对应关系。特别是当裂缝宽度小于第一菲涅尔带宽度的一半时,前述的近似过原点的一条直线的对应关系尤为明显。

所以,探地雷达天线的主频与第一菲涅尔带的宽度和探测深度相关。

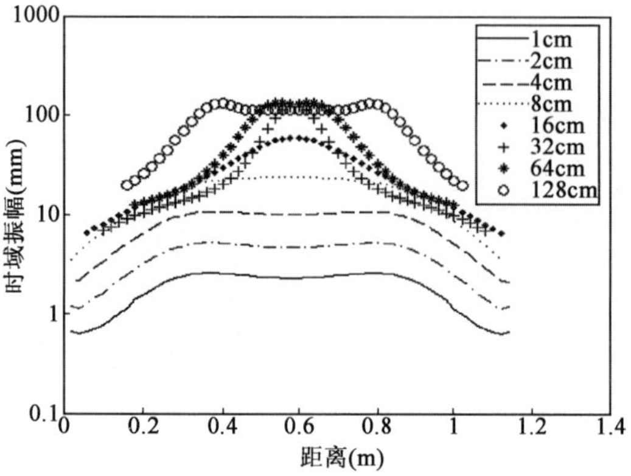

图 3-38　不同宽度垂直裂缝顶端散射波时域振幅在横向上的变化曲线(450MHz)

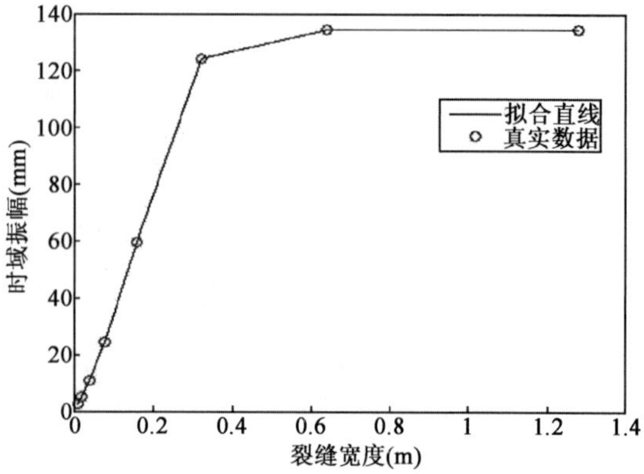

图 3-39　垂直裂缝顶端散射波时域振幅与裂缝宽度变化的关系曲线(450Hz)

3.2.6 垂直裂缝顶深变化对其电磁波响应的影响

首先假设垂直裂缝的横向宽度固定不变,垂向上的延伸长度足够大,使得底端的散射对顶端不会产生影响,那么裂缝顶深的变化对其电磁波响应的影响主要体现在两个方面:①近似球面扩散效应;②母体介质的衰减作用。这两种作用的结果都使得电磁波响应的振幅随着裂缝顶深的增大而减小。

对于自激自收的雷达波,在很大程度上可以等效为一种球面波(但还包含有非球面波的部分),不管这种等效的程度有多大,总体来看,电磁波响应的振幅还是按照一定的规律随异常体埋深的变化而减弱;另外,母体介质的吸收和散射衰减作用也是随着电磁波穿透距离的增大而增大。所以,这两种作用都导致垂直裂缝顶端散射波的振幅随裂缝顶深的增大而减小,但因涉及的影响因素较多,作用机理也较复杂,所以,在此不做更深入的讨论。下面从数值模拟结果来观察一下裂缝顶深变化对其电磁波响应的影响。

图 3-40 和图 3-41 显示了一条宽 4cm、垂向延伸 20cm 的垂直裂缝当顶深从 5cm 变化到

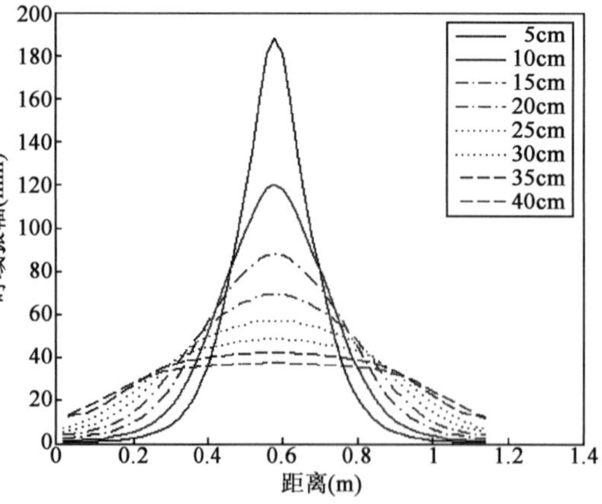

图 3-40　不同顶深垂直裂缝顶端散射波电场强度最大振幅在横向上的变化曲线(900MHz)

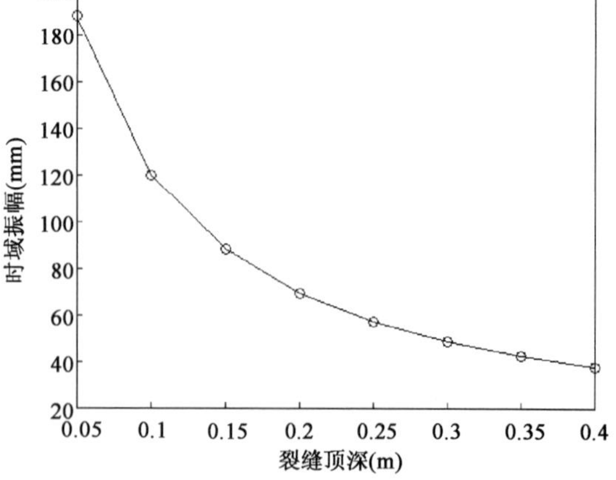

图 3-41　垂直裂缝顶端散射波电场强度最大振幅与裂缝顶深变化的关系曲线(900MHz)

40cm 时其顶端散射波电场强度最大振幅发生相应变化的情况。图 3-41 的曲线近似为一条幂函数数衰减曲线。顶深越浅,顶端散射波电场强度最大振幅随顶深变化越明显,这是因为球形扩散作用在近源点表现更为明显。

假设图 3-41 纵轴垂直裂缝顶端散射波电场强度最大振幅为 E_z,横轴裂缝顶深为 h,将数值模拟结果列于表 3-3。

垂直裂缝顶端散射波电场强度最大振幅 E_z 与裂缝顶深 h 之间的关系(数值模拟结果) 表 3-3

裂缝顶深 h(m)	垂直裂缝顶端散射波电场强度最大振幅 E_z(V/m)
0.05	188
0.10	120
0.15	88
0.20	70
0.25	57
0.30	49
0.35	43
0.40	39

再假定 E_z 与 h 之间满足关系 $E_z = a \times h^b$,采用最小二乘法进行回归分析求取 $a = 19.61$, $b = -0.771$,则有:

$$E_z = 19.61/h^{0.771} \tag{3-55}$$

基于这一点,裂缝顶深越浅,异常反应就越大,特别在浅部一定深度范围内,这种对应关系表现得尤为明显。所以,在考察裂缝宽度变化对其顶端散射波最大振幅的影响时还要考虑其顶深因素。对于不同顶深的两条垂直裂缝,不能盲目依据其顶端散射波最大振幅值的大小来判断裂缝的相对宽窄,要结合多种影响因素进行综合分析才能得出正确结论。

3.2.7 垂直裂缝垂向延深变化对其电磁波响应的影响

当一条垂直裂缝宽度变得很大,垂向延深变得很小时就演变成一条水平裂缝(图 3-42),如发生在高速公路各结构层之间的层间脱空就属于这种情况,而且比较普遍。

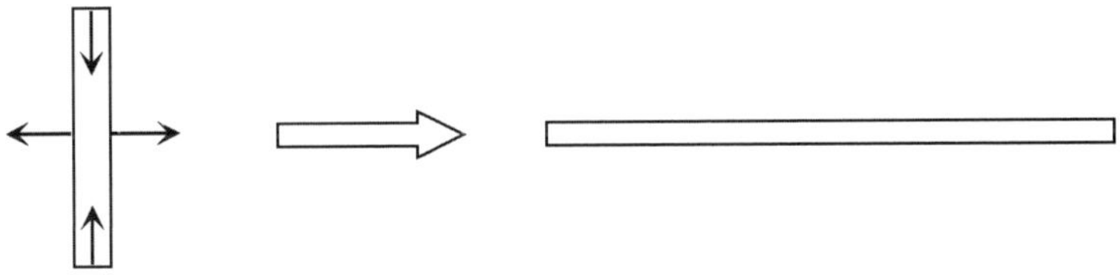

图 3-42 垂直裂缝与水平裂缝的关系

垂直裂缝在垂向上的延深变化对顶端散射波的影响进行分析,对考察水平裂缝的波场特征与其厚度变化之间的关系非常重要。垂直裂缝与水平裂缝都属于普通的裂缝,但两者却各占一个极端,处于两个极端之间的过渡部分则内容更为丰富。如某一规则形状的洞穴也可以看作裂缝的特例等,其波场响应特征必然包含在垂直和水平两种裂缝的波场特征之中。所以,对两个极端情况的认识有助于对一般情况进行把握。若把垂直裂缝和水平裂缝两种裂缝的异常都搞清楚了,也就意味着至少把长、宽、高任意大小但形状基本规则的洞穴的异常也搞清楚了。

在前面讨论垂直裂缝的顶端散射波振幅随裂缝宽度或顶深变化的关系时,总是假设垂直裂缝在垂向上延伸很大,底端对顶端的散射不会构成影响,或忽略了底端的存在。其实,实际工程中的垂直裂缝在垂向上的延伸往往是有限的,如高速公路结构层的断裂有时只发生在某一层,而没有"串层",这时的垂直裂缝在垂向上的延深非常有限,其底端散射波对顶端散射波的影响作用就不容忽视。

3.2.7.1 理论分析

为研究垂直裂缝在垂向上的延深变化对其顶端散射波振幅的影响,我们还是先从理论分析入手。正如前面研究裂缝的宽度变化时一样,先借助于 Excel 表格构建一个理论上的雷克子波,用它代表某一顶深固定且宽度恒定的裂缝顶端中点产生的散射波。因为裂缝是处于单一均匀母体介质中,所以,其对应底端中点产生的散射波的相位必然翻转 180°,即反相。另外,根据 3.2.5 节中的数值模拟结果,还要考虑当裂缝在垂向上的延深发生变化时,其底端散射波的振幅也会发生变化:深度增加,衰减作用加大,且有类似式(3-55)的对应关系。那么,我们暂且按照该式的关系把这种随深度变化的衰减作用也考虑进来。

图 3-43a)为裂缝顶端散射的理论雷克子波。图 3-43b)为裂缝底端散射的波形图。因为是在单一均匀母体介质中,所以底端散射波相对于顶端散射波为反相;另外,这时假设裂缝在垂向上的延深接近于零,所以其振幅基本没有衰减。图 3-43c)为随着裂缝在垂向上的延深增大,其底端埋深逐渐增加,底端散射波受几何扩散及介质吸收衰减作用也逐渐增强,表现为振幅(绝对值)的最大值随深度呈幂函数规律衰减。

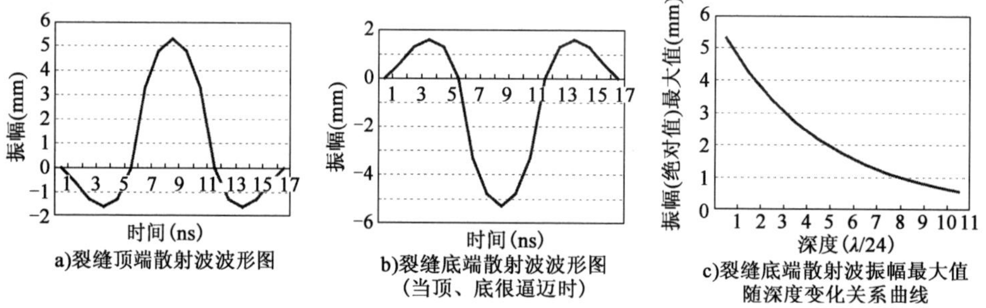

图 3-43 裂缝顶、底散射波形及底端散射波随深度的衰减曲线

λ-波长

在前面关于垂直裂缝的电磁波响应特征的论述中已经提到,考察垂直裂缝的电磁波响应特征主要在于考察其顶、底散射波的特征,而位于顶、底之间的部分,其电磁波响应已经被"抵消"了,看不到了,所以,在这里我们主要考察随着垂直裂缝在垂向上的延伸的变化,其底端散射对顶端散射的干涉作用。

图 3-44 表示垂直裂缝在垂向上不同延深时顶、底散射波的波形示意图;图 3-45 表示其顶端散射波振幅随裂缝垂向延深变化的关系曲线。

图3-44 由于考虑了来自深度方面的衰减作用(包括几何扩散和介质吸收等),当裂缝在垂向上延深较大时,底端散射波的振幅已经非常微弱(如图中"系列 15"曲线代表的深度)。而

如果把这种衰减作用人为减弱，然后再分别绘制不同深度对应的顶、底散射波的波形图及其叠加后的波形图，如图 3-46 所示，则更有利于帮助我们分析理解。

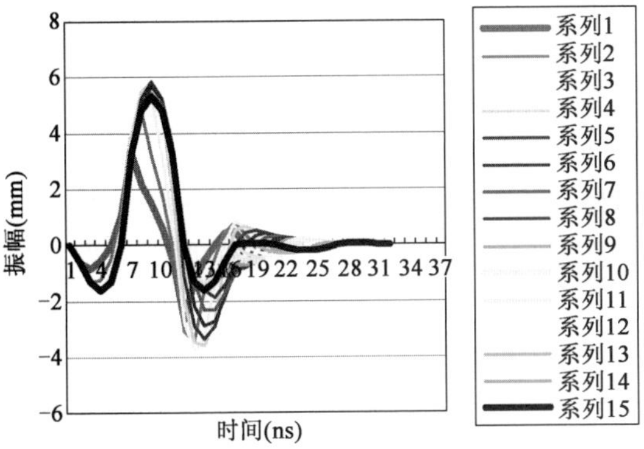

图 3-44　垂直裂缝顶、底散射波波形随裂缝在垂向上延深变化的关系示意图

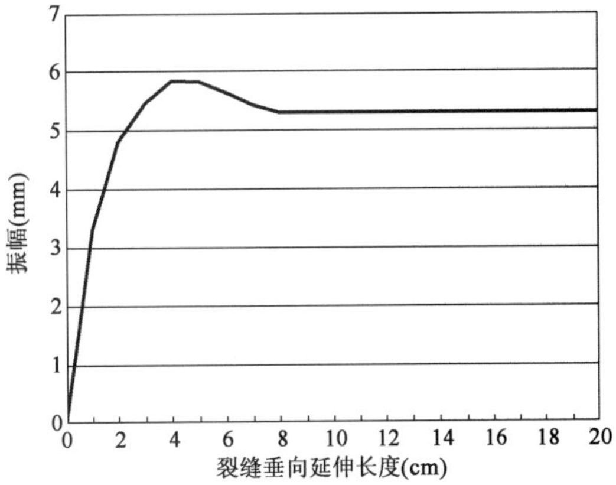

图 3-45　垂直裂缝顶端散射波振幅随裂缝垂向延深变化的关系曲线(理论分析)

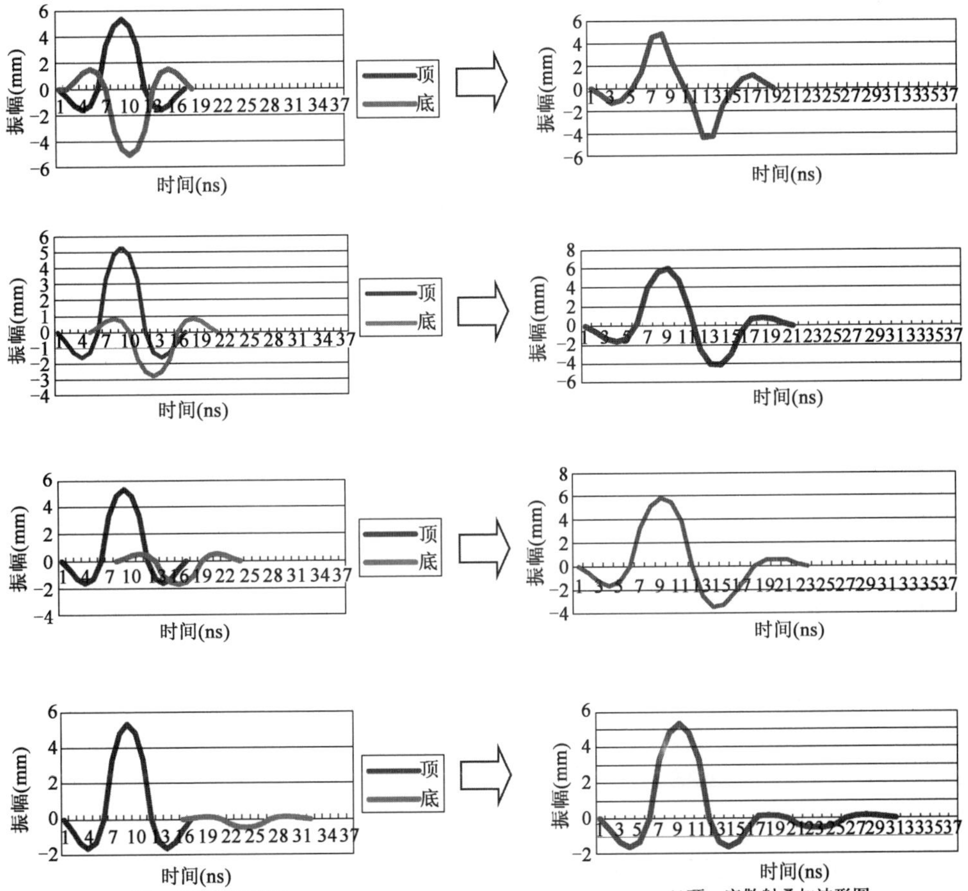

a)顶、底散射波形图　　b)顶、底散射叠加波形图

图 3-46　裂缝顶、底散射波波形图及其叠加波形图

首先假想一条在横向上较宽的垂直裂缝，现在来研究其在垂向上的延深变化情况。首先假设该垂直裂缝在垂向上的延深为无穷小，则顶、底散射波振幅的绝对值基本相等，但相位相反。又因为顶、底深度基本相同，所以顶、底散射波的时间也基本一致。这样的两个波形相干叠加的结果必然趋于零，正如图3-45所示，当裂缝在垂向上的延深趋于零时，顶部散射波的振幅也趋于零——曲线过原点。随着裂缝延伸的增大，裂缝底端散射波的时间开始滞后，同时其被衰减也越来越大，两个波形错开的时间越来越长，如图3-46所示。当错开时间达到半个主周期时，裂缝顶、底散射波场叠加后的最大振幅值（对应于顶部散射波振幅的极值点）达到最大，然后又有所减弱，但很快就达到稳定值。达到稳定值时说明裂缝在垂向上的延深已足够大，使得裂缝顶、底散射波在时间上已接近完全分离，底端散射波已不会再影响顶端散射波的振幅（如图3-46中第四组小图）。

由以上分析可知，对于水平裂缝，当由其厚度引起的顶、底散射波时差小于半个主周期时，其顶面散射波振幅与裂缝的厚度呈正比关系：水平裂缝越厚，其波场振幅就越强。只有当裂缝的顶、底散射波时差大于半个雷达波主周期时，这种随厚度变化的波场动力学特征才趋于稳定。时差为半个主周期所对应的裂缝厚度又称为调谐厚度。该结论为在实际应用中定量地判别水平裂缝的厚度提供了理论依据。

调谐厚度的计算方法如下：

设水平裂缝的厚度为h，雷达波的主周期为T，雷达波在裂缝中的传播速度为v，则调谐厚度为：

$$h = \frac{Tv}{4} \tag{3-56}$$

这里，引起裂缝顶、底散射波时差的因素除与裂缝的厚度有关外，还与裂缝中充填物的介电常数有关。

另外，从前面列举的很多关于垂直裂缝的数值模拟剖面中均可看出，由裂缝底端形成的散射波要比裂缝顶端形成的散射波的能量弱得多。这是因为影响裂缝底端散射能量的因素不单包括深度，还包括初始能量。比如对于一条较厚的水平裂缝（图3-47），当雷达波遇到裂缝的顶面时，有大部分能量被散射，只有少部分能量透过裂缝顶面到达底面；到达裂缝底面的能量中也是只有部分被散射，其中只有沿自激自收路径折返的能量才能被仪器接收到。但是当向上折返的能量遇到裂缝的顶面时，又有部分能量被散射掉了，剩下的只有极少部分能量透过裂缝的顶面到达仪器。所以，经过以上两次散射和一次透射损失，再加上几何扩散和介质吸收衰减等，来自裂缝底面或底端的散射波相对于来自裂缝顶面或顶端的散射波的能量要弱得多。

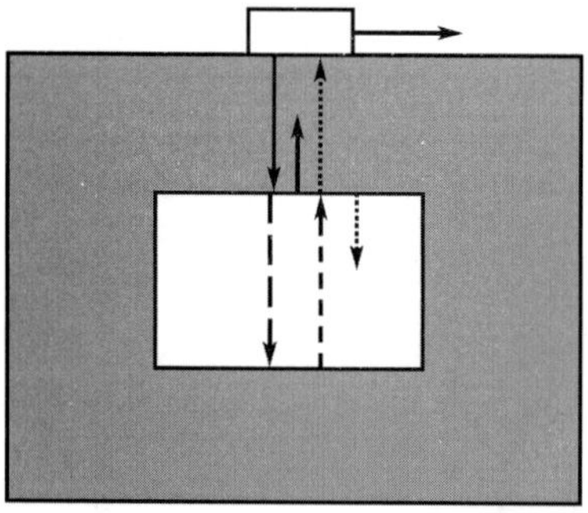
图3-47　来自裂缝底端的散射被衰减示意图

下面用图3-48进一步说明由球面扩散造成的雷达波能量衰减。设A、B为垂直裂缝的顶、底点，裂缝长L。雷达仪器位于裂缝的正上方。我们知道，高频雷达天线一般采用蝶形偶极子天线，其发射的雷达波向地下传播时仍具有类似球面扩散性质的衰减，所以，它接收到的垂直裂缝下端点的散射要比上端点的散射多经过 $2L$ 距离,球面扩散衰减更严重,所以能量也较上端点更弱。图3-49展示了两个通过数值模拟结果计算的垂直裂缝上、下端点散射波双曲线顶点振幅最大值在横向上的变化曲线对比结果。可见,垂直裂缝底端的散射波振幅要比顶端的小得多,且裂缝越长,两者悬殊越大。所以,虽然从理论上讲,垂直裂缝底端的散射双曲线是客观存在的,而且据此可以判定裂缝的底端位置;但从理论分析和数值模拟结果看,其最大振幅值较上端点的要小得多。作为裂缝的一种特殊情况,当裂缝异常的横向宽度较大时,就演变成一种等轴的异常体。等轴异常体的电磁波响应特征主要表现为其顶面的散射波特征,而顶面以下的散射波特征则非常微弱,这正是我们在实际的探地雷达检测剖面上看到的情形。

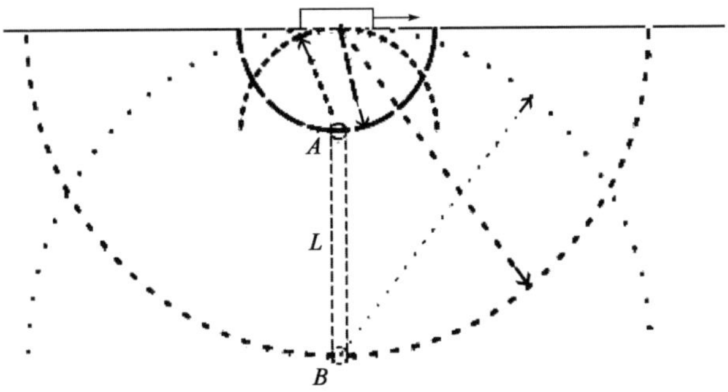

图3-48 垂直裂缝顶、底散射的球面扩散衰减

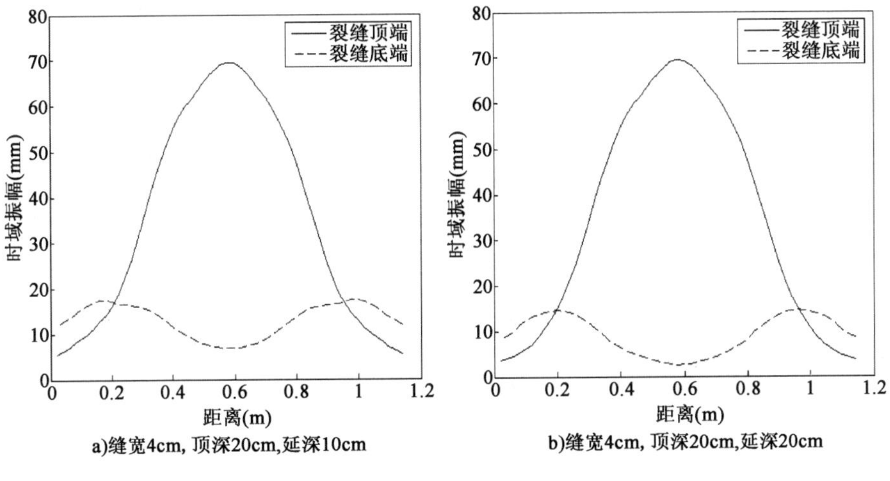

图3-49 垂直裂缝顶、底散射双曲线振幅最大值横向变化曲线图(母体介质 $\varepsilon=4$,裂缝充填为空气)

通过以上讨论,可得出如下结论:当裂缝的垂向尺度稍大时,来自裂缝底端或底面的散射波能量相对就会很弱。在实际的探地雷达检测剖面上,由裂缝的底端或底面形成的散射波一般很难识别,特别是当仪器的动态范围较小时甚至很难被记录。所以,要研究和利用该波组来判定裂缝底端或底面的位置或深度,从采集的角度考虑需要提高仪器的灵敏度和对信号响应的动态范围;从信号处理的角度考虑,需要加强对微弱信号的识别和提取技术的研究。

3.2.7.2 数值模拟

图 3-50 显示了采用主频为 900MHz 的雷达子波对宽度为 40cm 裂缝进行数值模拟的剖面，图 3-51 显示了数值模拟不同宽度、不同延深垂直裂缝顶端散射波振幅在横向上的变化曲线，图 3-52 显示了垂直裂缝顶端散射波振幅随裂缝垂向延深变化的关系曲线。

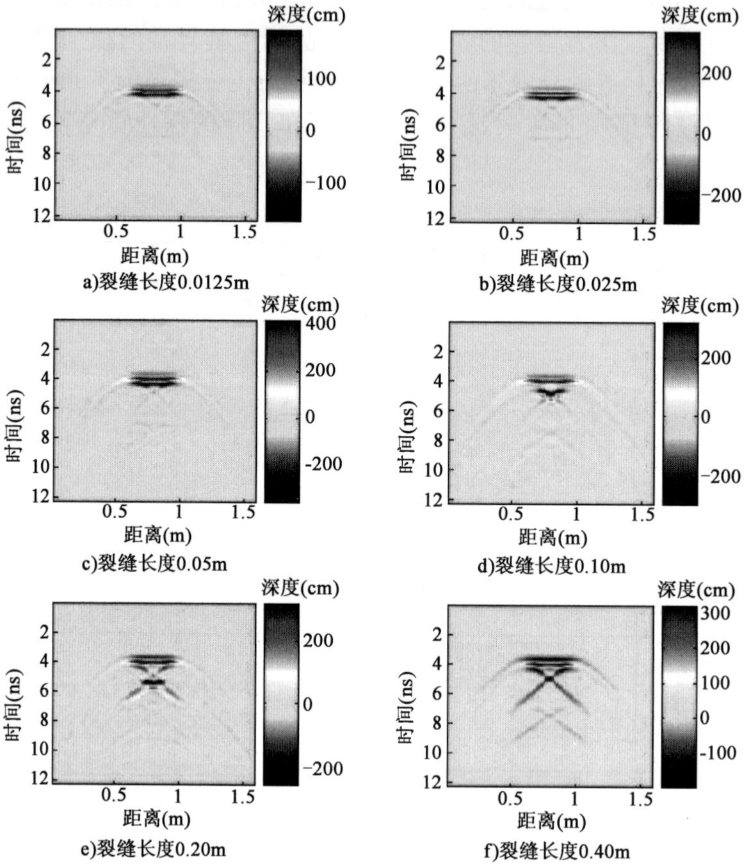

图 3-50　不同延深裂缝数值模拟剖面(子波主频:900MHz，裂缝宽度:0.4m)

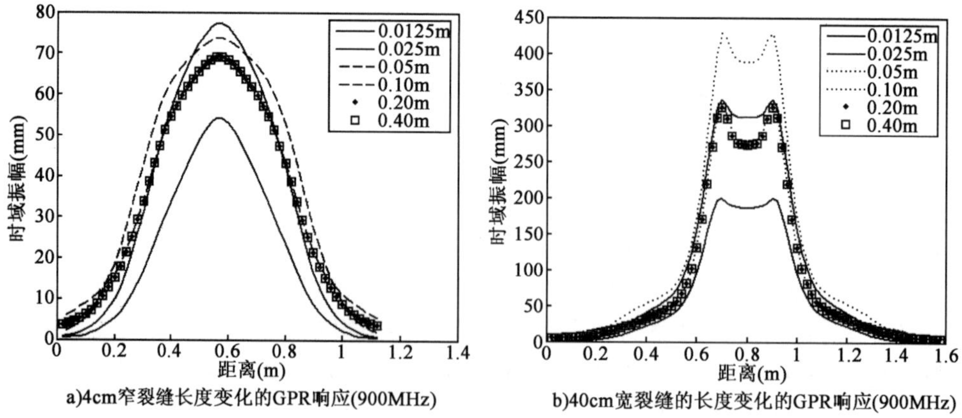

图 3-51　不同宽度、不同延深垂直裂缝顶端散射波振幅在横向上的变化曲线

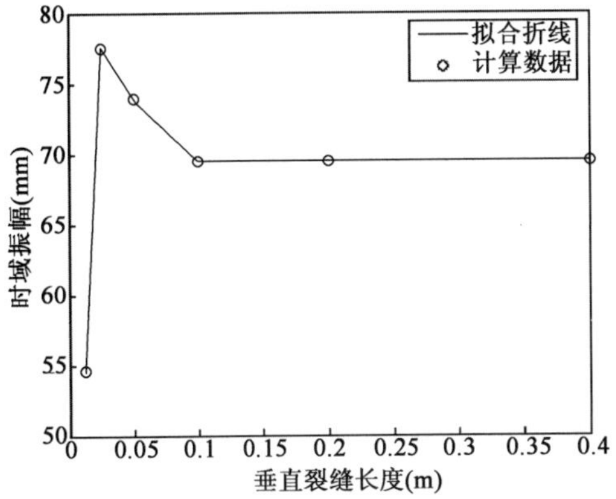

a)4cm窄裂缝长度变化时的GPR响应(900MHz)

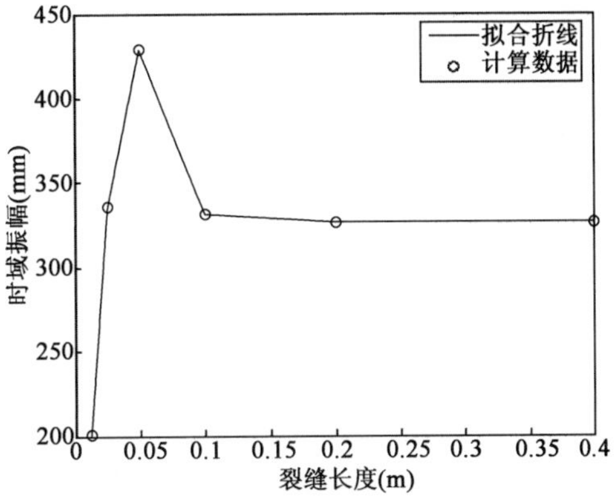

b)40cm宽裂缝的长度变化对GPR响应(900MHz)

图3-52 数值模拟垂直裂缝顶端散射波振幅随裂缝垂向延深变化的关系曲线

从图3-52的曲线可以看出,不管是4cm宽的窄裂缝还是40cm宽的宽裂缝(其实相当于水平裂缝或空洞),同一主频的雷达波对其在垂向上的延深变化反应趋势基本是相同的。也就是说,从裂缝在垂向上的延深为零时对应的裂缝顶端散射波的最大振幅也为零到延深增大到约0.1m时对应的振幅达到稳定值。这里的振幅稳定点所对应的裂缝的延深长度与裂缝在横向上的宽窄变化关系不大,而只与雷达波的主频和裂缝中充填物的介电常数有关,即主频越低,介电常数越小,对应于振幅稳定点的裂缝的延深长度就越大。

针对图3-52曲线所对应的数值模型,采用式(3-56)计算裂缝的调谐厚度为0.083m,该结果与40cm宽裂缝的情况吻合较好;但对于4cm宽的窄裂缝,似乎数值模拟出的结果其调谐厚度要比计算的调谐厚度小,这是因为,当裂缝宽度较小时,裂缝顶端的振幅不但会受到垂向延深变化的影响,而且还同时受到来自侧壁响应的影响。这种综合的影响较为复杂。只有当裂缝的宽度足够大时,裂缝侧壁响应才不会影响它,这时,按式(3-56)计算出的调谐厚度才是准确对应的。但从图3-52中两条曲线的纵坐标刻度值可以看出,裂缝越宽,小于调谐厚度的曲线段斜率越大,曲线越陡,说明在裂缝的垂向延伸长度达到调谐厚度以前,裂缝顶端散射波振幅的最大值随裂缝在垂向上的延深长度的变化而变化越剧烈,单位厚度变化引起的振幅的幅度变化量越大,特别对于横向上较宽的水平裂缝,这种变化比例关系更为明显。这为利用水平裂缝散射波振幅值大小来判定裂缝的厚薄提供了可靠的理论依据。

3.2.7.3 裂缝的三瞬响应和时频分析

在前面的讨论中,我们主要是靠对异常的波组特征和振幅特征进行分析,讨论的面比较狭窄。其实,雷达波的属性信息非常丰富。正如在地震属性中可以对地震波进行三瞬研究一样,作为一种多渠道研究问题的方法,下面我们从三瞬响应的角度也对雷达波做一些尝试性的研究。

三瞬响应包括**瞬时振幅**、**瞬时频率**和**瞬时相位**,可以利用Hilbert变换求取。在“三瞬”中尤其是瞬时相位,对异常响应特别敏感。对于实信号$x(t)$,通过Hilbert变换得到相应的解析信号$x_c(t)$,而$x_c(t)$可以写成$A(t)e^{j\varphi(t)}$,其中$|A(t)|$称为瞬时幅度,$\varphi(t)$成为瞬时相位,瞬时频率的定义为:

$$f_i(t)=\frac{1}{2\pi}\frac{\mathrm{d}\varphi(t)}{\mathrm{d}t}$$

瞬时频率的定义只是对单分量(即某一时刻只有一个频率分量)信号适应,而对多分量信号,该定义给出的结果是在该时刻其瞬时频率的平均值,更确切地说,瞬时频率应该是信号的平均瞬时频率。

包含异常体(如裂缝)信息在内的探地雷达信号频率成分十分丰富。特别是当异常信号到达和结束的时刻,其频率和能量都有明显的变化。因此,通过瞬时振幅、瞬时相位和瞬时频率可以在异常响应的对应时刻观察到显著变化,从而实现对异常体的准确定位。

图 3-53 就是对一道探地雷达信号进行三瞬分析的波形图。其中,以瞬时振幅分析意义最大。瞬时振幅显示了记录信号在每一时刻的振幅大小、强弱。从前面的论述已经知道,裂缝顶端散射波振幅的大小与裂缝在水平和垂直两个方向上的尺度变化都有密切关系。在一定尺度范围内(水平方向为第一菲涅尔带宽度,在垂直方向上为 1/4 主波长厚度),振幅的大小与这种尺度的变化呈正比,尺度越大,振幅越强。

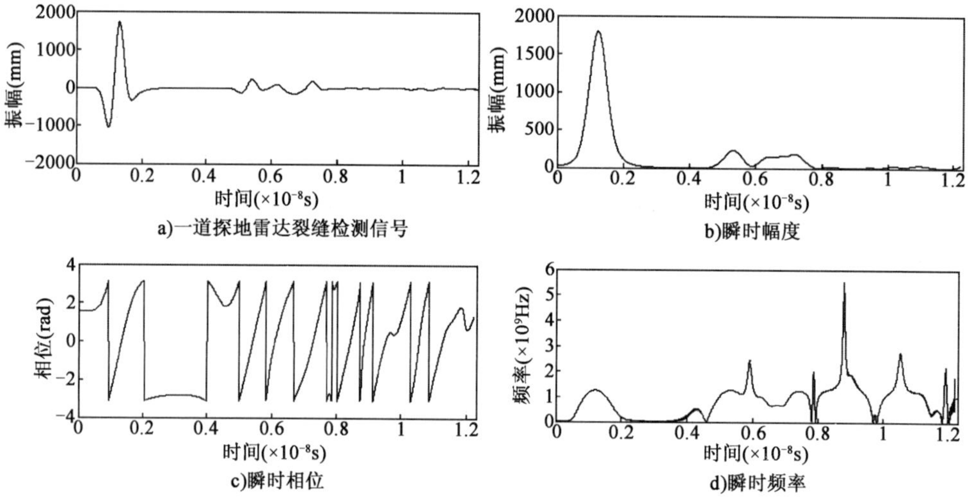

图 3-53　一道探地雷达信号的三瞬响应波形

下面再从**时频分析**的角度对裂缝在垂向上延伸长度的变化对雷达波响应特征的影响进行分析。

尽管三瞬响应中的瞬时频率也是一种时频分析,但它是一种综合的视频响应,即,在某一时刻,它不能确定各种频率成分的大小、相位和能量。时频分析技术近些年来发展很快,最常见的就是短时傅立叶变换。在这里,我们使用效果比较好的 S 变换。

S 变换是一种时频谱定位方法,类似于短时傅立叶变换(STFT),不同的是,它有一个高斯窗,该窗的高度和宽度会随着频率而变化。S 变换的表达式由 Stockwell 给出:

$$S(\tau,f)=\int_{-\infty}^{\infty}h(t)\left\{\frac{|f|}{\sqrt{2\pi}}\times\exp\left[\frac{-f^2(\tau-t)^2}{2}\right]\exp(-2\pi ift)\right\}\mathrm{d}t$$

该高斯窗的尺度属性是连续小波尺度属性的延伸,因为傅立叶频率的长度总是等于高斯函数的标准偏差。S变换并不是一种小波变换,真实小波的波形随着时间在波形上不会发生变化,然而,S变换子波形状会随着时间而改变,所以,短时S变换是一种混合方法,它既有短时傅立叶变换的特性,又有小波变换的特性,而又不是单纯的小波变换和短时傅立叶变换。

构建一个稍微复杂的变频信号:

$$x(t) = \sin(2\pi f_1 t) - 2\cos(2\pi f_2 t), t = N\Delta t, \Delta t = 0.01(s), N = 1,2,\cdots,800$$

$$f_1 = 10 + 4 \times \mathrm{floor}(t), f_2 = 50 - 4 \times \mathrm{floor}(t)$$

其中,floor函数是取不大于该数的整数值。

该信号的时域波形图如图3-54a)所示。对该复杂信号进行付氏变换后得到其付氏谱如图3-54b)所示。再对该复杂信号进行S变换得到如图3-54c)所示的时频图。图3-54d)显示了该信号的理论时频图。将图3-54c)和图3-54d)进行比较可见,经S变换后得到的时频图较真实反映了该信号在任一时刻的频率组成和能量分布。据此,可以通过对探地雷达检测裂缝的时域信号进行时频分析,来了解裂缝在垂向上延伸的变化对其电磁波响应的影响。

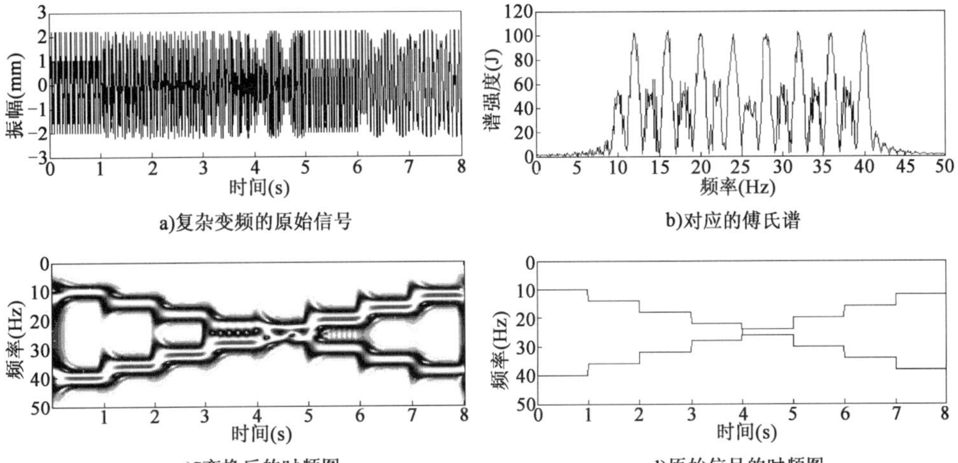

a)复杂变频的原始信号　b)对应的傅氏谱

c)S变换后的时频图　d)原始信号的时频图

图3-54　复杂变频信号及其傅氏谱和S变换时频图

图3-55就是通过对探地雷达检测裂缝剖面中抽取的一道时间信号进行时频分析的结果。时频图上的频率能量分布与时间信号中的波形振幅变化对应很好,但时频图不但显示了任一时刻的能量变化,而且显示了其频率成分的变化,比时间信号更直观,更能说明问题。

以上关于对雷达波三瞬响应的讨论说明,对同一问题,我们完全可以从不同的角度或采用不同的方法进行相同的研究和分析。对同一问题采用多渠道综合研究分析的结果更有利于加深我们对问题的认识和理解。限于篇幅,这里关于雷达波的三瞬响应问题,可留待以后做更深入的研究。

3.2.8　不同倾角裂缝的电磁波响应特征

高速公路结构层中发育的裂缝除较为常见的垂直裂缝外,还有水平裂缝和倾斜裂缝。常说的层间脱空就属于水平裂缝。而倾斜裂缝则比较复杂,如边坡侧向滑移就有可能引起上结构层发育倾斜裂缝。为认识和了解倾斜裂缝的电磁波响应特征,并能够从雷达检测剖面上对其进行识别,下面就来讨论倾斜裂缝的电磁波响应特征。首先对薄水平裂缝加以分析。

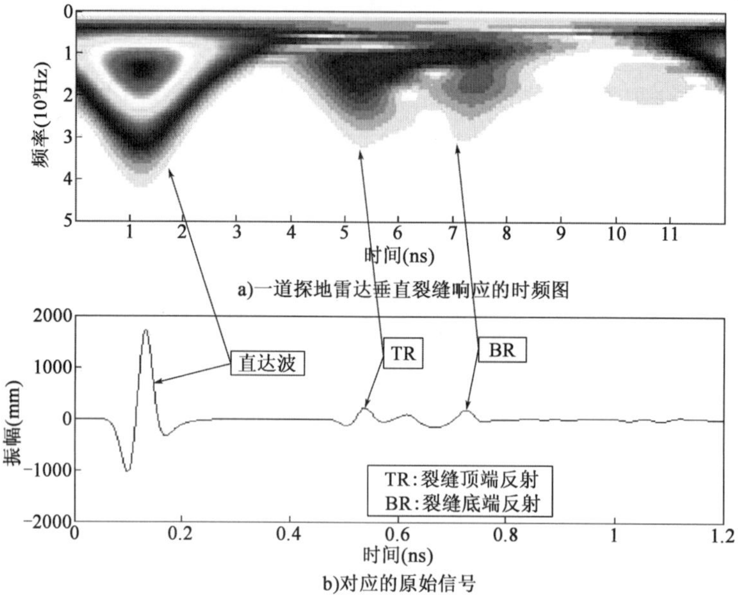

图 3-55　雷达信号及其时频分析结果

从前面的讨论中知道,对于水平裂缝,其电磁波响应特征应类似于超宽的垂直裂缝的情况:在水平同相轴的两端对应于顶、底各有两支双曲线,如图 3-32a)所示。只是当水平裂缝的厚度较薄时,顶、底的响应会叠合在一起,像一个异常二维平面。图 3-56 是以图 3-31 为基础,裂缝顶深不变,将纵向尺寸减小到 0.02m 时的数值模拟结果。

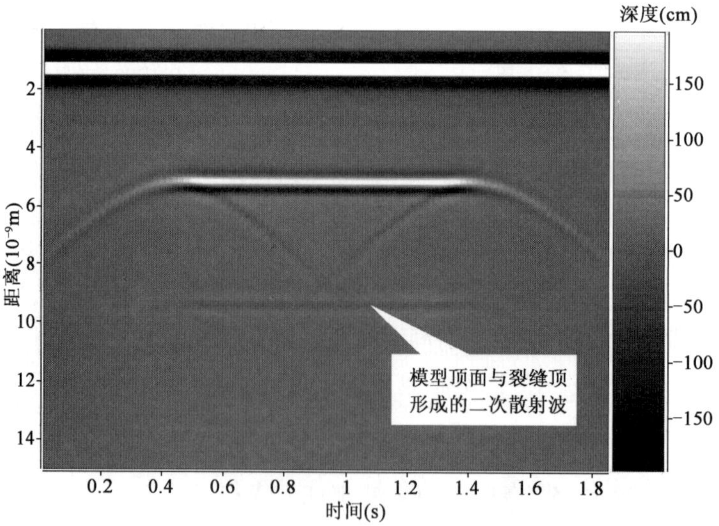

图 3-56　薄水平裂缝(0.02m)雷达波响应数值模拟剖面

当水平裂缝发生倾斜时,雷达波响应特征如图 3-15a)所示,裂缝面的雷达波响应同相轴也跟着倾斜，只是在自激自收剖面上倾斜波组与裂缝的实际位置并不重合，而是出现了偏移，这在图3-17中已进行详细的分析。从图3-18中对偏移产生的原因所做的分析可知，裂缝的倾角越大，产生的偏移量就越大。当裂缝倾角达到90°时，也即垂直时，裂缝平面产生的电磁波响应波组其偏移量最大——位于左下方无限远处，也可认为这时的裂缝面在仪器可记录范围内已不能形成明显的电磁波响应波组，而只剩下裂缝两端的散射双曲线弧了。

图3-57～图3-61分别给出了不同倾角的薄金属板在空气、干砂、水中对900MHz雷达天线和500MHz雷达天线的电磁波响应物理模拟结果。

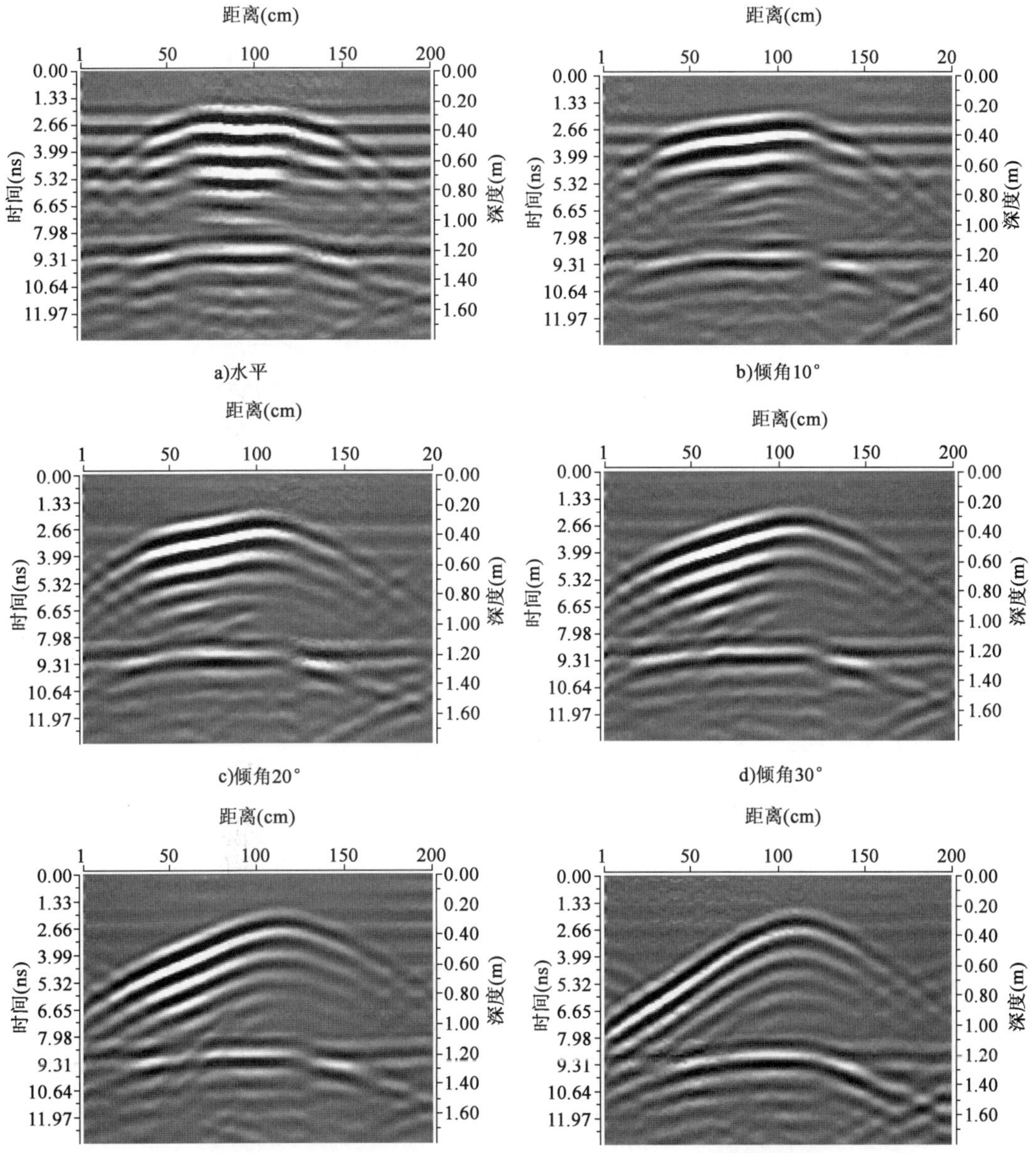

图　3-57

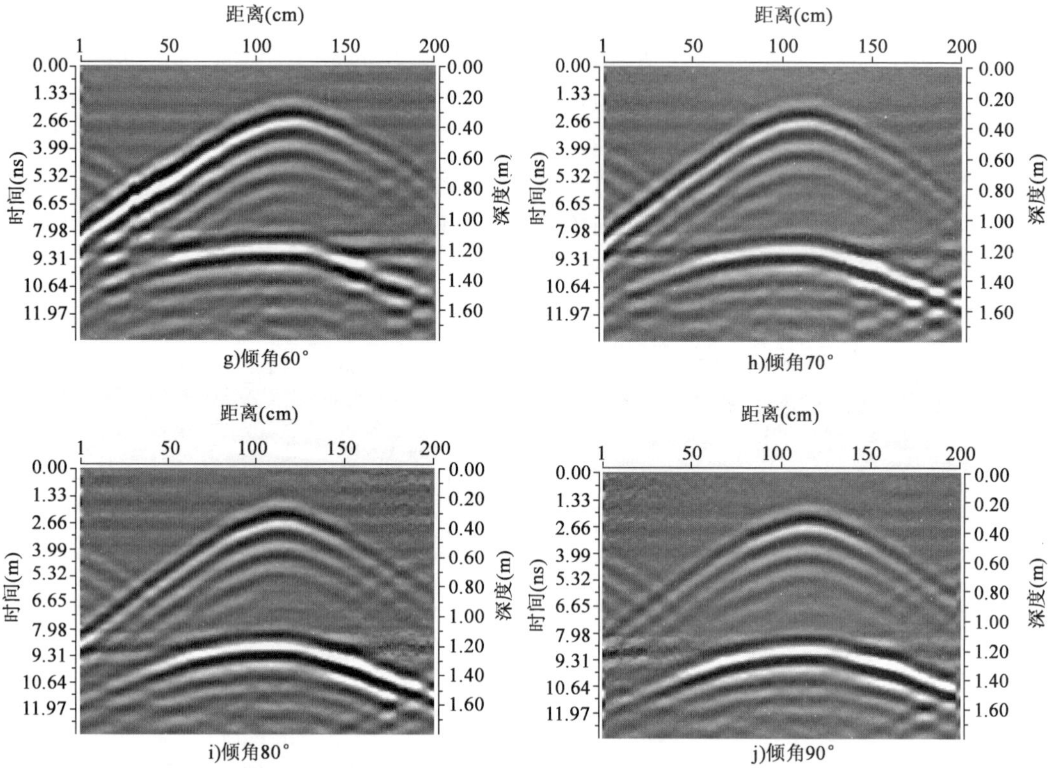

图 3-57　不同倾角的薄金属板在空气中对 900MHz 雷达波的响应物理模拟(薄金属板:宽 40cm,顶深 30cm)

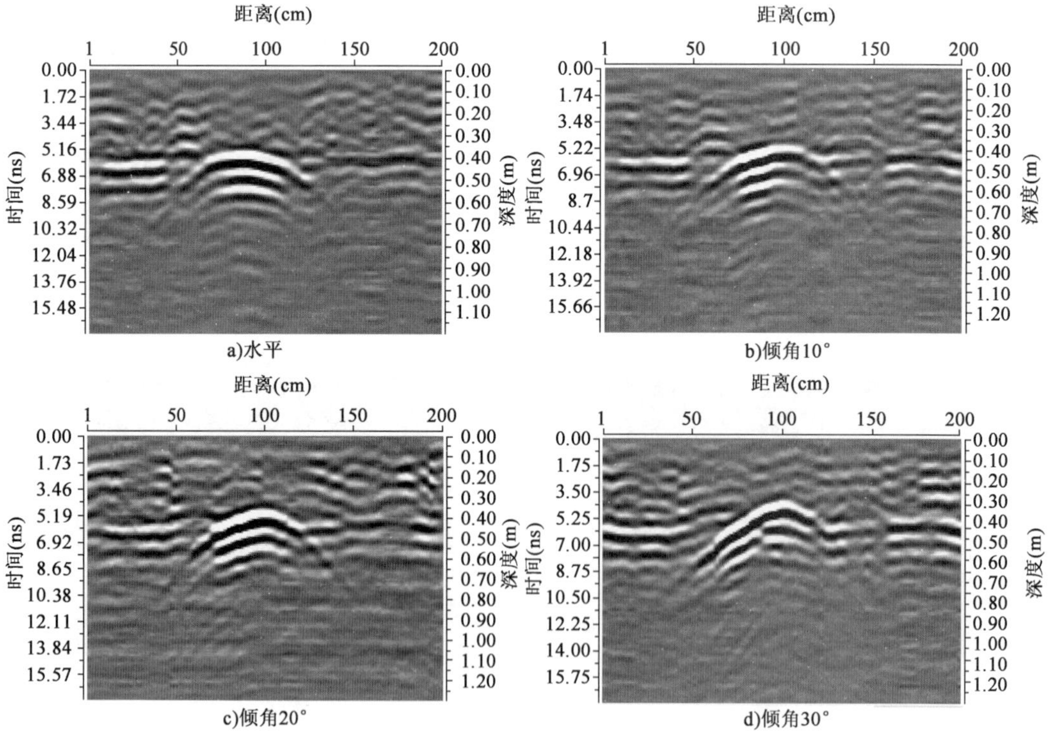

图　3-58

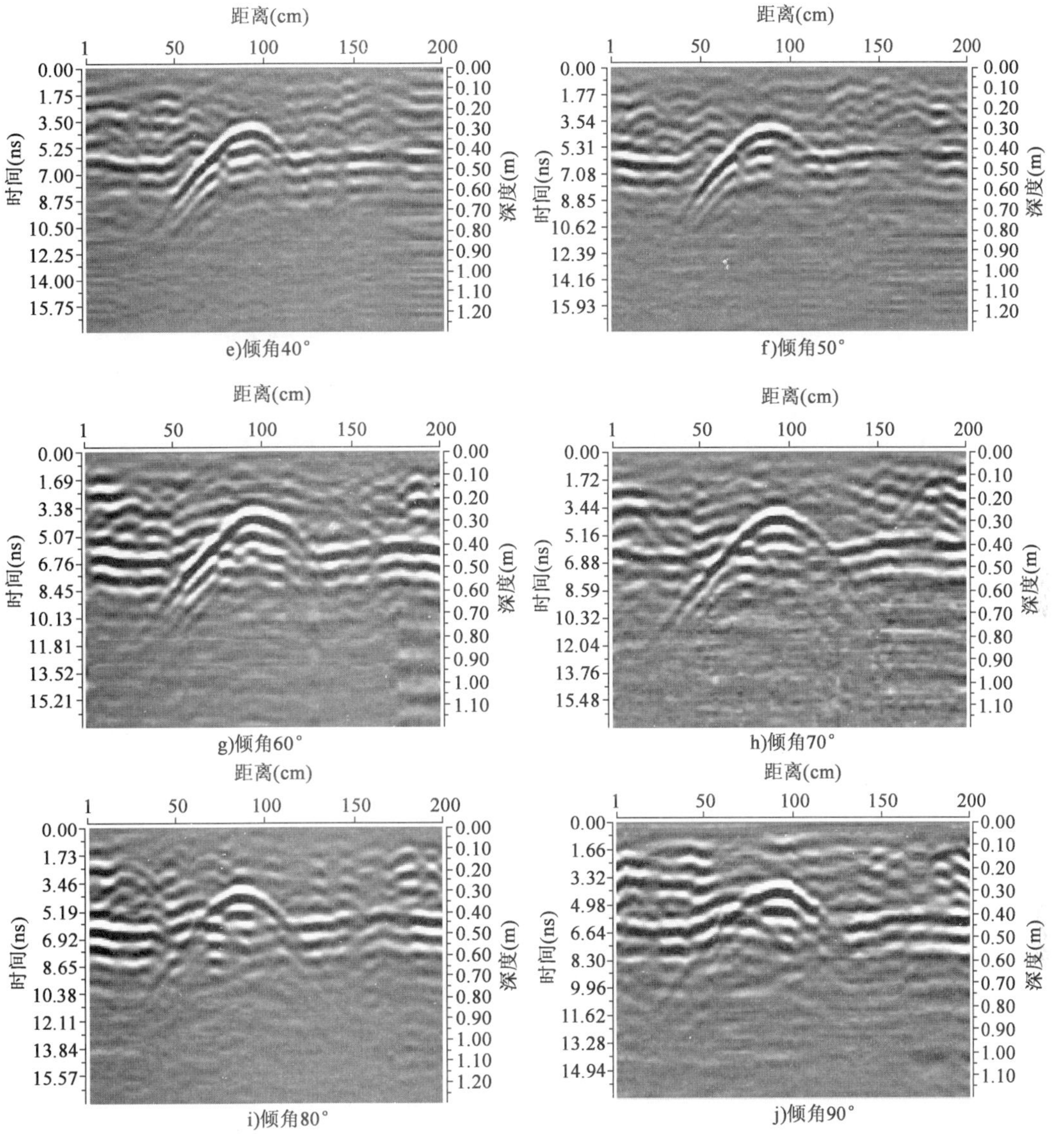

图 3-58　不同倾角的薄金属板在干砂中对 900MHz 雷达波的响应物理模拟(薄金属板:宽 20cm,顶深 30 ~ 35cm)

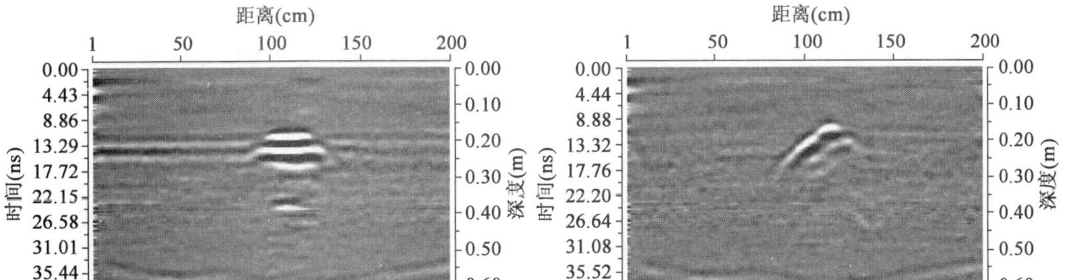

图　3-59

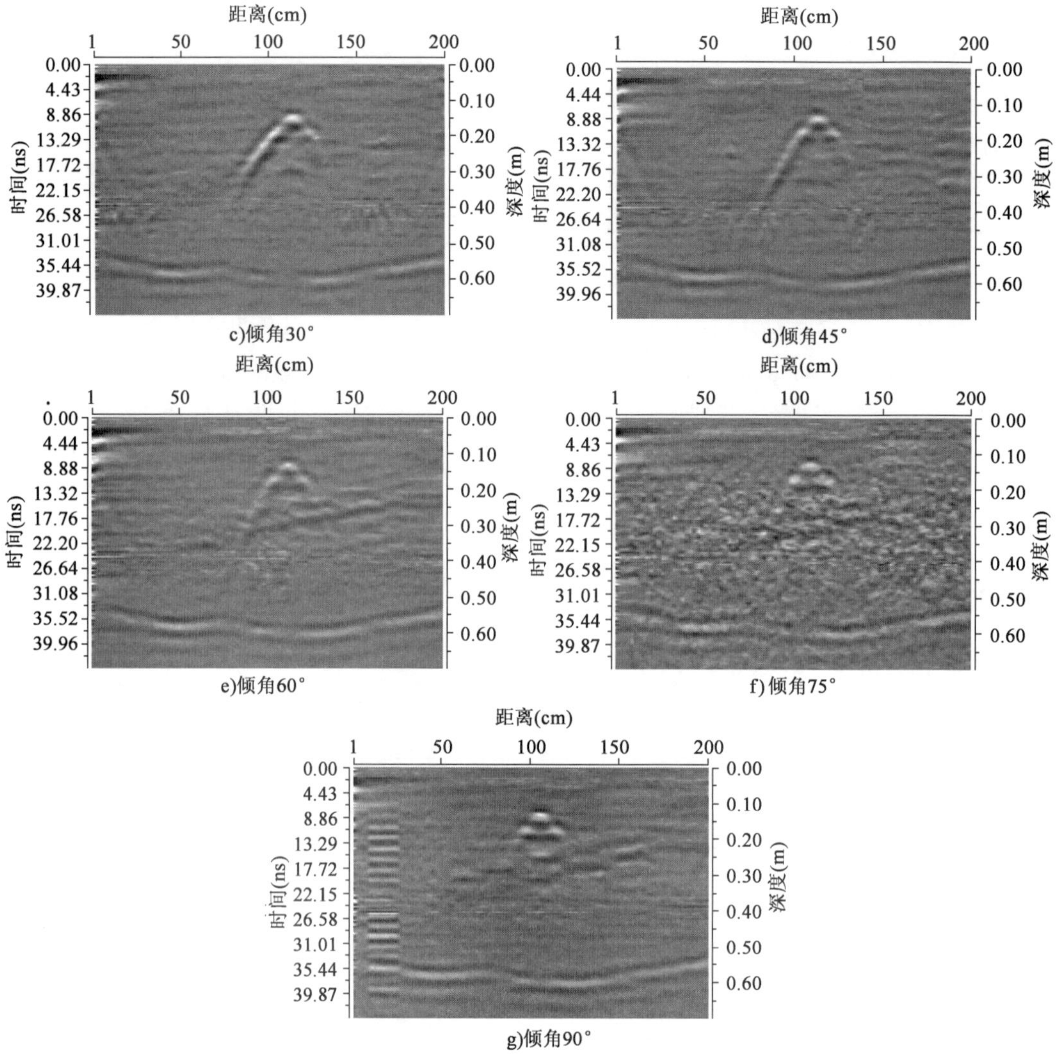

图 3-59　不同倾角的薄金属板在水中对900MHz雷达波的响应物理模拟(薄金属板:宽20cm,顶深10~20cm)

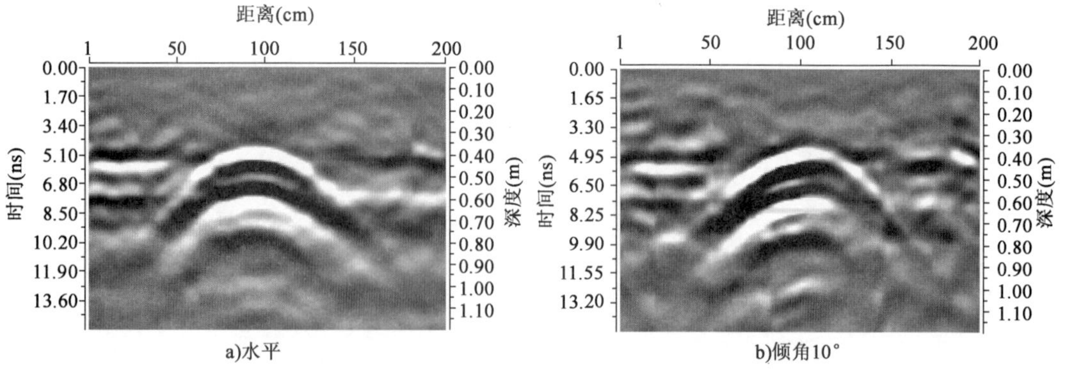

图　3-60

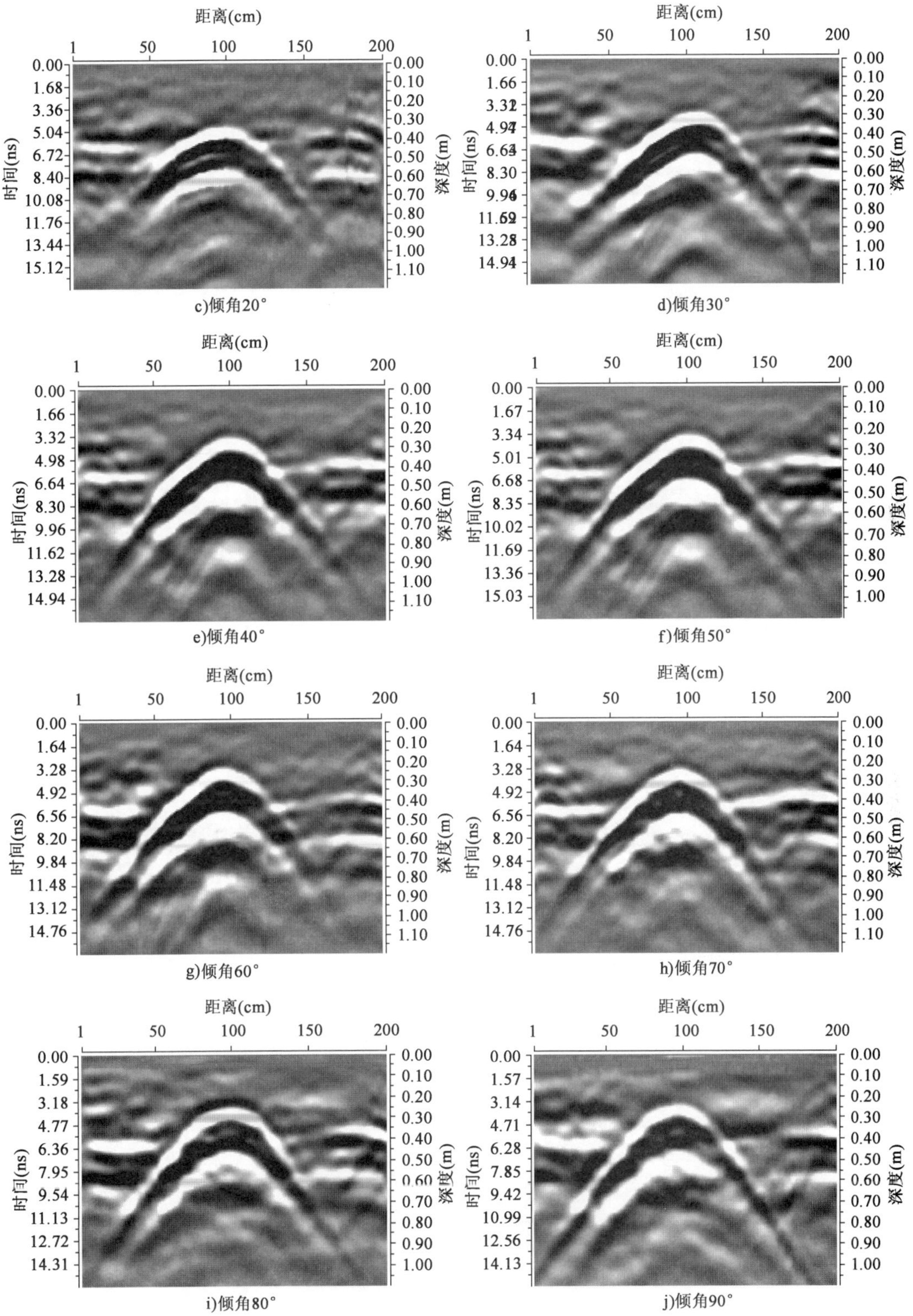

c)倾角20°　d)倾角30°　e)倾角40°　f)倾角50°　g)倾角60°　h)倾角70°　i)倾角80°　j)倾角90°

图3-60　不同倾角的薄金属板在干砂中对500MHz雷达波的响应物理模拟(薄金属板:宽20cm,顶深30～35cm)

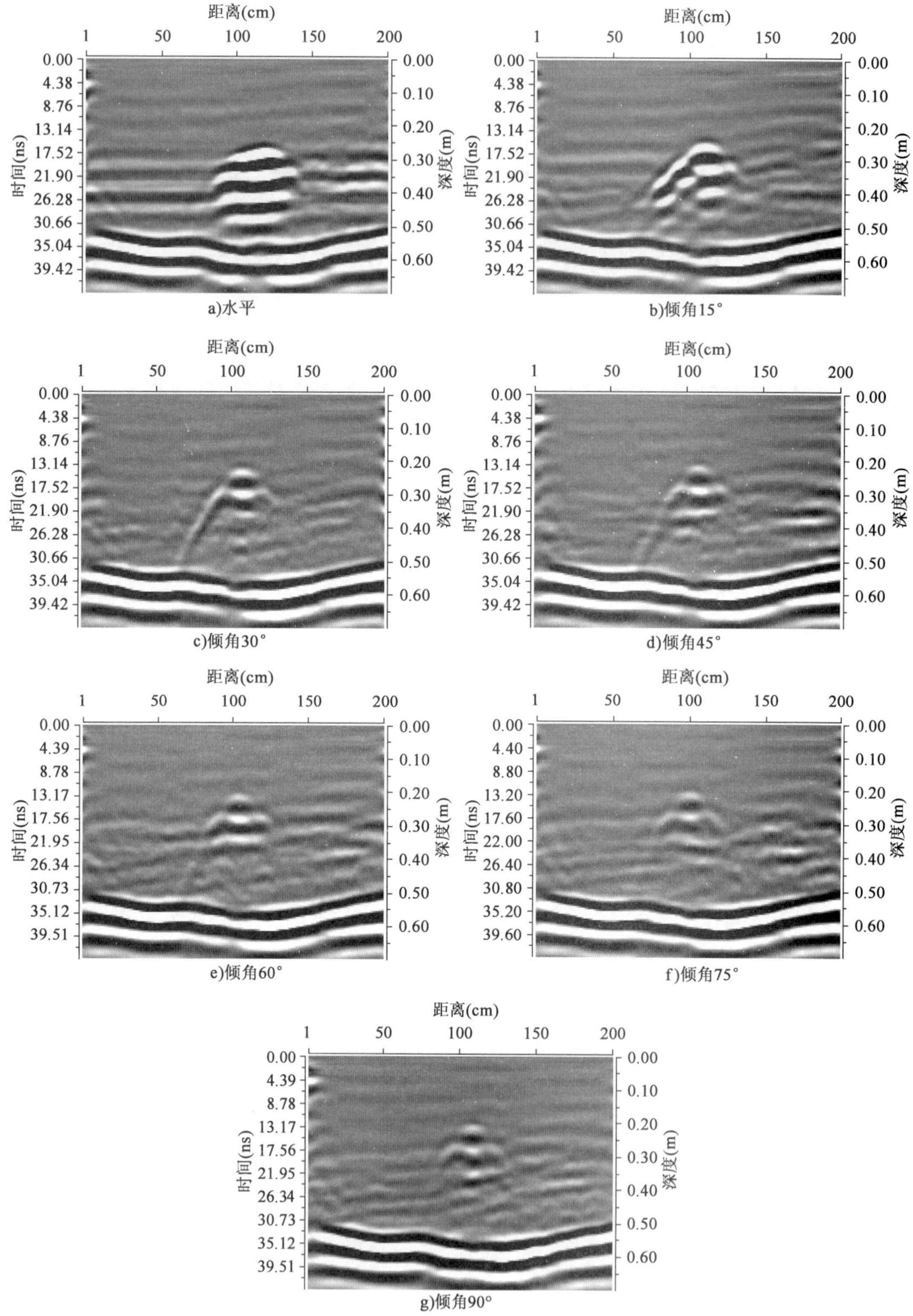

图3-61　不同倾角的薄金属板在水中对500MHz雷达波的响应物理模拟(薄金属板:宽20cm,顶深25cm)

从这几组物理模拟结果可以看出薄裂缝随倾角逐渐变化过程中其雷达波响应特征的变化规律。对于同一个薄裂缝，在水平状态下，其对雷达波场的响应强度最大；当裂缝发生倾斜时，由裂缝顶面散射形成的水平同相轴也向同一侧发生倾斜，且随着倾斜角度的增加，其强度逐渐变弱，由裂缝上端点引起的散射双曲线的相对强度逐渐变强；当倾角达到最大90°时，倾斜的同相轴完全消失，只剩下一条由上端点引起的散射双曲线；而由下端点引起的散射波因受上端点散射波续至相位的干扰和自身的能量比较微弱而基本无法识别。该物理模拟结果与实际检测中观察到的情况吻合较好。

3.2.9 均匀层状介质中异常点元的多次散射波特征

前面我们主要讨论了单一均匀介质中异常体的情况。在实际工作中，也常遇到多层均匀介质的情况，如高速公路的结构层一般来说都不少于四层：面层、基层、底基层和路堤。所以，讨论多层均匀介质中异常体的电磁波响应特征具有非常重要的现实意义。下面先从分析两层均匀介质中一个异常点元的电磁波响应特征入手，然后再讨论两层均匀介质中裂缝的电磁波响应特征和多层均匀介质中裂缝的电磁波响应特征。

前面讨论中在进行以空气为母体介质的物理模拟试验时，由于受雷达天线支架高度的限制，在选定的记录时窗范围内，地面的反射也被记录进来。图3-62为在空气中水平横放一根ϕ50mm的钢管时的雷达波响应物理模拟剖面，其中钢管“埋深”为50cm，雷达天线距地面1.2m。图3-62a）为原始记录剖面，图3-62b）为消除了直达波和水平地面反射后的处理剖面。从两张剖面的对比可以看出，剖面中除了前面已经讨论过的钢管的直接散射双曲线波形外，还有地面的反射水平波组和一条能量很强的与地面反射波组相切的“双曲线”。这条“双曲线”在前面列举的大多数数值模拟剖面和数物理模拟实验剖面中都能够看到，而且形态变化不大，基本一致。另外，在前面研究垂直裂缝的数值模拟实验和物理模拟实验中，特别是以空气为母体介质的实验，这条“双曲线”也非常明显。通过研究发现，该“双曲线”是雷达波经异常体散射后又被多层介质的分界面散射形成的多次散射波，它具有始终与分界面的反射波组相切的特性。下面依据散射理论和费马原理来说明其形成的机理，并建立两层水平均匀层状介质情况下该“双曲线”的时距曲线方程。

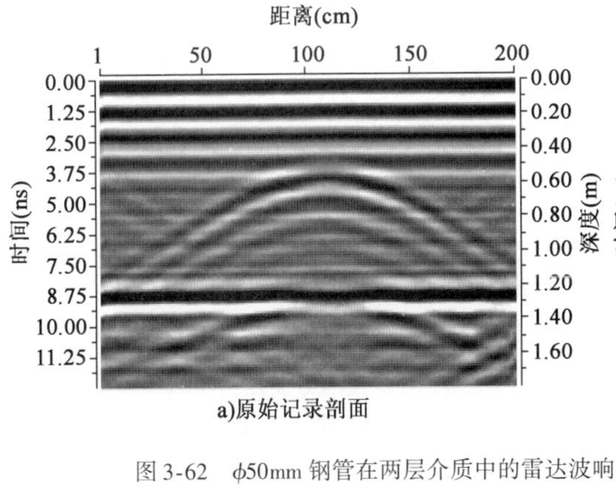

a)原始记录剖面

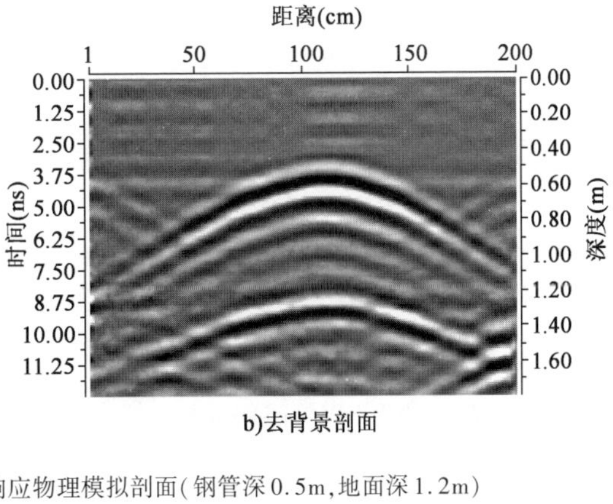

b)去背景剖面

图3-62 ϕ50mm钢管在两层介质中的雷达波响应物理模拟剖面（钢管深0.5m，地面深1.2m）

先分析双层均匀介质中一个点元的电磁波响应特征。如图3-63所示,这里假设两层状介质的电磁特性差异很大,雷达波在两者的分界 R 处会产生较强的散射(或反射)。B 点是位于上层介质中的一个点元。来自仪器 A 的雷达波沿射线路径 AB 到达点元 B,在 B 点产生散射。其中,沿 BA 路径返回的背向散射被雷达仪器接收并记录,就形成前面讨论过的点元的散射双曲线波形。B 点的前向或侧向散射继续向下传播,当遇到界面 R 时又产生散射。所有散射点形成的散射波的波前的包络构成散射波前面并向上传播。D 是界面 R 上的一点,连接 BD 和 DA,并过 D 点做界面 R 的垂线 LL',可以证明,当 LL' 平分 $\angle BDA$ 时,射线路径 $BD+DA$ 最短。也即在所有被来自点元 B 的散射波激发后在界面 R 上形成的新的散射波组中,沿射线路径 BDA 传播的散射波最先到达 A 点而被仪器接收。我们暂称 D 点为"有效散射点"。

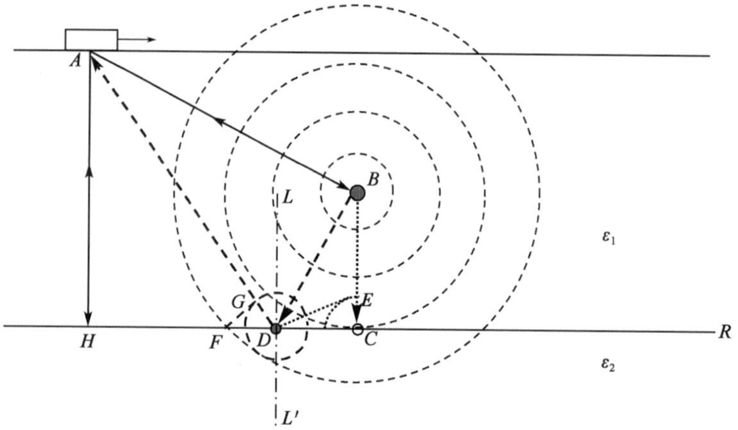

图3-63　两层均匀介质中点元的电磁波响应特征

为求取该散射波的时距曲线方程,将图3-63重画成图3-64。设仪器距异常点元的水平距离为 x,点元的埋深为 h,分界面的埋深为 H,雷达仪器相对于分界面的镜像点为辅助点,连接点元与辅助点,则该连线与分界面的交点必为有效散射点。设多次散射波的走时为 t,上层介质中雷达波的速度为 v,则根据简单的几何关系很容易导出如下的散射多次波时距曲线方程(以上假设仪器天线的收发偏移距近似为零):

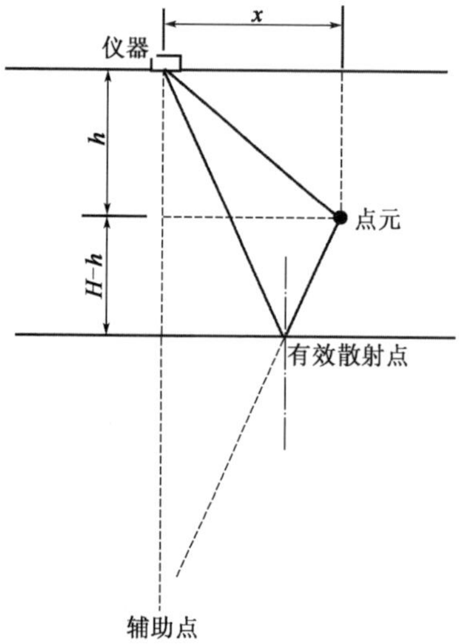

图3-64　两层介质中由异常点元和分界面形成的多次散射波的时距曲线原理示意图

$$t=\frac{1}{v}\left[\sqrt{h^2+x^2}+\sqrt{(2H-h)^2+x^2}\right] \tag{3-57}$$

当 $x=0$ 时,即当仪器位于异常点元的正上方时,多次散射波的走时最短,$t=\frac{2H}{v}$,即等于介质分界面的双程 t_0 时间。可见,多次散射波时距曲线的顶点位置在水平方向上与异常点元的水平位置重合,其最小时间与异常点元的埋深无关;该曲线总是在其顶点处与分界面的反射波组相切,也即其最小时间总是与分界面的反射时间相同。

下面来考察该多次散射波的一些特性。

由图 3-64 散射波的射线路径可以看出，该散射波的时间 t 由 t_1 和 t_2 两个部分组成，其中 t_1 为由仪器到异常点元的时间；t_2 为由异常点元到上、下介质分界面再到仪器的时间，即相当于图中由点元到辅助点的时间。当仪器沿水平方向移动时，辅助点也做平行移动。由前面讨论自激自收剖面上点元的时距曲线方程可知，这两者的时距曲线也应为双曲线，其时距方程分别为：

$$t_1 = \frac{1}{v}\sqrt{h^2 + x^2} \tag{3-58}$$

$$t_2 = \frac{1}{v}\sqrt{(2H - h)^2 + x^2} \tag{3-59}$$

而且这两个方程均可化为双曲线方程的标准形式：

$$\frac{t_1^{\ 2}}{\left(\frac{h}{v}\right)^2} - \frac{x^2}{h^2} = 1 \tag{3-60}$$

$$\frac{t_2^{\ 2}}{\left(\frac{2H - h}{v}\right)^2} - \frac{x^2}{(2H - h)^2} = 1 \tag{3-61}$$

对于式(3-60)和式(3-61)，当 $x = 0$ 时，即仪器位于点元正上方时，t_1 和 t_2 均取最小值，说明合成曲线是由这两条双曲线对中求和而来。

现在设 $x \neq 0$，改变 h 的大小，即将异常点元上下移动，观察时间 t 的变化。

当 $h = H$ 时，式(3-57)可转换为：

$$t = \frac{2}{v}\sqrt{H^2 + x^2} \tag{3-62}$$

它可被进一步化成标准的双曲线形式：

$$\frac{t^2}{\left(\frac{2h}{v}\right)^2} - \frac{x^2}{h^2} = 1 \tag{3-63}$$

当 $h = 0$ 时，式(3-57)可转换为：

$$t = \frac{1}{v}\left(x + \sqrt{4H^2 + x^2}\right) \tag{3-64}$$

它是一条直线和一条双曲线的代数和，相应的物理模拟试验见图 3-65a)。

式(3-62)和式(3-64)所表示的情况如图 3-65b)所示。当 $h = 0$ 时，点元位于第一层介质的顶界面 D 点处，多次散射波路径为 $ADCA$，C 为 FB 的中点，$CB = x/2$；当 $h = H$ 时，点元位于两层介质的分界面处，多次散射波路径为 ABA。对于 $\triangle ABC$ 有 $AC + CB > AB$，所以射线路径长度 $ADCA > ABA$，即，固定 AD 之间的距离 x 不变，对于两个极端情况，当点元的埋深为 0 时，多次散射旅行时最大，多次散射曲线的两翼最陡；当点元在第一层介质中的埋深为最大时，即位于分界面上时，多次散射旅行时最小，多次散射曲线的两翼最缓；当点元埋深位于上述两种情况之间时，旅行时也在上述时间段区间内变化。

两种极端情况下的最大时差为：

$$\Delta t = \frac{1}{v}\left(x + \sqrt{4H^2 + x^2} - 2\sqrt{H^2 + x^2}\right) \tag{3-65}$$

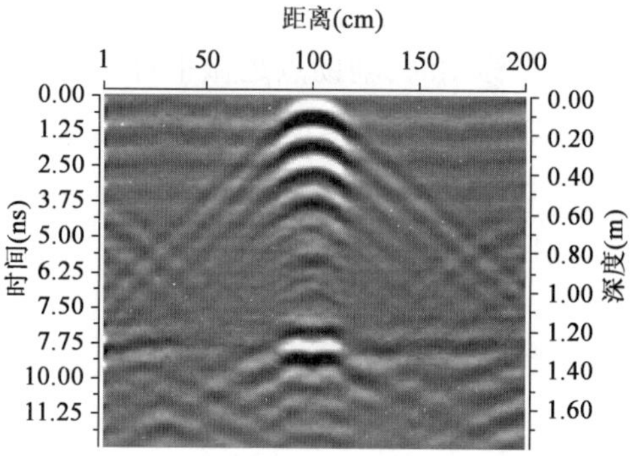

a)点元接近第一层介质顶部

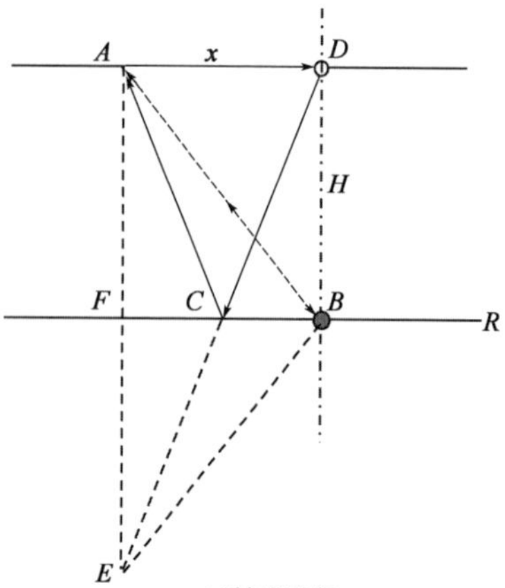

b)射线路径

图 3-65　极限位置时经点元和分界面的散射波射线路径示意图

如当 $x=H$ 时，$\Delta t\approx0.408H/v$。设 $x=H=15$cm。上层介质的介电常数为 4，则雷达波速度为 15cm/ns，对应的 $\Delta t\approx0.408$ns。对于 900MHz 的雷达波信号，其周期为 1.1ns。可见，在这一例子中，当仪器在横向上偏离点元一个层厚距离时，由顶、底点元产生的二次散射波的最大时差还不到半个周期，二者仍能有效同相叠加。另外，该时差随着仪器偏离点元水平距离 x 的增大而增大；当 $x=0$ 时，$\Delta t=0$，即当仪器位于点元的正上方时，两种极端情况下的多次散射波旅行时不存在时差，其值为 $t=2H/v$，等于分界面的双程 t_0 时间，所以，我们在雷达物理模拟试验剖面上总是能看到该多次散射波的顶点与分界面的反射波同相轴相切。

对位于上层均匀介质中的点元，其埋深越大，多次散射波的两翼越平缓；但当其埋深上、下浮动不大时，所得到的多次散射波的形状几乎保持不变，即散射波的两翼陡缓变化很小。所以，在以空气为母体介质的点元(钢筋、或钢管)雷达波响应物理模拟试验剖面上，我们总可以看到形状相似的通过地面二次散射产生的多次波(图 3-66)。当有多个点元在水平方向上位于位置时，上面已经证明，由于各点元深度变化对多次散射波的形态影响不大，所以，多次散射波可以相互叠加使总幅度得到加强(图 3-67)。

观察图 3-66 的四幅物理模拟实验剖面不难发现，同一点元，随着深度的增加，由其与地面形成的多次散射波的位置与形状虽变化不大，但幅度却明显增强。在图 3-64 中给出了形成多次散射波的射线的路径；图 3-65 中讨论当点元的深度变化处于上、下两个极端位置时的情况。由以上两个图示可以看出，点元埋深越浅，不但形成多次散射波的总的射线路径越长，而且由点元到介质分界面再到仪器的散射路径所占的比例也越长。由点元到分界面为一次散射，由分界面再回到仪器为二次散射。无论一次散射还是二次散射，这种散射的空间球面扩散衰减作用要比由仪器直接发射的蝶状偶极子波的空间球面扩散衰减作用要强一些。所以，点元埋深越浅，所受到的空间球面扩散衰减作用越强烈，则多次散射波的强度就越弱。

下面再来看一下多层均匀介质的情况。

如图 3-68a)所示的数学模型。假设该模型宽 2m，由四层均匀介质组成，由上向下厚度分别为 10cm、20cm、15cm 和 25cm。在第二层介质中存在一点元。采用主频为 900MHz 的雷达子波进行数值模拟，模拟剖面如图 3-68b)所示。

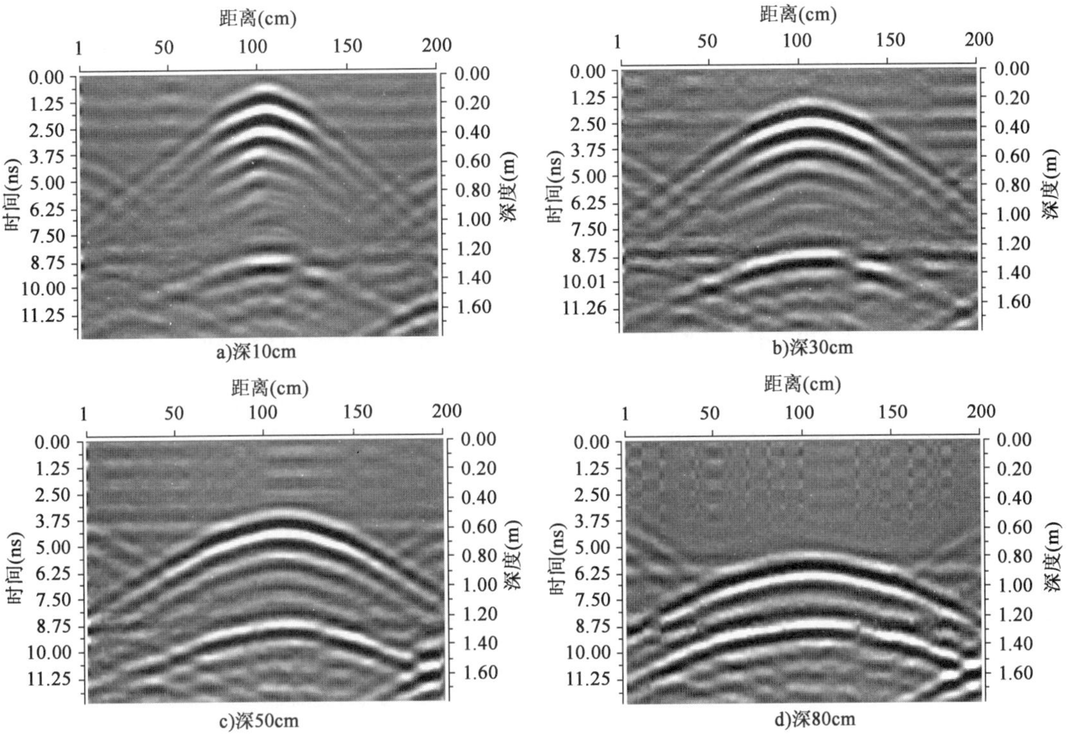

图 3-66 不同深度 ϕ50mm 钢管的雷达波响应物理模拟剖面(地面深 1.2m)

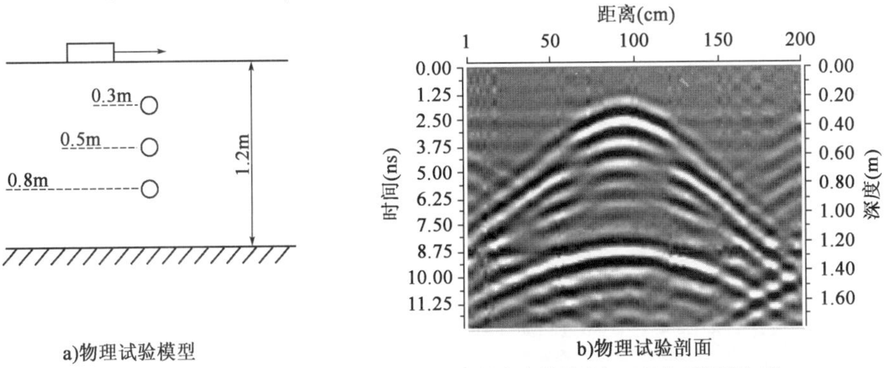

图 3-67 同一水平位置不同深度点元形成的多次散射波相互叠加后幅度加强

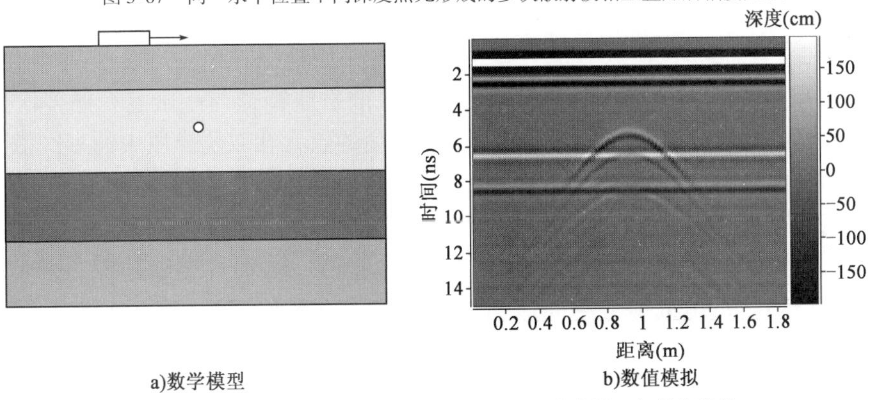

图 3-68 多层均匀介质中点元的电磁波响应数值模型与数值模拟

模拟结果分析：

在图 3-68b）所示的数值模拟剖面中，除点元在第二层介质中产生的一次散射双曲线外，在其下面的两个介质分界面处也产生与分界面反射波组相切的二次散射波双曲线及时间较迟的由层间多次散射形成的双曲线簇。一次散射和二次散射能量较强，其他多次散射能量则较弱。在二次散射中，距点元近的界面形成的散射较远的界面形成的散射要强。分析和了解由点元在多层均匀介质分界面上形成的二次散射波特征，是后面进一步分析研究多层均匀介质中由垂直裂缝和分界面形成的二次散射波特征的基础。

3.2.10 均匀层状介质中垂直裂缝的多次散射波特征

根据双层均匀介质中点元的多次波散射波的特征，不难得出垂直裂缝的多次散射波特征。首先来看图 3-69 中的物理模拟结果。

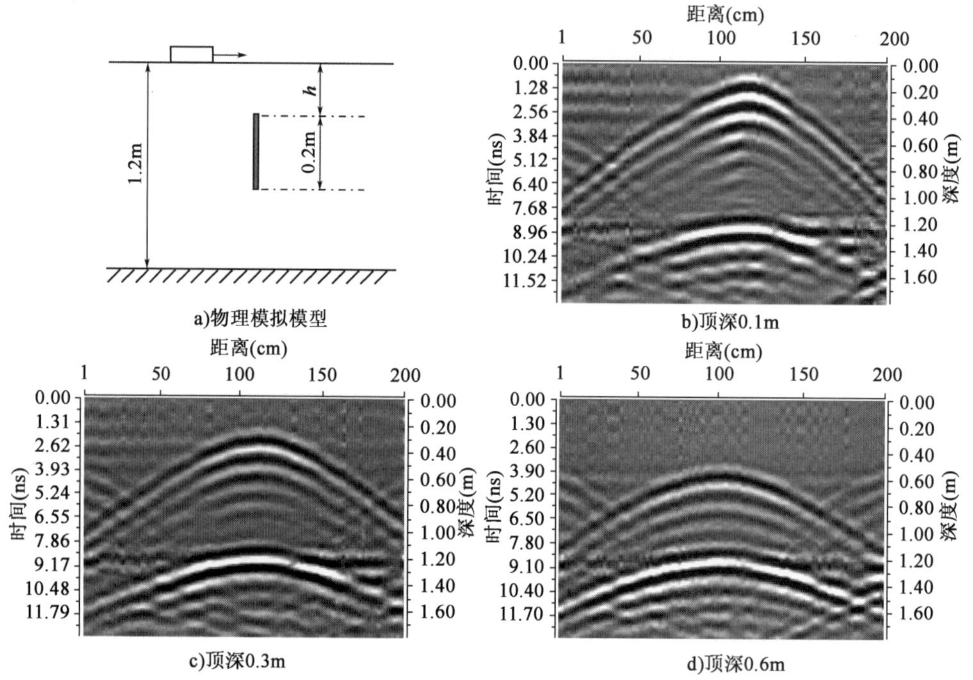

图 3-69 双层均匀介质中垂直裂缝多次波特征物理模拟试验模型及剖面

从模拟结果来看，双层介质中的垂直裂缝的多次散射波特征与一个点元的多次散射波特征非常类似。根据前面对多个位于同一位置不同深度的点元在双层介质中的多次散射波特征的分析不难得出这一结果。垂直裂缝也可以看作多个位于同一位置不同深度的点元在垂直方向上的定向排列，当该排列长度不是太大时，每个点元形成的多次散射波的双翼的时差很小，可近似看成同相，所以它们会同相叠加增强。另外，垂直裂缝越深，也即越靠近分界面，散射波路径越短，由散射波空间球面扩散引起的衰减作用越弱，多次散射波的能量就越强。

另外，从图 3-69 的物理模拟剖面还可以看出，当垂直裂缝的顶深很小[图 3-69b）]时，无论是一次散射波还是多次散射波，在曲线的两翼能量衰减都很快。这是因为，垂直裂缝在纵向上总是存在一定的尺度，对于组成“裂缝”自身的点元，当不同点元之间的深度变化量相对于裂缝的顶点深度大小不可忽略时，则各点元散射波的双翼时间就存在较大的时差，叠加后会相互抵消，能量变弱。

图3-70是对一块尺寸为8mm×20cm×150cm的玻璃板进行试验的例子。将玻璃板横向平放，宽20cm，深度50cm，测试结果见图3-70a)；将玻璃板横向侧立，顶深40cm，测试结果见图3-70b)。

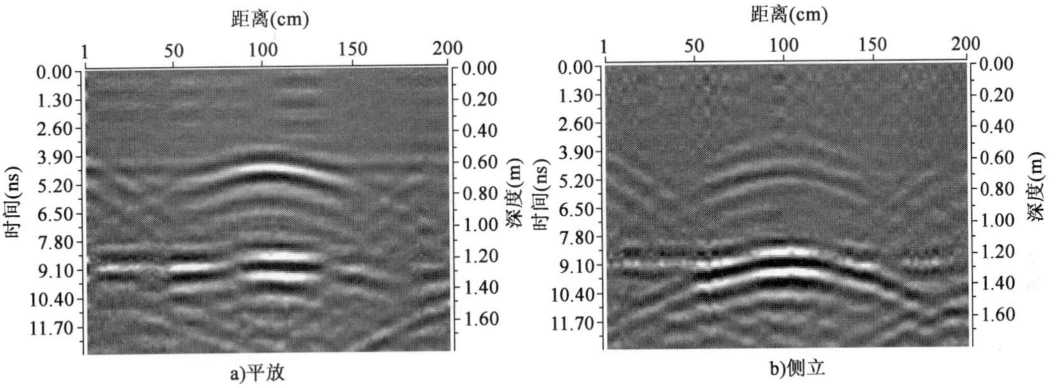

图3-70　玻璃板平放和侧立时的测试结果

对比图3-70a)、图3-70b)两个测试结果中一次散射波的振幅特征可见，正像在前面曾总结过的那样，探地雷达对地下目标在水平方向上的尺度变化要比在垂直方向上尺度变化敏感得多。再来看多次散射波。在图3-70b)中，虽然侧立玻璃板的一次散射波振幅较弱，但因为玻璃板在纵向上有一定的尺度，所以，侧立玻璃板上任一点与地面共同作用形成的多次散射波基本上是同相叠加，所以其振幅很大，能量很强；而玻璃板平放时则不然，多次散射波在纵向上不存在叠加，所以其能量就较弱。

图3-71是在前面已经看过的一个物理模拟的例子。窄金属板条宽5cm，宽金属板条宽40cm，模拟时均侧立横放，观察各种情况下多次散射波的振幅变化特征。将图3-71a)与图3-71b)相比，图3-71b)的要强一些，说明同一个异常体，越靠近分界面，其多次散射波越强。图3-71c)要比图3-71a)和图3-71b)中的多次散射波都强，显示了其叠加效果。在图3-71c)中，一次散射波被不同程度地相互抵消，但其多次散射波的相位由于对异常体的深度不敏感，所以主要的还是同相叠加加强。图3-71d)更说明了垂直二维异常体的这一叠加特性。裂缝在纵向上越长，其一次散射波能量越弱，而多次散射波能量则越强。

对于均匀多层介质中的垂直裂缝，其多次散射波特征与多层均匀介质中点元的情况很类似，这里不再赘述。下面以三层均匀介质为例，通过数学模拟来讨论对比两种较特殊情况下的波场特征。

如图3-72a)所示，数值模型有三层均匀介质，宽度2m，厚度由上向下依次为30cm、25cm和10cm，相对介电常数分别为4、9和6。一裂缝宽4cm，上、下长20cm，穿透上部两层介质的分界面，每层介质中各占10cm。图3-72b)为其数值模拟结果。

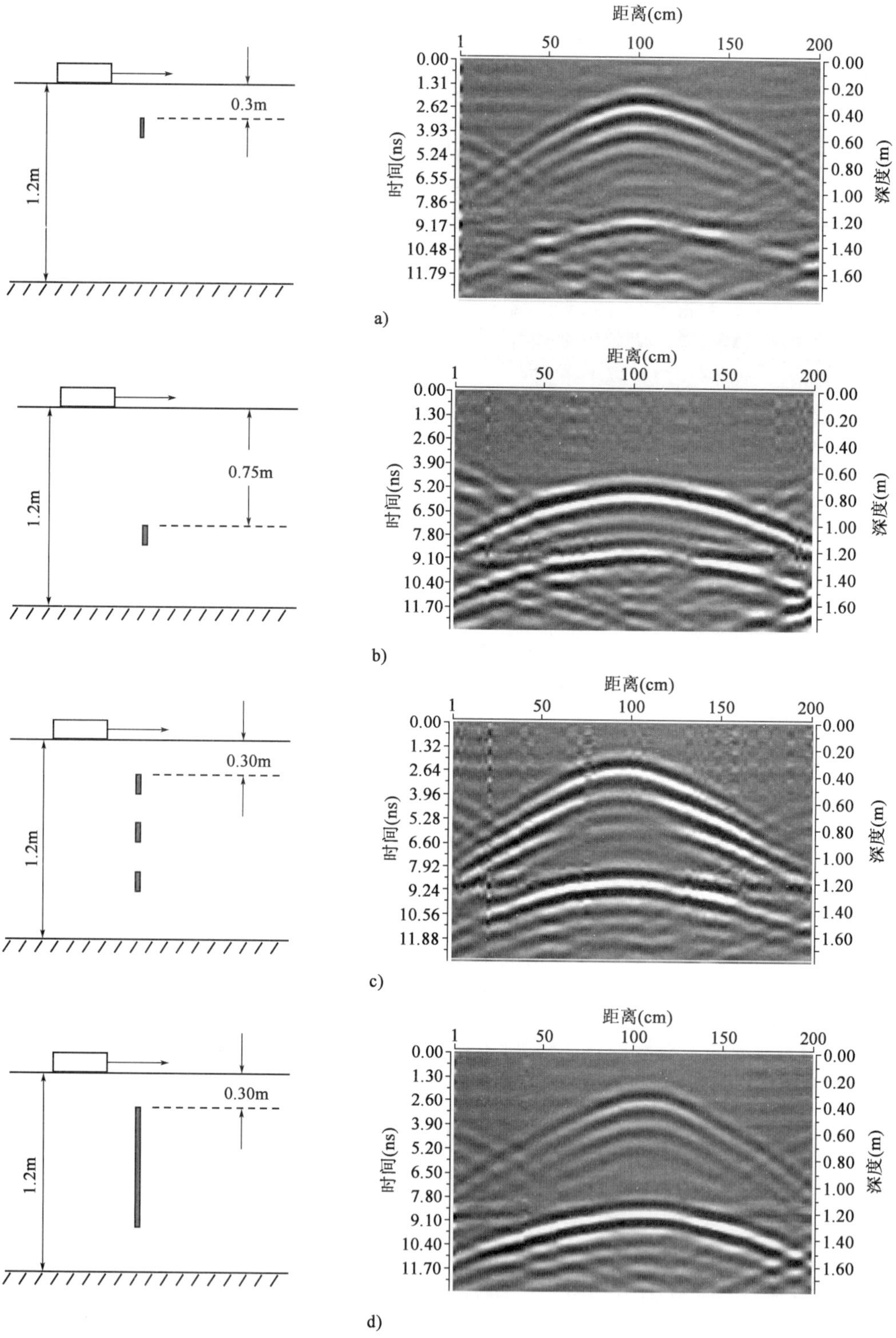

图 3-71　垂直裂缝组合的散射多次波特征

图 3-72c) 为同样三层均匀介质，宽度、厚度和相对介电常数均同上。一同样宽窄、长短的裂缝，其中充满水，介电常数为 81。该裂缝完全位于第一层介质中，其下端点距上两层介质的分界面 5cm。图 3-72d) 为其数值模拟结果。

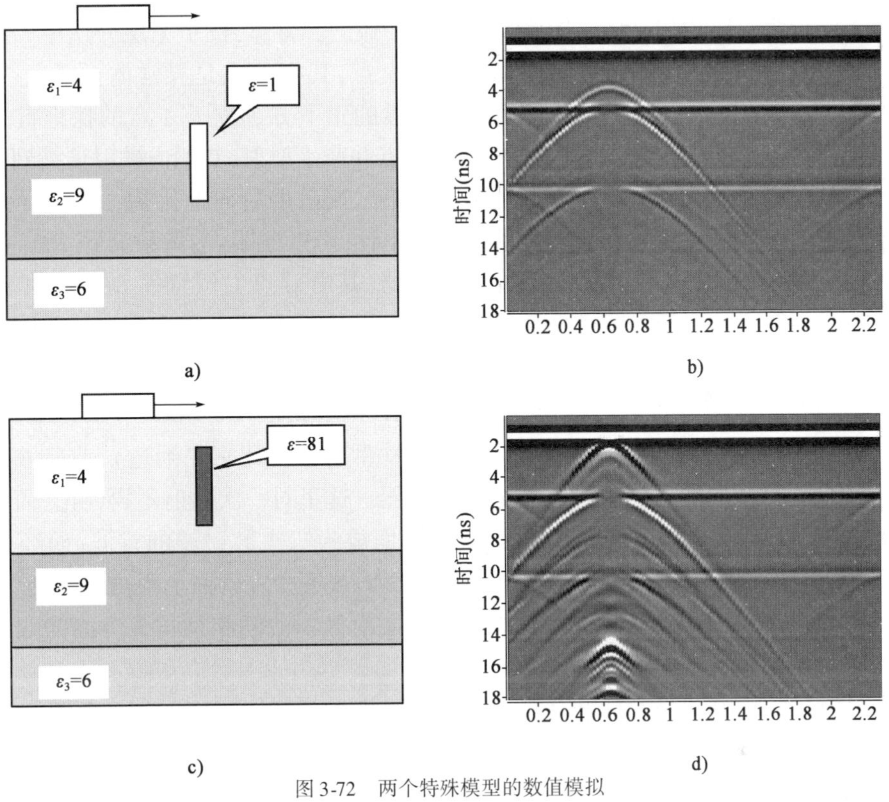

图 3-72　两个特殊模型的数值模拟

在模型图 3-72a) 的数值模拟剖面图 3-72b) 中，除了由裂缝的顶端形成的一次散射和由两个分界面形成的二次散射（与分界面的反射波组相切）外，在第二层介质的时窗中却找不到裂缝的底端形成的散射波组。难道是消失了吗，绝对不是。现在来计算由裂缝底端形成的散射波的到达时间。裂缝顶深 20cm，裂缝长 20cm。裂缝底的双程时间为 $2\times(20/15+20/30)=4(\mathrm{ns})$；再来看第一层介质和第二层介质分界面产生的双程散射时间：$2\times30/15=4(\mathrm{ns})$，可见，由裂缝底端形成的散射波与第一层介质和第二层介质分界面形成的反射波组相切，显然，它也与该界面形成的二次散射双曲线波组重合，所以让我们找不见了。

在模型图 3-72c) 的数值模拟剖面图 3-72d) 中，除由裂缝顶端形成的一次散射波和由分界面形成的二次散射波外，在第一层介质中"少了"裂缝底端形成的散射双曲线弧，而在第二层介质的时窗中又"多出"了一条双曲线弧。其实，通过如上的时间计算不难得知，第二层介质时窗中"多出"的双曲线弧，正是在第一层介质中"少了"的裂缝底端形成的散射。

通过以上两个特殊模型的数值模拟结果可以看出，基于裂缝中的充填物不同，其与母体介质的介电常数相差往往较大，裂缝底端的"行踪"也总是让人捉摸不定，这在多层介质中表现得尤为突出；但裂缝顶端的散射波到达时间总是与实际空间对应良好，因为顶端的时间完全依赖于顶端以上介质的速度，而与裂缝中充填物的介电常数无关；再者，裂缝顶端的散射波能量也比其底端的散射波能量强得多。所以，无论从理论的角度，还是实际的角度来看，对裂缝顶端埋深的判别要比对其底端埋深的判别容易得多。

3.2.11　均匀层状介质中倾斜裂缝的多次散射波特征

图 3-73 所示为双层均匀介质。图中黑粗线为一倾斜异常体,位于上层介质中。*B*、*E* 为异常体上的两个点,其中 *B* 点是异常体上任意一点,而 *E* 点则位于仪器的正下方。位于 *A* 点的探地雷达发射雷达波到达 *B* 点并产生散射,其侧向散射传播到介质分界面后又受到第二次散射后向上传播。假设异常体的厚度可以忽略不计,可以证明:沿散射路径 *BCA* 的散射波最先到达仪器,其中 *C* 点的位置使 *BC* 和 *CA* 满足光学反射定律。另一方面,仪器在 *A* 点发出的雷达波还直接垂直向下传播,遇到倾斜异常体上的 *E* 点后产生前向散射和后向散射,其中,后向散射逆向传播,直接到达仪器被记录为续至波(因为在异常体上还有其他点的一次散射波要比它先到达);前向散射到达分界面后又被散射,其逆向散射将透过异常体到达仪器。这里对一次散射不再讨论,而主要讨论二次散射。在二次散射波中,*E* 点的散射最先到达而成为二次散射波的首波;而经过 *B* 和 *C* 两点产生的散射则只能是续至波。续至波总是被抵消,或至少在剖面上很难被辨别。所以,在倾斜异常体向分界面垂直投影的范围内,应能得到二次散射波同相轴与分界面的双程 t_0 时间相同,即两个波组重合。

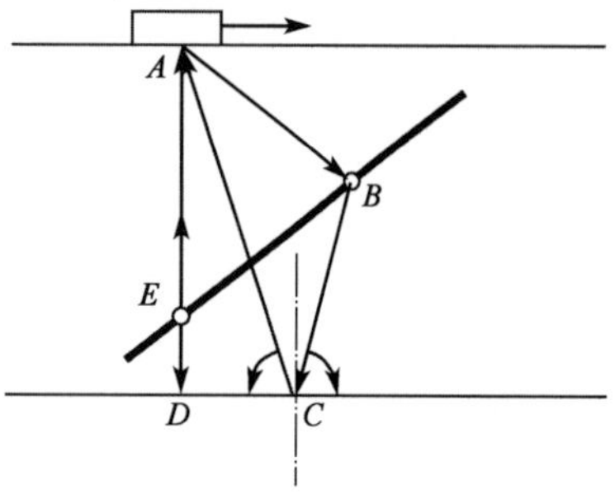

图 3-73　倾斜异常体的多次散射波特征示意图

需要说明的是,由倾斜异常体和分界面形成的二次散射波水平同相轴的能量要比垂直异常体形成的二次散射波的能量弱得多。因为,异常体一旦倾斜,异常体上各点元在分界面上的投影就不能重合,由各点元形成的二次散射波就不能同相叠加,导致能量分散。

在前面讨论电磁波的叠加原理时,针对多点元倾斜排列(其实就是实际的倾斜二维异常体)的一次散射波特征,采用图 3-17a)所示的带有定位点的特殊数学模型,证明了倾斜异常体的散射波组明显偏离了异常体所在的实际位置。下面,在该模型的基础上,在其下面再添加一层均匀介质,使其成为双层介质,如图 3-74a)所示,图 3-74b)为其数值模拟结果。

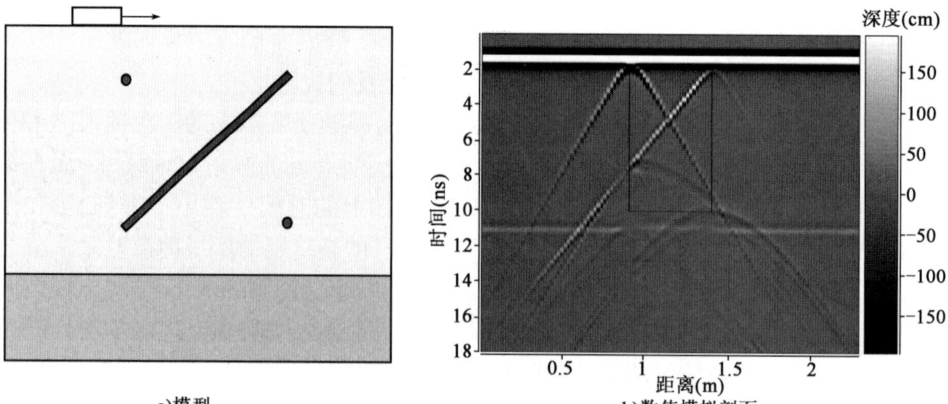

a)模型　　b)数值模拟剖面

图 3-74　双层均匀介质中倾斜异常体的多次散射波特征

从模拟剖面可以看出：

(1)倾斜体的一次散射波较实际位置发生了偏移。

(2)由于倾斜异常体的存在，导致分界面反射同相轴在异常体向其垂直投影的范围内受到二次散射波的干扰(相位有扰动)。

前面图3-57显示了物理模拟双层介质情况下不同倾角异常体的多次波特征。从图中可以看出，无论倾斜异常体的倾角如何变化，也不管一次散射波组随异常体的倾角变大向倾斜方向的下方拉伸有多严重，但二次散射波对分界面反射同相轴的影响总是局限于由异常体向分界面垂直投影的范围。异常体倾角越大，该范围越小。当异常体变为垂直陡立时，该范围缩成一个点。

3.2.12 收发天线极化方向变化对其电磁波响应的影响

前面给出的物理模拟试验剖面都是在天线收发两个极板连线方向与异常体的空间走向垂直的情况下测试得到的，也即采用图3-75中的方式A。在地震勘探中，地震测线的布置总是力图与地下构造的走向垂直，这样更便于查明地下构造的具体位置；这一布线原则同样适用于雷达检测。对于一个需要进行雷达检测的项目，首先要针对检测对象的空间展布特点来确定如何布置测线以达到最好的检测效果。比如要检测公路基层中存在的横向隐含裂缝，就要沿着路的方向布线；而要检测公路沿线方向发育的纵向裂缝，就需要布置横测线。测线方向确定后，还涉及如何摆放天线问题，因为雷达仪器天线存在发射和接收两个极，即采用偶极极化方式。雷达天线可分为很多种，如屏蔽天线、非屏蔽天线(包括平板式天线、棒状天线)、空气偶合的喇叭形天线等。但一般来讲，高频天线多采用屏蔽的一体化设计方案。考虑到雷达天线系统比较复杂，更专业的讨论已超出本书的研究范围，所以，这里不再就天线的设计、性能、具体参数等做过多的探讨。在这里提及这些只需要我们明白一点：雷达天线不是360°全对称的，其发射的极化波具有方向性，且按90°旋转角交替变化。

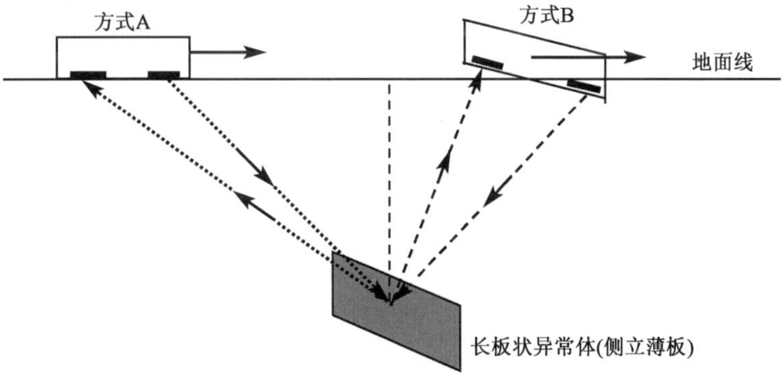

图3-75 雷达极板方向、测线方向及异常体走向三者之间的关系示意图

本书进行物理模拟试验所用的仪器是由中国电子传播研究所生产的LTD-3型探地雷达测试系统，试验选择了900MHz、500MHz和300MHz三种屏蔽蝶形偶极天线。考虑到采用数值模拟方法来模拟这种类型的天线在技术上还存在一些问题需要解决，所以，为慎重见，本书在

此暂不提供数值模拟结果，而是留待以后解决，但是为了观察天线方向对检测结果的影响，在研究中做了大量的物理模拟对比试验。根据试验结果，两种摆放方式对检测结果不但有影响，而且影响非常明显。先来看几个物理模拟试验的例子。

图 3-76 ~ 图 3-80 为采用 900MHz、500MHz 和 300MHz 三种主频的天线按不同摆放方式在以空气、干砂或水为母体介质中的几种异常体进行物理模拟试验的测试对比剖面。

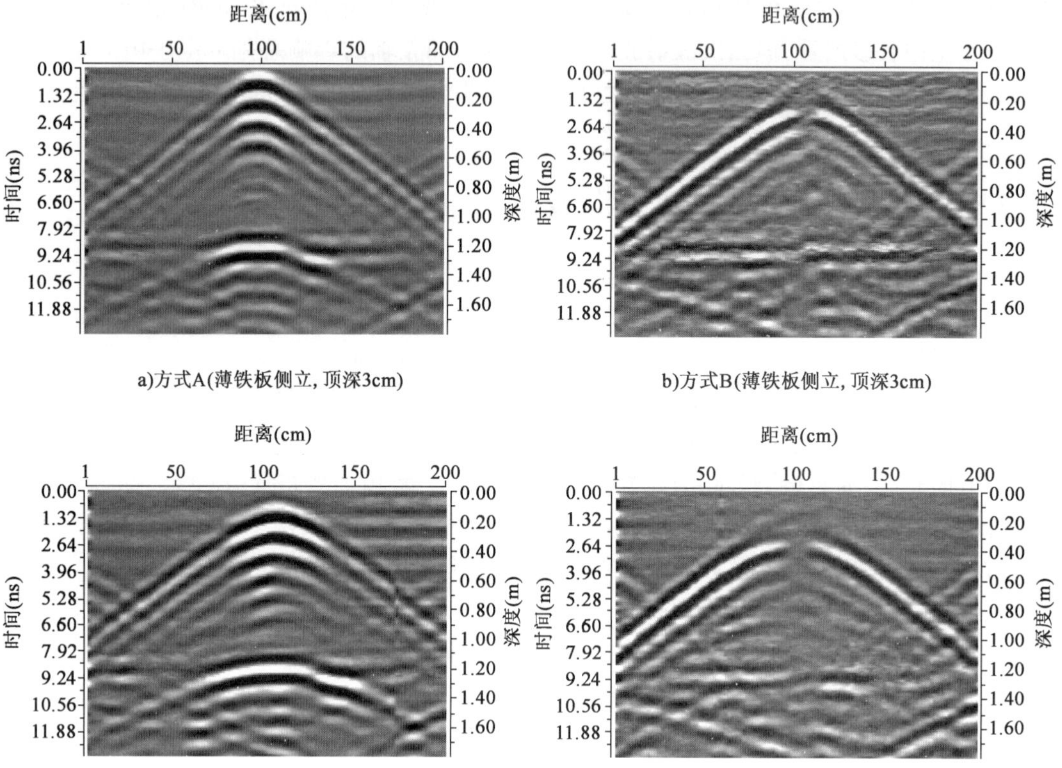

a)方式A(薄铁板侧立，顶深3cm)

b)方式B(薄铁板侧立，顶深3cm)

c)方式A(薄铁板侧立，顶深10cm)

d)方式B(薄铁板侧立，顶深10cm)

图 3-76　900MHz、空气中、5cm 宽薄铁板侧立横放，改变天线方向测试

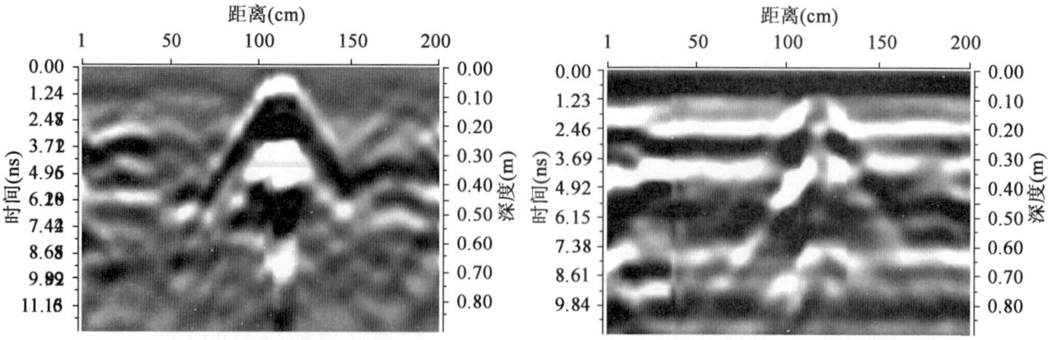

a)方式A(ϕ50mm钢管横放，深3cm)

b)方式B(ϕ50mm钢管横放，深3cm)

图　3-77

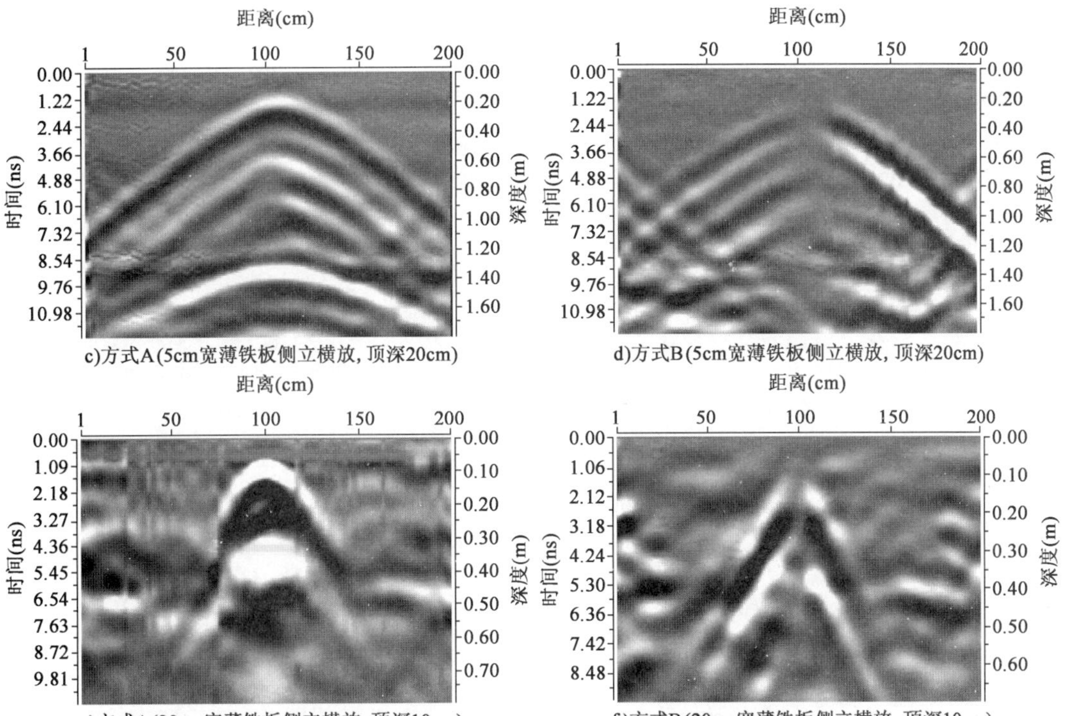

c)方式A(5cm宽薄铁板侧立横放，顶深20cm)　d)方式B(5cm宽薄铁板侧立横放，顶深20cm)

e)方式A(20cm宽薄铁板侧立横放，顶深10cm)　f)方式B(20cm宽薄铁板侧立横放，顶深10cm)

图 3-77　500MHz、干砂中埋置钢管或薄铁板，改变天线方向测试

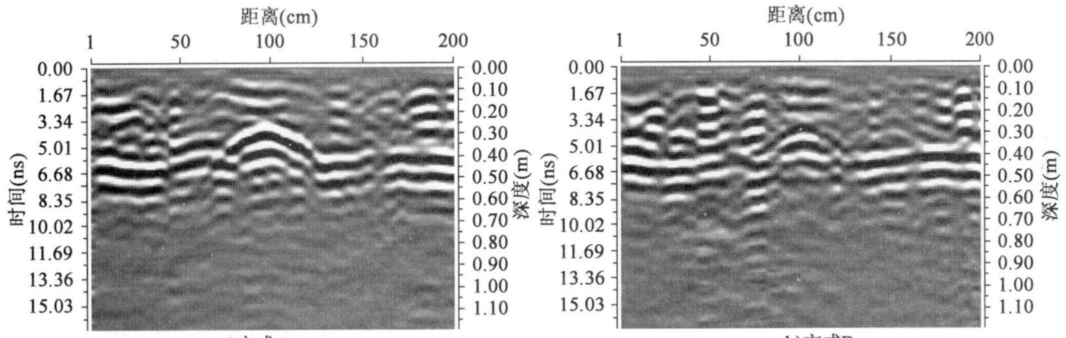

a)方式A　b)方式B

图 3-78　900MHz、水中、ϕ25mm 钢管水平横放，深 30cm，改变天线方向测试

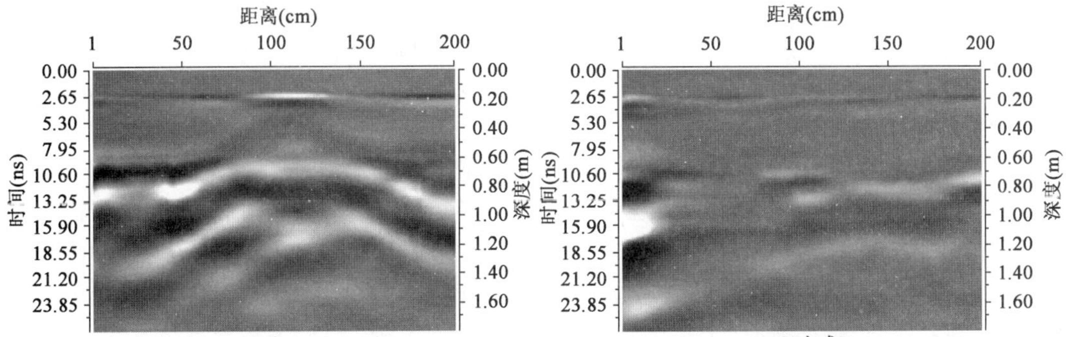

a)方式A　b)方式B

图 3-79　300MHz、干砂中、ϕ50mm 钢管水平横放，埋深 20cm，改变天线方向测试

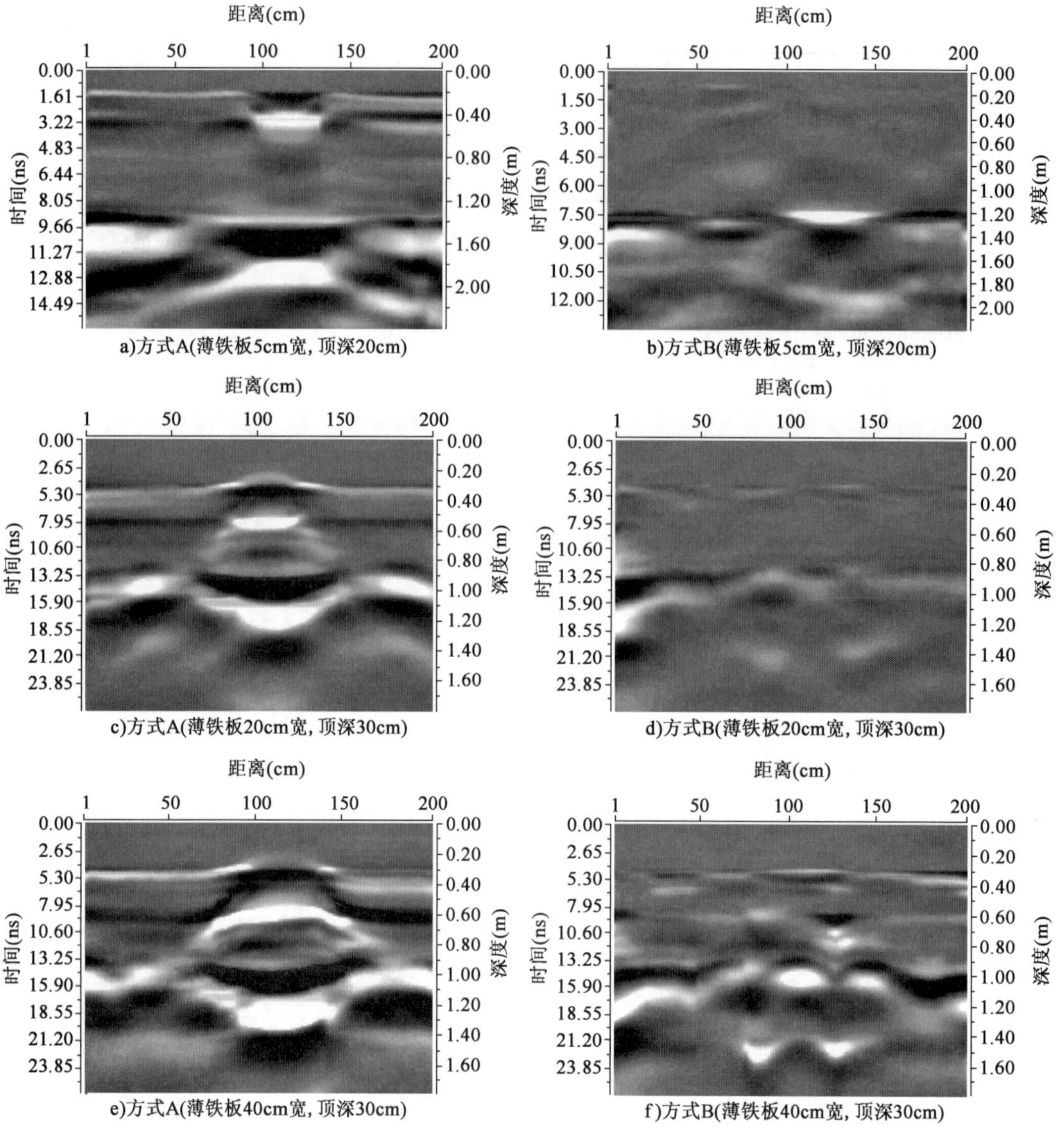

a)方式A(薄铁板5cm宽，顶深20cm)

b)方式B(薄铁板5cm宽，顶深20cm)

c)方式A(薄铁板20cm宽，顶深30cm)

d)方式B(薄铁板20cm宽，顶深30cm)

e)方式A(薄铁板40cm宽，顶深30cm)

f)方式B(薄铁板40cm宽，顶深30cm)

图3-80　300MHz、空气中、薄铁板侧立横放，改变天线方向测试

3种不同主频的天线各表现出不同的测试对比结果或特性。图3-76为采用900MHz主频天线在空气中对侧立薄铁板进行测试的结果。采用方式A时，对应异常体位置的一次散射和二次散射能量均较强，而异常波组两翼的能量则较弱，向两侧衰减很快；采用方式B时，正对异常体位置能量很弱，或几乎看不到异常显示，但其两翼的能量却很强。

图3-77为采用500MHz主频天线在干砂中对侧立钢管或薄铁板进行测试的结果。该测试结果的波形特征与图3-76中的类似。虽然采用方式A时能量略集中，显得略强，但两者的能量差异似乎不是特别地明显。图3-77b)和图3-77f)显示了采用500MHz主频天线测试时所得到的“倒麦穗”形特征波形(形如倒置的麦穗)，而且“麦穗”的形态与异常体在纵向上的延伸尺度有关：延伸越大，“麦芒”(两翼)越长。

图 3-78 为采用 900MHz 天线在水中对 ϕ25mm 钢管进行测试的结果。该测试结果虽然没有像在图 3-76 中显示的那样两者存在特征上的差别,但能够明显看出,采用方式 A 比采用方式 B 测得的异常能量更强,异常显示更明显。

图 3-79 和图 3-80 是用 300MHz 主频雷达天线测试的例子。这一测试对比最明显的差别就是异常体能量的差别,采用方式 A 进行测试比采用方式 B 进行测试对异常体的反应要明显得多。另外,对比图 3-80c)和图 3-80e)可知,对于 300MHz 天线,当异常体的大小和埋深在与天线尺寸(60cm×50cm)相仿的情况下,垂直二维异常在纵向上向下延伸越大,异常反应越明显,这比 500MHz 和 900MHz 主频的天线对异常体在纵向上的变化反应要敏感一些。

综合几种主频的雷达天线测试对比结果可知,天线摆放方向不同,测试结果差异很大。差异不仅表现在波场特征上,更主要的是表现在对异常体的反应能力上。假定测线的布置与异常体的空间走向方向垂直,则当天线发射极和接收极的连线方向与测线方向一致时,检测结果对异常体的反应较明显;反之则较弱。这一点可以指导我们在进行雷达检测时正确安置雷达天线,以获得较好的检测效果。

3.2.13　介质参数对探地雷达信号的影响

在各向同性介质中,简谐平面波的复传播常数可以表示为:

$$k = k_{\mathrm{R}} + ik_{\mathrm{I}}$$

其中,实部和虚部分别成为相位常量和衰减常量,分别表示为:

$$k_{\mathrm{R}} = \omega\sqrt{\frac{\mu\varepsilon}{2}}\left[\sqrt{1+\left(\frac{\sigma}{\omega\varepsilon}\right)^{2}}+1\right]^{\frac{1}{2}}$$

$$k_{\mathrm{I}} = \omega\sqrt{\frac{\mu\varepsilon}{2}}\left[\sqrt{1+\left(\frac{\sigma}{\omega\varepsilon}\right)^{2}}-1\right]^{\frac{1}{2}}$$

衰减常数用分贝表示为:

$$\mathrm{ATT} = 20\lg(\mathrm{e}^{k_{\mathrm{I}}}) \approx 8.686k_{\mathrm{I}}$$

另外,相位的畸变可以用以下形式来表示:

$$\mathrm{PH}_{\mathrm{err}} = \frac{k_{\mathrm{R}}}{\omega\sqrt{\mu\varepsilon}}$$

该量是对电导率为 0 的介质的真实相位的比率。

图 3-81 表示在相对介电常数为 10,电导率分别为 0.2、0.04、0.008(单位:S/m)的介质中,当频率变化时波传播产生的衰减响应。图 3-81b)是图 3-81a)对应的相位畸变。图 3-81c)和图 3-81d)是电导率相同(0.05S/m),相对介电常数分别为 5、20、40 的介质中,传播常数随频率变化的关系。

从图 3-81 可以看出,当介质参数处于一定范围内时,大约在 100MHz 频率点处,传播常数开始发生明显的变化;当频率大于 100MHz 时,对于一般的介质将满足 $\sigma/(\omega\varepsilon) \ll 1$,相应的衰减因子(ATT)和相位畸变($\mathrm{PH}_{\mathrm{err}}$)将变为不依赖于频率而变化的量($\mathrm{ATT} = 4.343\sigma\sqrt{\mu/\varepsilon}$,$\mathrm{PH}_{\mathrm{err}} = 1$)。

在电损耗(电导率不为 0)介质中,随着频率的增加,频散现象将减弱。

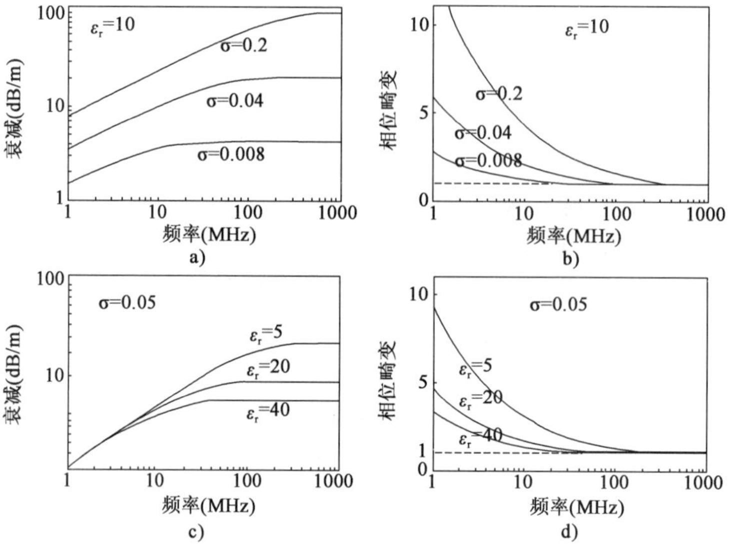

图 3-81　介质参数对电磁波传播函数的影响

第 4 章　检测仪器开发

目前市场上出售的雷达检测仪器均是一个主机配备多套天线,检测时要配带不同的天线,且主机只有一套分析软件。由于雷达能检测的功能很多达到了十多种,一套分析软件分析十多种不同的病害需要很高的水平,只有经验非常丰富的技术人员才能做到。所以,很多单位购买了雷达但不会用,成了摆设。

为了解决上述问题,根据雷达的检测功能及道路病害不同,对雷达的检测功能进行分类,共分为 9 大类;分别开发了 9 种检测仪器(图 4-1),每种仪器配置专用的分析软件,检测后分析软件通过对图像分析,直接显示检测结果,达到“傻瓜”式操作。现在 9 种检测仪器样机均已出来,有待大面积推广应用。

a)

b)

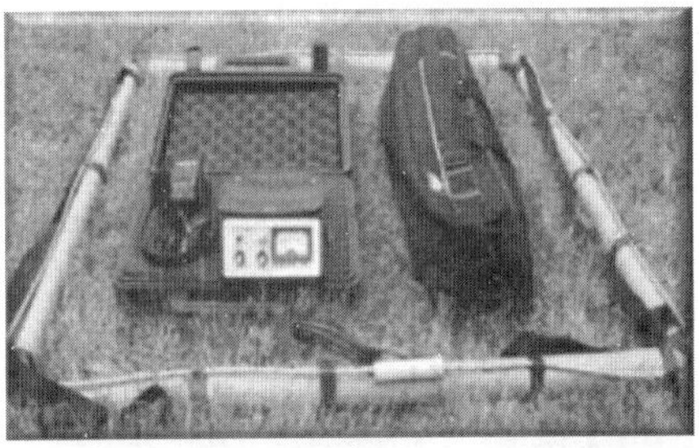

c)

d)

e)

f)

图 4-1　检测仪器

4.1 道路结构层厚度检测仪

使用雷达进行道路结构层厚度检测是雷达检测仪的基本功能。课题组采用自编的软件，对原装软件进行了优化，能直接读出检测结果，并且增加了统计功能。

由图4-2可以清楚看到公路各结构层厚度变化情况。该方法主要运用了雷达波的运动学特征。

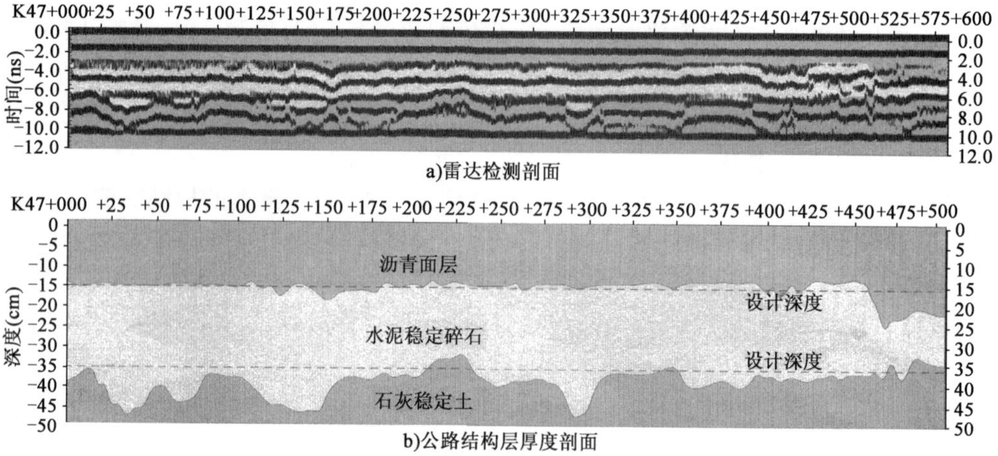

图4-2　公路结构层厚度检测

注：由于图幅尺寸所限，中间里程省略K47，下图类同。

4.2 道路结构变形检测仪

道路经常发生沉陷、结构物经常发生变形，这些病害多为隐性的，一般要采用开挖检测，检测不方便又费时。道路结构变形检测仪很好地解决了这个问题。

图4-3为路基进水引起沉陷雷达检测剖面，图4-4为路基和基层不均匀沉降雷达检测剖面。

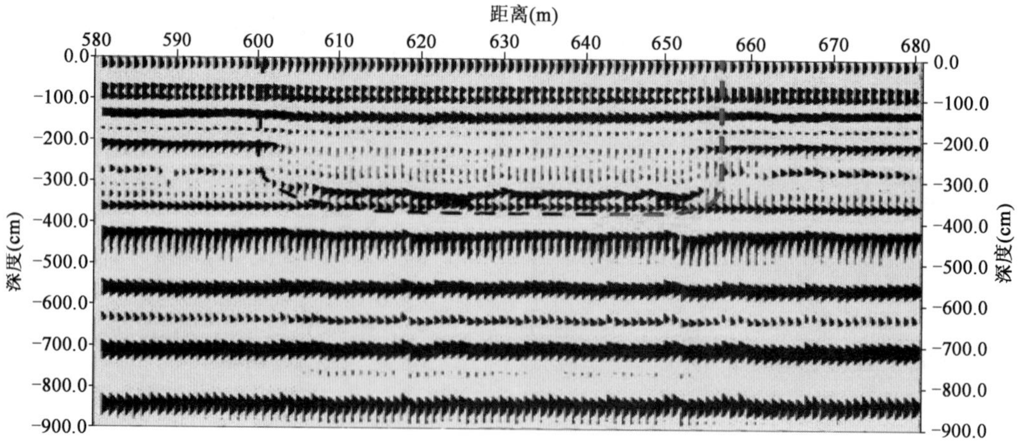

图4-3　路基进水引起的沉陷雷达检测剖面

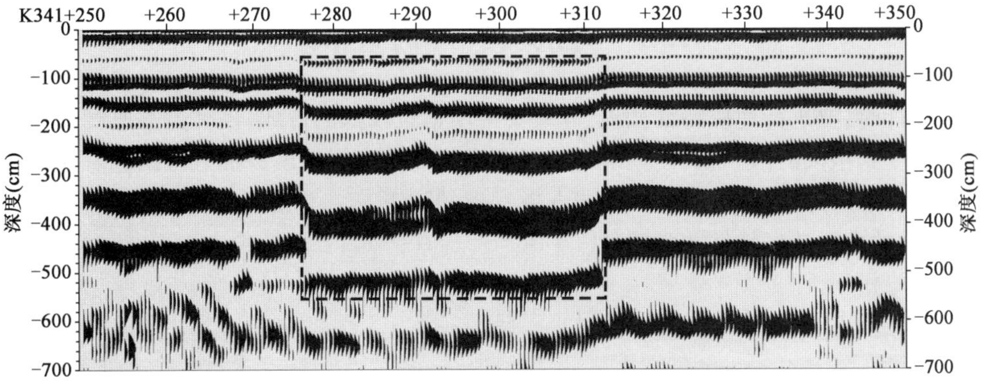

图 4-4 路基和基层不均匀沉降雷达检测剖面

图 4-5 为某大桥接引路段路基沉陷雷达检测剖面,图 4-6 路面完好,路基已产生不均匀沉降雷达检测剖面。在其雷达检测剖面上电磁波场特征明显,异常区分布范围可以准确圈定。

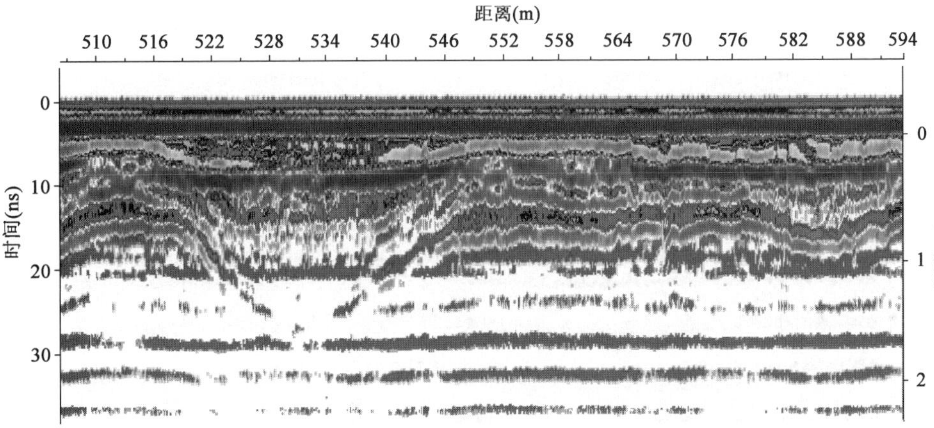

图 4-5 某大桥接引路段路基沉陷雷达检测剖面

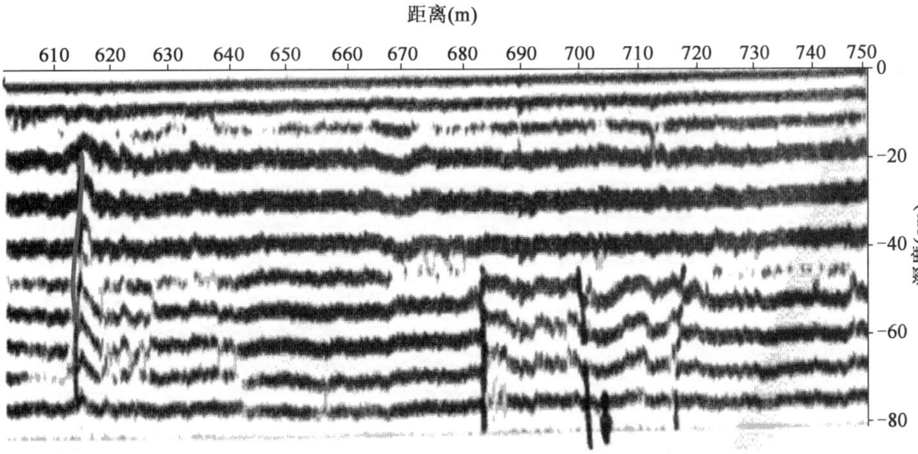

图 4-6 路面完好,路基已产生不均匀沉降雷达检测剖面

4.3 地质特征调查仪

道路设计时,要进行地质特征调查,一般要采用钻机勘探的方式,这种方式速度慢,调查的范围和数量受到很大的限制,而使用地质特征调查仪能快速对地质特征进行调查。

图 4-7 ~ 图 4-9 分别为地基土特征调查中发现的地下墓穴和古河床分布情况地质雷达剖面图,其异常的电磁波场特征非常明显。

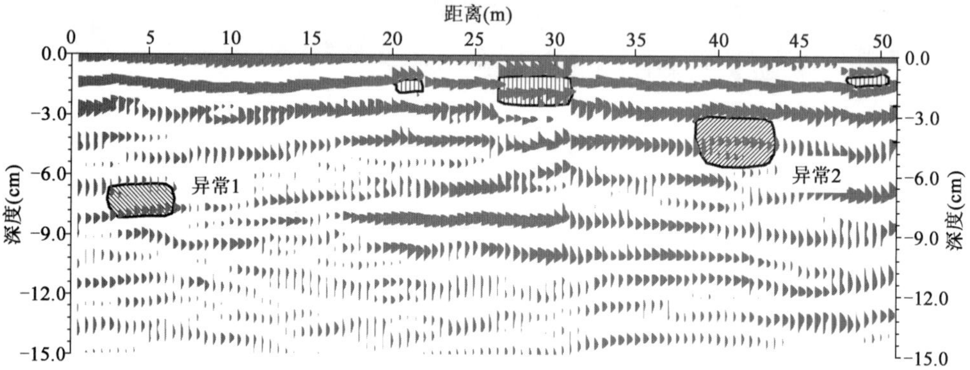

图 4-7　某高速公路 K9 +350 – K9 +400 段地下墓穴分布情况探地雷达剖面

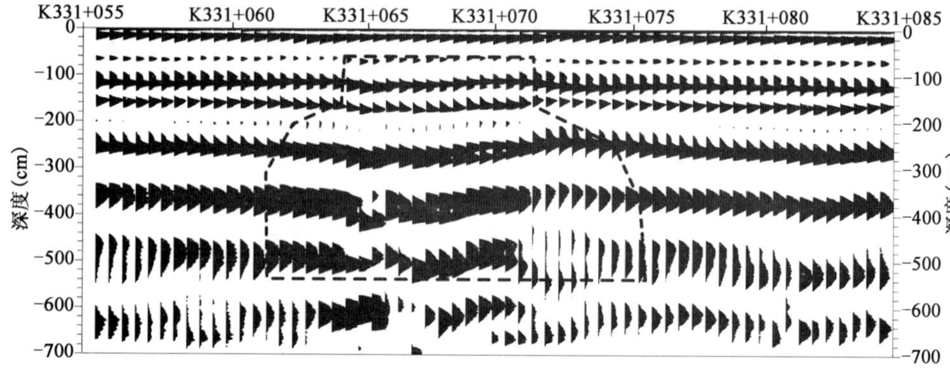

图 4-8　路基中古墓穴探地雷达剖面

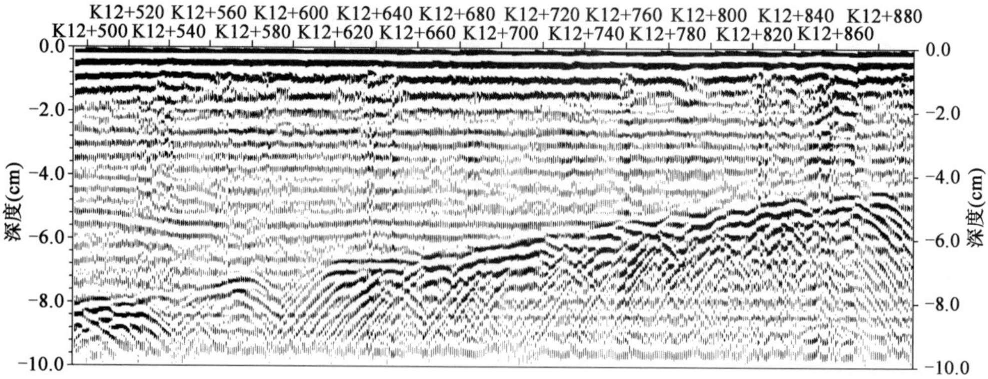

图 4-9　高速公路原状地基古河床地质雷达剖面图

4.4　路面隐性病害调查仪

我国高速公路95%以上都是半刚性基层沥青路面，沥青路面的主要病害多是由于半刚性基层引起，由于半刚性基层的特殊性和施工技术问题、施工管理问题，半刚性基层易发生裂缝、层间不连续、基层脱空、松散等隐性病害，进而引起面层病害。对于半刚性基层沥青路面，半刚性基层的隐性病害更典型、更难处理。

《道路深层病害非开挖处治技术规程》（CJJ/T 260—2016）规定，在设计及施工时要对路面隐性病害进行调查。正是基于这一要求，开发了路面隐性病害调查仪。

图4-10的中图为公路面层结构破损情况的雷达检测剖面，其异常表现与地面所见（上图）和实际开挖验证情况（下图）相符合。

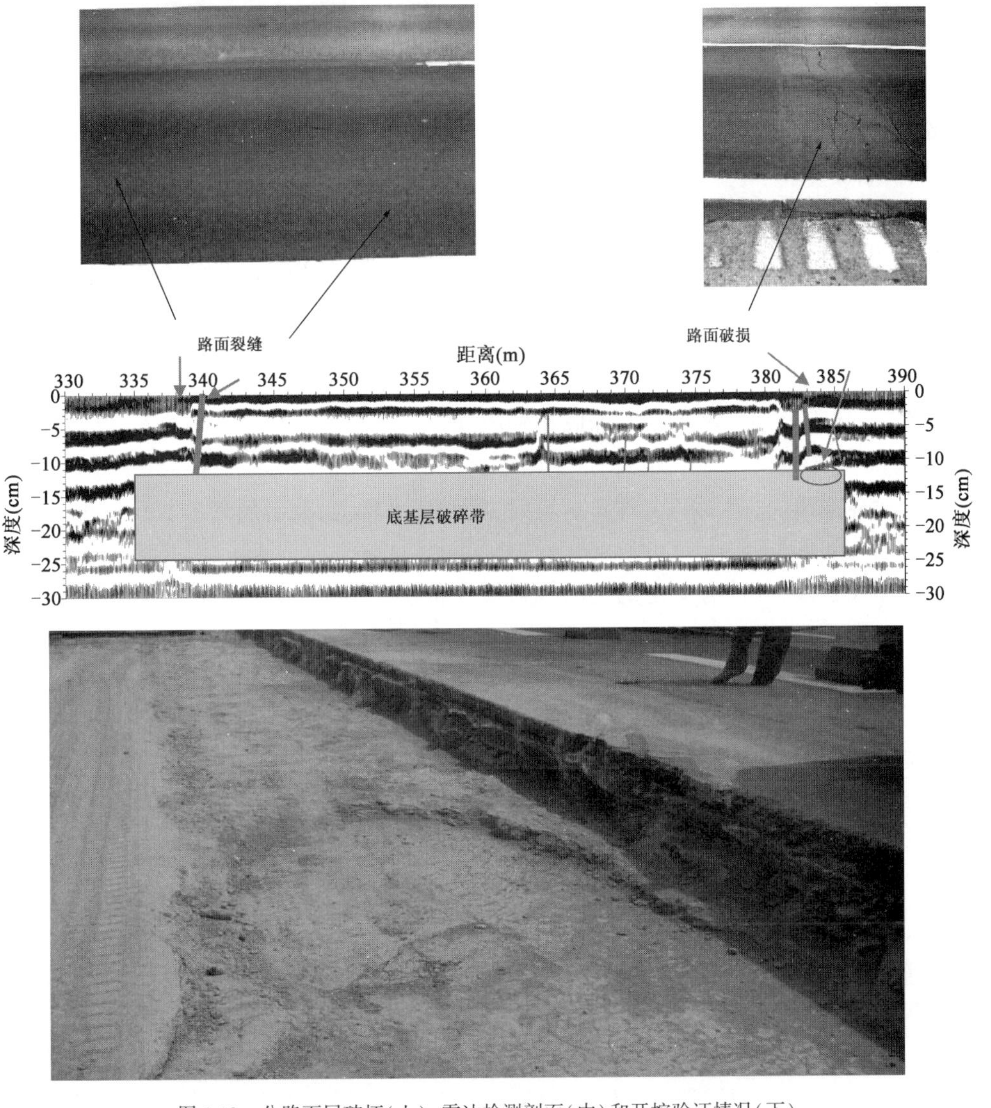

图4-10　公路面层破坏（上）、雷达检测剖面（中）和开挖验证情况（下）

图4-11为高速公路基层更换后雷达检测剖面与取芯照片,900～947段水泥稳定碎石更换为素混凝土后,其厚度明显大于原水泥稳定碎石。图4-11中明显看到底基层破碎严重,与取芯结果吻合很好。

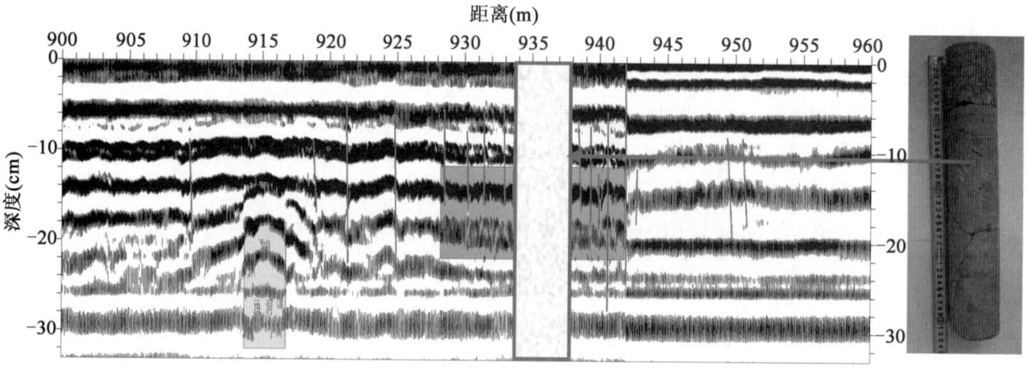

图4-11　高速公路基层更换后雷达检测剖面与取芯照片

道路隐性病害雷达检测剖面特征:

(1)路基含水带

在地质雷达图像中是强反射信号易于发现,同时,水将基础岩土中的裂隙填充,起到界面平滑的作用,以强低频反射信号为主,反射极性是负的,波长较长,幅度衰弱,呈斑云状。

(2)基层裂缝

不含水的基层裂缝雷达异常剖面图具有在裂缝处正常层面同相轴中断,幅值突然变小,或两侧同相轴产生不同程度的错动;含水基层裂缝具有在裂缝处呈现串珠状的线形异常,具有低频大幅度特征,其边界处两侧正常层面同相轴中断。

(3)路面下脱空

层间反射界面消失,界面间出现新的反射,反射强度增大,或者反射波相位发生反转。

(4)层间结合不密

具有较强反射波,并伴有一定的上凸绕射弧分布特征。

(5)基层不密实

局部出现近水平状的反射波带,或位于界面反射波处出现明显呈强反射波带。

(6)基层松散

在不均匀体边界处有连续的反射波同相轴中断或弯曲分叉,其内波长变长,波幅变化明显,反射波组特征也发生明显变化。

4.5　梁板检测仪

现有通车道路时常由于桥梁空心板顶板厚度过薄破损等原因存在事故隐患,由于钢筋干扰等原因,空心板顶板厚度检测技术一直没有大的突破。课题组从理论依据、模型试验、仪器设备、采集方法、处理技术、精细解释等多方面进行了长期的探索和实践,采用探地雷达方法成功解决了空心板厚度无损检测这个难题,总结出一套完整的探地雷达无损检测空心板顶板厚度的新方法,并开发了梁板检测仪。

(1)空心板模型

图4-12为空心板模型照片与雷达检测图像,从图像上看出,空心中加钢筋以及板间缝的波场特征都很明显。

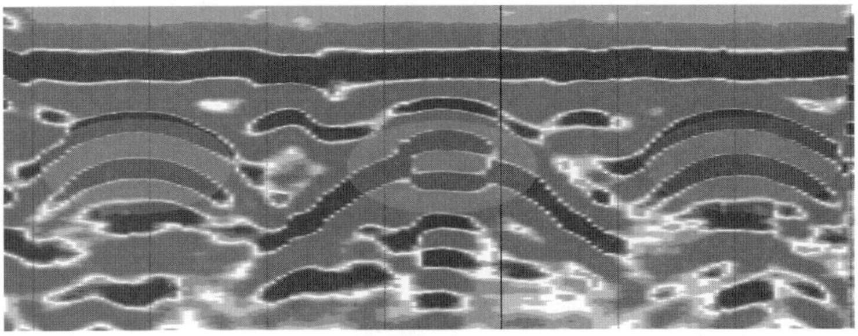

a)空心板模型雷达图像

b)空心板模型照片

图4-12　空心板模型照片与雷达检测图像

(2)公路桥空心板厚度检测

图4-13为高速公路桥梁空心板雷达检测剖面与取芯对比,空心顶部的强反射特征非常明显。其中1号芯空心板顶板厚度6.4cm,2号芯空心板顶板厚度10.1cm,3号芯、4号芯空心板顶板厚度2.5cm左右。

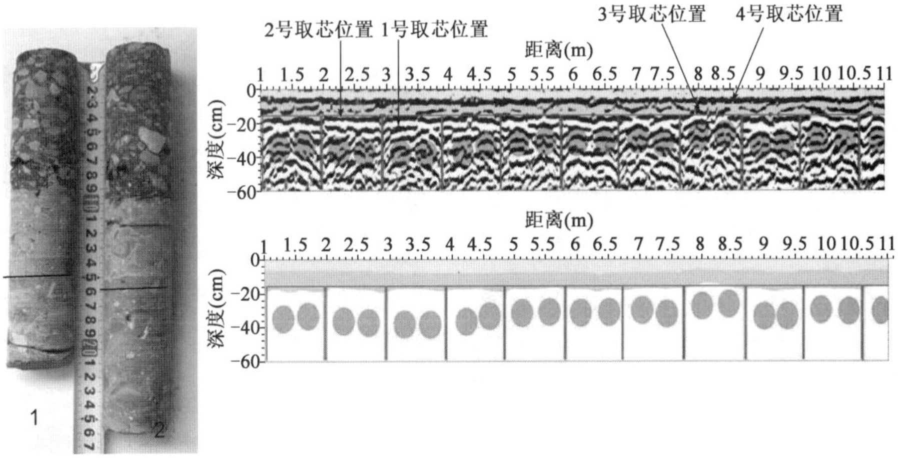

图4-13　高速公路桥梁空心板雷达检测剖面与取芯对比

图 4-14 为某公路桥空心板雷达检测剖面。该桥设计空心板顶板厚度 125mm，板上部铺装层厚度 125mm，合计 250mm，空心板为气囊充填型。与钢模型和泡沫型空心板相比，气囊充填型空心板的顶部厚度容易偏离设计尺寸，故需要检测其实际厚度。图 4-14a）是完成铺装层后做的空心板横向雷达检测原始剖面，尽管混凝土中的钢筋网对雷达有强烈干扰，13 个板顶仍可辨识；图 4-14b）常规去背景干扰后的剖面上空心的位置形态非常清楚；图 4-14c）上可以精确定出空心顶部位置与埋深。检测后在第 5 孔顶部进行了取芯，雷达成果值和取芯验证值均为 260mm，说明检测结果可信。

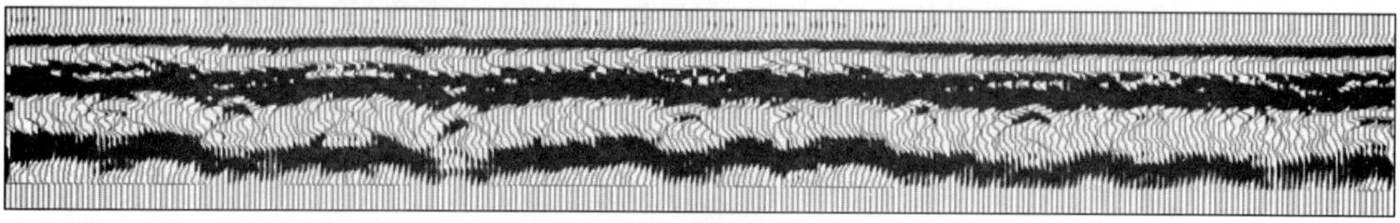
a)原始剖面

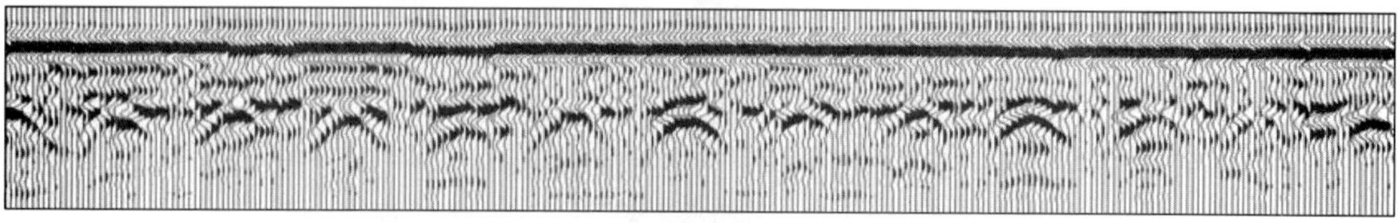
b)常规处理剖面

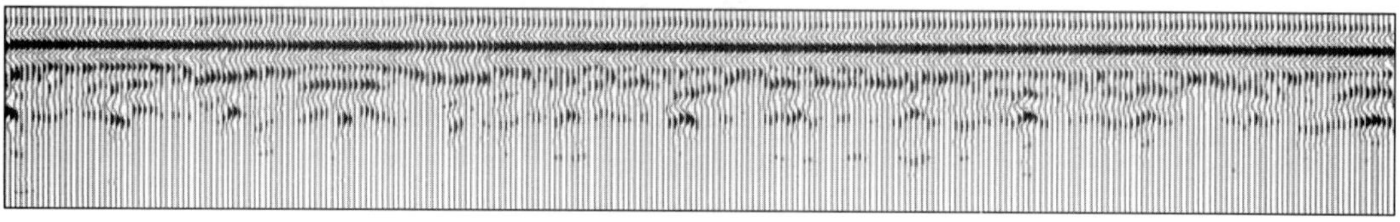
c)偏移剖面

图 4-14　某公路桥空心板雷达检测剖面

4.6　边坡隐患调查仪

道路常有高填方路段，尤其是山区道路有很多高边坡，还有隧道口，这些部位置存在极大的安全隐患（图 4-15）。在多雨季节，遭遇连续山洪，个别点出现开裂。

a)

b)

图　4-15

c)

图4-15　高填方路段及隧道口

图4-16为高边坡沥青混凝土面板隐患雷达检测剖面，可见有两处水渍，其中一处只剩粗料。

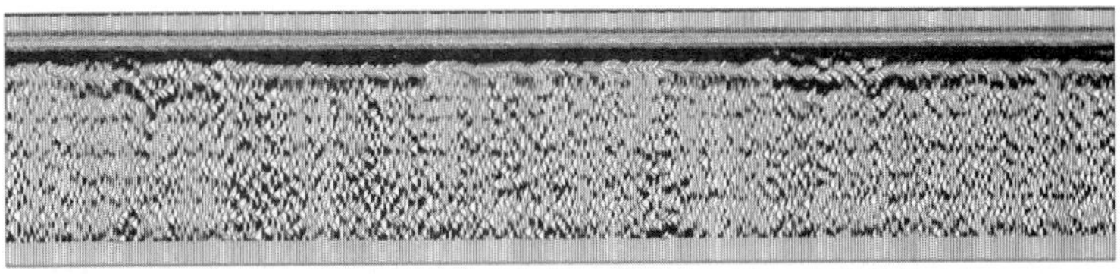

a)原始剖面

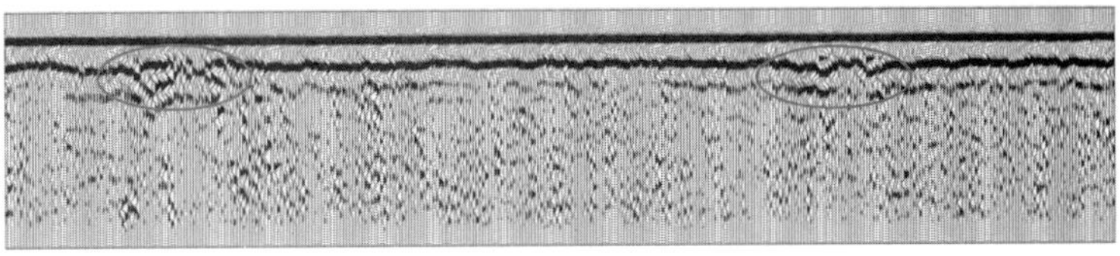

b)处理后剖面

图4-16　水库主坝坝坡面板隐患检测

图4-17为隧道口顶部隐患雷达检测的一条剖面，可见有三处脱空（虚线圈内），两处不密实（点画线圈内），开挖后得到验证。

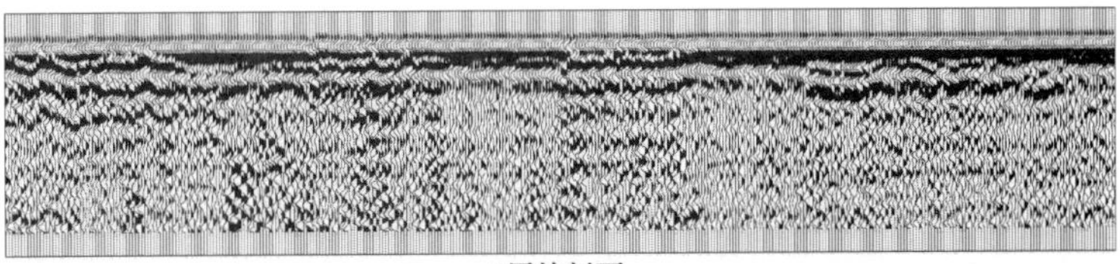

a)原始剖面

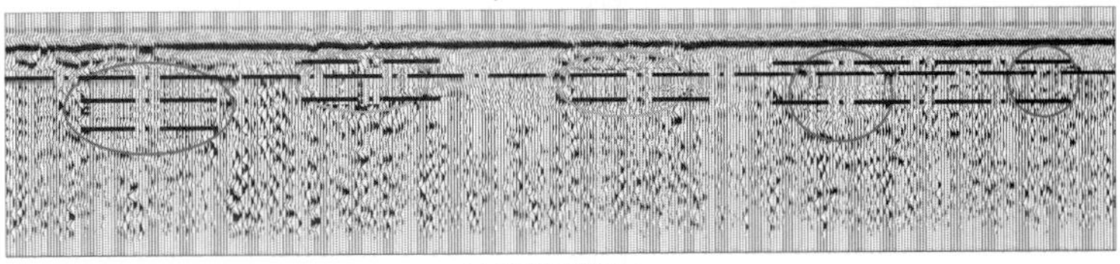

b)处理后剖面

图4-17　隧道口顶部隐患检测

4.7 隧道检测仪

随着我国公路建设的快速发展,特别是高速公路的建设改造,公路隧道工程不断增多,隧道施工安全和质量是隧道工程建设中的关键。

新建公路隧道中,衬砌是隧道的主要承载结构,也是隧道防水的重要工程,其施工质量对隧道长期稳定和使用功能的正常发挥具有很大的影响。目前,隧道衬砌常见的质量问题有衬砌与围岩结合部的缺陷、局部裂缝、混凝土强度不够、衬砌厚度不足等。

运营多年的公路隧道,普遍存在渗漏水、衬砌裂损和空隙等病害现象,主要有两方面原因:一是前期隧道施工中衬砌质量存在缺陷,或因施工缝长期漏水和渍水腐蚀等造成;二是后期地下水长期淘蚀和侵蚀,衬砌防水层老化,围岩蠕变变形等地质作用因素造成。

对新建和运营隧道,在不影响隧道施工和运营的前提下,开展以地质雷达为主的快速、准确度高的无损检测工作,可以对混凝土衬砌与围岩结合部出现的脱空、回填欠实、富水区圈定、衬砌厚度、钢骨架和钢筋的分布等进行无损检测,及时发现隐患异常,探查隐患的位置、规模及其性质。通过钻、凿验证物探成果后,制定翔实且有针对性的整治方案,布置治理施工,使隧道结构达到或高于原设计标准,对确保隧道的长期安全运营具有重要意义。

随着雷达检测技术的不断完善和隧道施工质量控制的需要,该技术现已成为隧道施工质量监控不可缺少的重要环节。

下面重点介绍隧道病害雷达无损检测技术。

4.7.1 工作原理

高频电磁波以宽频带、短脉冲形式,通过发射天线定向送入地下,经存在电性差异的地下地层或目标体反射后返回地面,由接收天线接收。高频电磁波在介质中传播时,其路径、电磁场强度与波形随着通过的介质的电性特性及几何形态而变化,故通过对时域波形的采集、处理和分析,可确定地下界面或异常体的空间位置及结构。存在电性差异是地质雷达应用的前提条件。隧道结构的层状结构和各层之间介电常数存在明显差异,能形成良好的电磁波反射界面,这是地质雷达适用于隧道结构检测的重要原因。下面简要介绍地质雷达对隧道衬砌与空洞的探测原理。

(1)隧道衬砌厚度雷达检测原理

如图4-18所示,当电磁波在地下介质中的波速为已知时,可以根据精确测得的双程走时,由式(4-1)求得衬砌的厚度为:

$$z = \frac{\sqrt{t^2 v^2 - x^2}}{2} \approx \frac{1}{2} vt \tag{4-1}$$

式中:z——反射层厚度,即衬砌厚度;

x——收发距即接收与发射天线中心的距离，是与天线有关的定值；

v——电磁波在介质中的传播速度；

t——雷达波在介质中的双程走时。

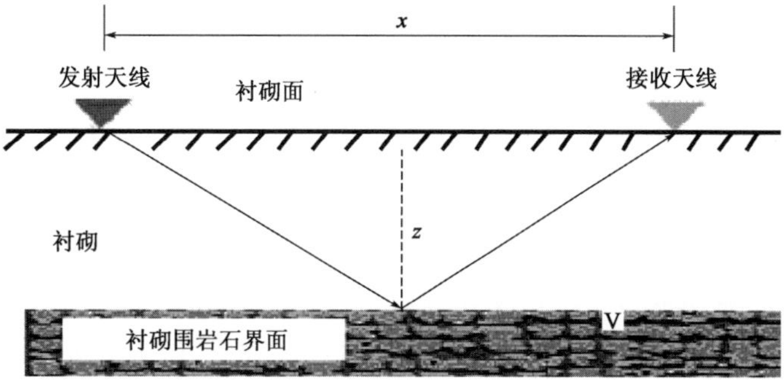

图 4-18　衬砌厚度雷达检测原理图

(2)隧道衬砌空洞雷达检测原理

图 4-19a)为电磁波反射示意图，图中仅示出点位 1、4、7 处的电磁波反射情况；图 4-19b)为空洞检测电磁波回波曲线图，1 ~ 7 点位的雷达回波曲线被称为数据道。

地质雷达并不只是探测天线正下方的目标，当地质雷达天线到达点位 1 时，地质雷达就能够接收到空洞反射回来的信号，设由空洞反射回来的电磁波行程为 S_1，双程走时为 T_1。同样我们可以假设点位 2、3、4、5、6、7 接收到的空洞反射回来的电磁波行程分别为 S_2、S_3、S_4、S_5、S_6和 S_7，双程走时分别为 T_2、T_3、T_4、T_5、T_6和 T_7。显然有：

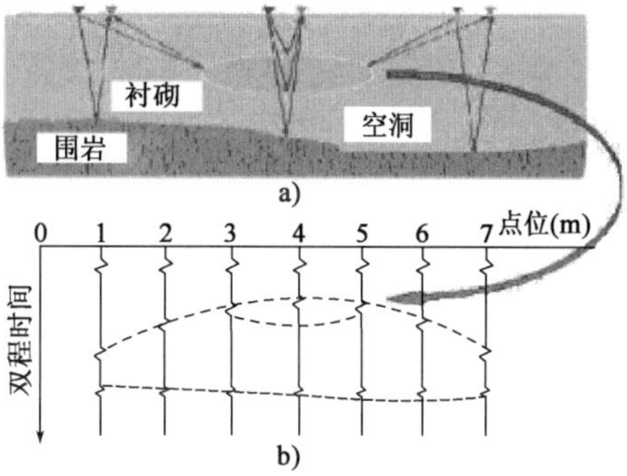

图 4-19　衬砌空洞雷达检测原理图

$$S_1 > S_2 > S_3 > S_4, S_7 > S_6 > S_5 > S_4$$

其中 S_4最小，则有：

$$T_1 > T_2 > T_3 > T_4, T_7 > T_6 > T_5 > T_4$$

其中 T_4最小。

4.7.2　确定测线位置

隧道检测一般在拱顶、拱腰、边墙和仰拱位置布置 6 条测线，如图 4-20 所示。拱腰测线在拱脚上方 0.5 ~ 1.0m 位置，边墙测线在边沟盖板上方 1.5 ~ 2.0m 位置，拱顶和仰拱测线布置在正中间。需确定回填空洞规模和范围时，应加密测线或测点。

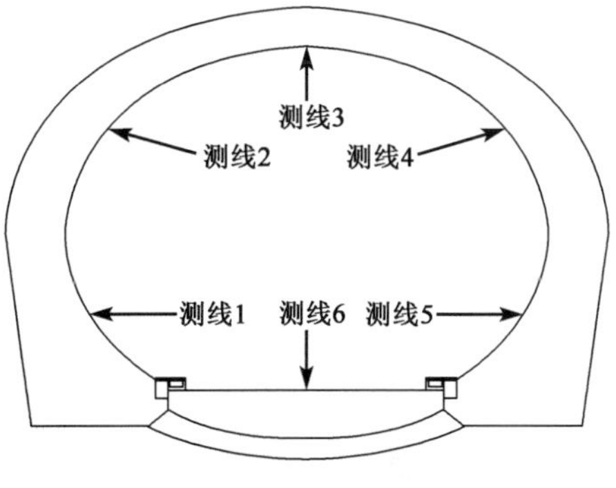

图 4-20　隧道检测断面布置图

4.7.3 选择雷达工作参数

进行现场数据采集时,需将发射和接受天线与
隧道衬砌表面密贴,沿测线滑动,有雷达主机高速发射电磁波脉冲,进行快速连续测量。测量参数选择合适与否关系数据采集质量的好坏。测量参数包括天线中心频率、时窗、采样率、测点点距等。

(1)天线中心频率

天线中心频率选择需兼顾目标体最小尺寸和天线尺寸是否符合场所需要。在满足分辨率要求且场所条件许可时,应该尽量使用中心频率低的天线。如果探测深度小于目标深度,需降低频率以获得适宜的探测深度。一般来讲,衬砌厚度小于30cm时采用900MHz天线,衬砌厚度30~70cm时采用400MHz或500MHz天线,衬砌厚度大于70cm时要考虑选用300MHz或更低频率的天线。

(2)时窗

时窗的选择主要取决于最大探测深度d(单位:cm)与混凝土的电磁波速度v(单位:cm/ns)。时窗W(单位:ns)可由下式计算:

$$W = \frac{2d}{v}$$

实际工作中,时窗的选用值要增加50%,作为混凝土速度与目的层深度变化所留出的余量,一般将主要目的层的反射相位放在图像上方1/3的部位。

(3)采用率

采样率是记录的反射波采样点之间的时间间隔。采样抽取的原则应满足尼奎斯特(Nyquist)采样定律,即采样频率应大于信号频率的两倍($f_s \geqslant 2f_a$)。

(4)测点点距

测点点距根据需要解决的地质问题决定,一般每个异常体必须有5条以上的扫描道通过。

(5)距离记录方式

隧道检测应采用测量轮控制距离,每隔100m进行一次距离校准。

4.7.4 雷达图像分析

(1)衬砌厚度

图4-21是某隧道的探地雷达成果图,图中各层反射面完整、清晰,由此可看出,混凝土衬砌密实,质量较好。由图4-21可以读出,点2双程走时为8ns,求得电磁波在介质中的传播速度为0.1m/ns,根据式(4-1)可以得出A点所处位置的衬砌混凝土厚度为40cm。

(2)隧道衬砌中的钢筋分布

图4-22中钢筋的特征明显。雷达波从混凝土层进入钢筋,波速近乎为零,即从高速介质进入低速介质,从光疏介质进入光密介质,其反射波振幅与地面反射波同向,电磁波的传播速

度为0.1m/ns。从图4-22中还可以看出,钢筋位置的双程走时为6.5ns,由式(4-1)可知该钢筋位于衬砌内32.5cm处,结合设计资料,其处于隧道初期支护(简称初衬)中,钢筋网背后没有空洞。

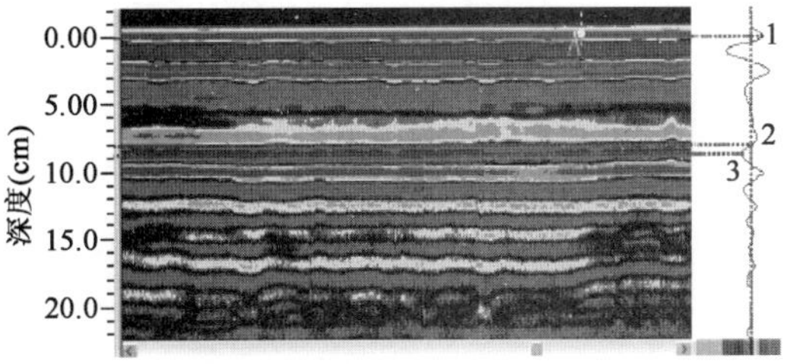

图4-21　衬砌检测雷达检测图

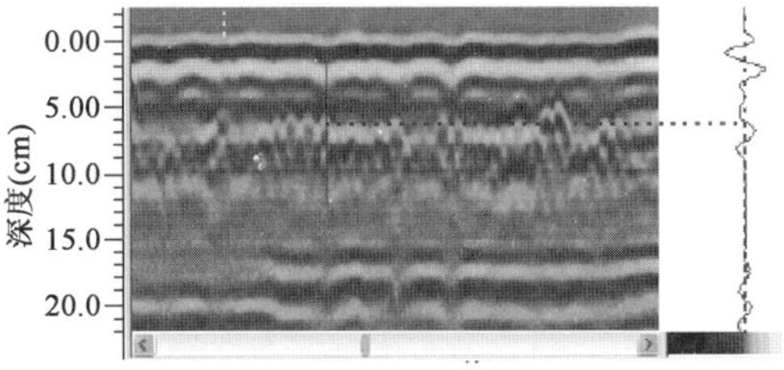

图4-22　衬砌钢筋网分布雷达检测图

图4-23是衬砌钢格栅分布雷达检测图,图左部为钢筋网,钢筋网中的钢筋间距小;图右部为钢格栅,钢格栅间距0.8m,排列不整齐,表现为抛物线形式,其宽度和幅度远大于钢筋网的反映。由此可区分钢筋网和钢格栅。

(3)衬砌空洞

图4-24为某隧道右洞左腰位置围岩与初衬的空洞雷达检测剖面图,图右为图中竖向直线的单道波形图。图4-24中圈中位置雷达反射波振幅大,频率较高,且其反射波与地面波反向,为空洞缺陷典型波形图。图4-24中所指空洞位于距衬砌混凝土层42cm处,空洞竖向尺寸最大达到46cm。

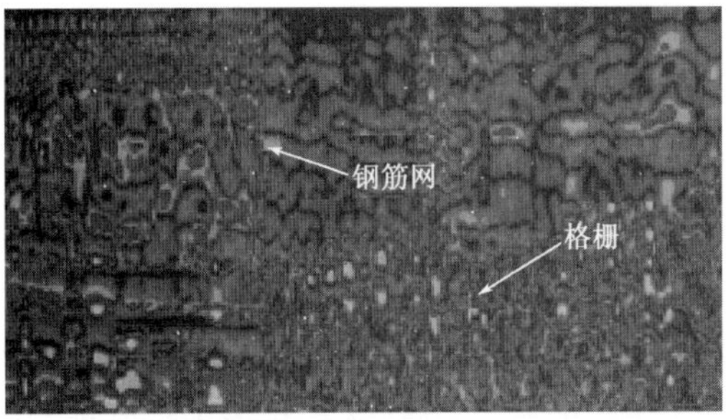

图4-23　衬砌钢格栅分布雷达检测图

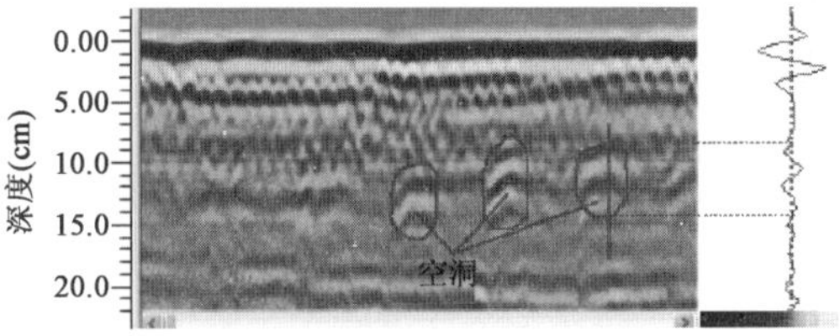

图4-24　隧道衬砌中的空洞分布雷达检测剖面图

(4)衬砌混凝土与围岩之间的层间脱空

图4-25为某隧道右洞左腰位置衬砌混凝土与围岩之间存在脱空缺陷的雷达检测剖面图。雷达波由混凝土进入空洞层,反射波与地面波反向,如图中的点1。雷达波由空洞区进入围岩时,反射波与地面波同向,如图中的点2。图中竖向位置的径向脱空的双层走时即点2与点1双程走时之差,为7.5ns,雷达波在空间中的传播速度为0.3m/ns,由式(4-1)计算可得空洞层竖向尺寸为112.5cm。

(5)隧道衬砌不密实

图4-26是某隧道左边墙位置扫描得到的雷达剖面图,图中钢筋网的特征明显,能够清楚

辨别。圈中部位同向轴杂乱，表明隧道衬砌内存在不密实缺陷。

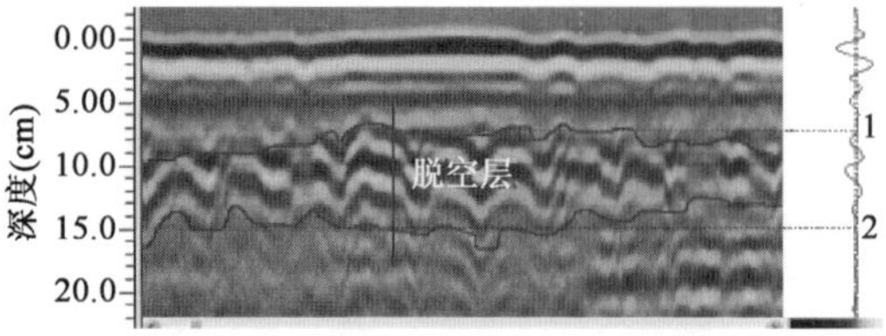

图 4-25　衬砌混凝土与围岩之间的层间脱空雷达检测剖面图

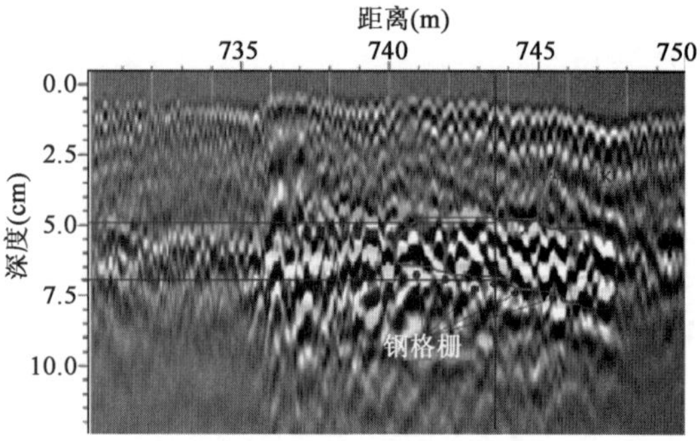

图 4-26　隧道衬砌不密实雷达图

(6)空洞积水

在剖面图 4-27 的 7.5～15ns 的空间范围内，可以发现一高亮低频区域，且其反射波与地面反射波同向，结合地质资料，判定为积水区域，并存在少量富水裂隙。积水与衬砌混凝土的分界位置即为对应的 *A* 点单道波形图的点 2，*A* 点的积水深度由式(4-1)计算为 11.2cm。

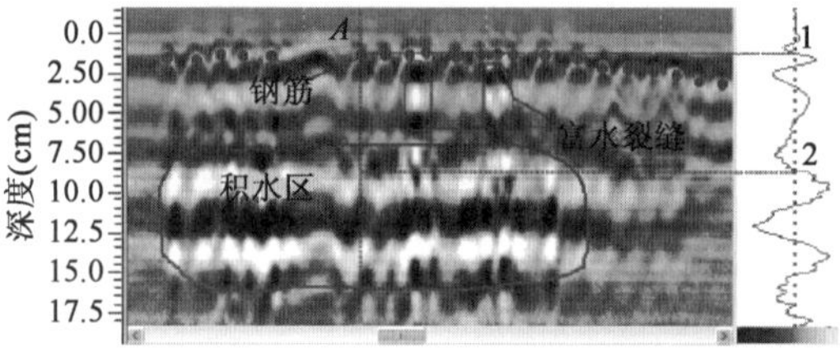

图 4-27　隧道空洞积水雷达图

探地雷达可以检测隧道不规则岩面和初衬之间、初衬和二次衬砌之间是否存在空洞或空隙；初衬和二次衬砌的衬砌厚度是否符合设计要求；钢骨架和钢筋的分布是否符合设计要求；锚杆长度检测等。由于隧道周边结构的非均匀性很强，如钢筋网、空洞等很多非均匀体的电磁波场特征非常复杂，散射波发育，表现为多种波场的干涉叠加，很难直接从探地雷达检测的原始剖面上识别解释，为此我们自行开发了相关软件，对原始剖面进行去噪与成像处理，使绕射波偏移归位，去除干扰背景，突出异常体的波场特征，使其精确成像。

图 4-28 为某隧道初衬边墙部位的空洞检测剖面，重新注浆时最大注浆量达 8m^3。图 4-29 为某隧道初衬墙部位的钢筋网检测剖面(处理后)，钢筋分布准确位置清晰可见。图 4-30 为某隧道拱顶空洞检测剖面(处理后)，可以看到空洞的准确位置。

图 4-31 为某隧道拱腰片石回填不密实检测剖面(处理后)，片石非均匀性较强，与围岩的电磁波能量差异也较强。图 4-32 为某隧道仰拱钢筋及空洞检测剖面(处理后)，白色异常部位表现为脱空。

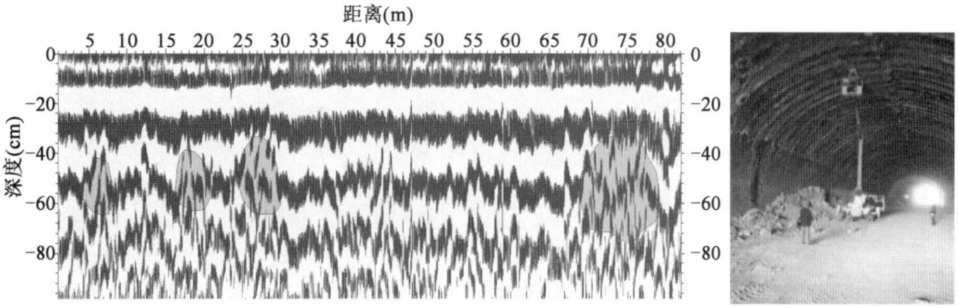

图 4-28 某隧道初衬边墙部位的空洞检测剖面

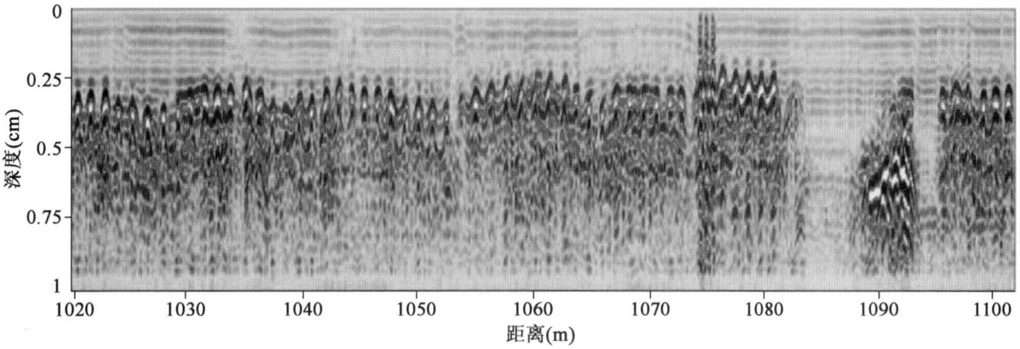

图 4-29 某隧道初衬墙部位的钢筋网检测剖面(处理后)

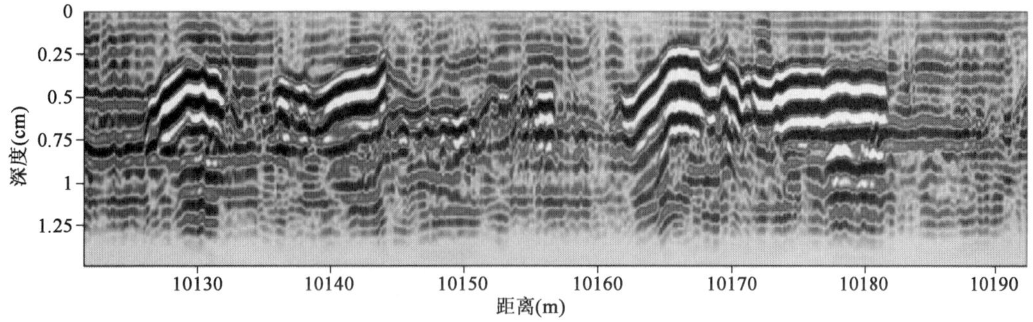

图 4-30 某隧道拱顶空洞检测剖面(处理后)

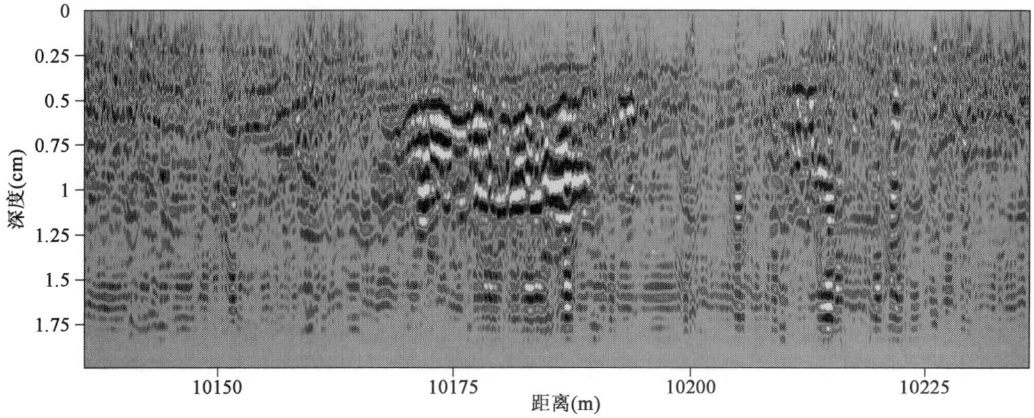

图 4-31 某隧道拱腰片石回填不密实检测剖面(处理后)

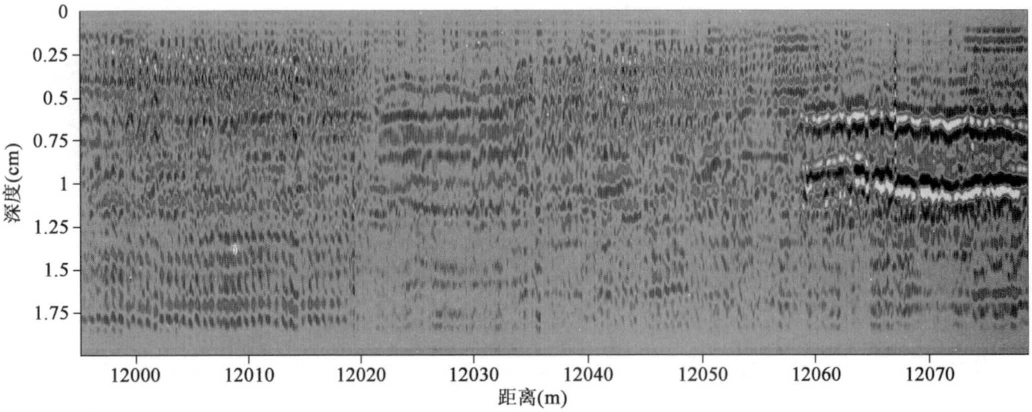

图 4-32　某隧道仰拱钢筋及空洞检测剖面(处理后)

4.8　裂缝检测仪

随着裂缝焊接技术的推广应用,裂缝检测显得尤其重要,没有裂缝检测技术就不可能有裂缝焊接技术。根据已有研究,在国内外首次开发研制了裂缝检测仪,该仪器经过三代的进步,已非常成熟可靠,并且已推广应用到工程施工中(图 4-33)。

图 4-33　现场检测裂缝

为验证该研究中的理论分析、数值模拟和物理模拟的正确性,将探地雷达技术有效用于实际工程检测,以现有实际工程项目为依托,进行现场检测实验是必不可少的。现场检测试验选择了国内某新修建完成的高速公路 1km 路段。路段情况如下:

该高速公路结构层设计如图 4-34 所示。其基层为 34cm 厚的水泥稳定碎石层,分上、下两次摊铺完成。所选试验路段,由于某些未知原因导致在摊铺面层之前基层已出现较多的横向开裂。为便于以后跟踪观察、养护和治理,建设项目部工程处对已经出现的横向裂缝的位置和宽度均做了详细记录。面层摊铺后 3 个月,外观检查良好,没有发现任何裂缝的迹象。项目部工程处为跟踪观察基层横向裂缝的目前发育状况,看原有裂缝是否继续变宽,是否又有新的裂缝出现,特委托河南省路通物探科技开发有限公司对该路段进行雷达测试。

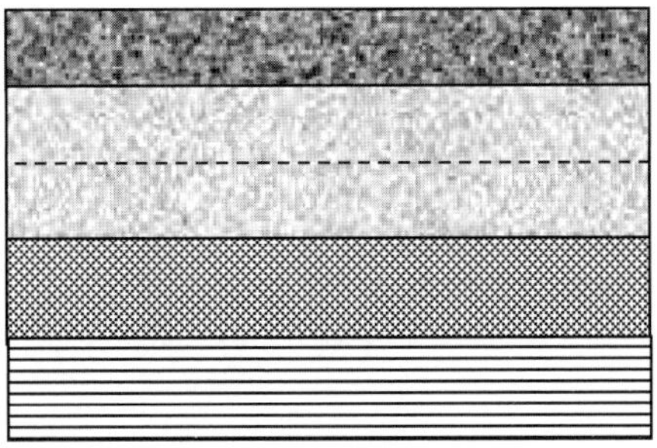

图 4-34　河南省某高速公路结构层设计厚度及材料

4.8.1　采集参数设计与试验选取

对地下隐含裂缝的检测与常规的雷达检测相比有很多区别。常规的雷达检测,以高速公路为例,主要包括结构层厚度、路基下沉、路基含水量增加、层间脱空、基层破碎等,涉及的检测目标体在横向上有较大的尺度,便于进行横向识别。常规检测时,根据地下目标体的埋深范围选取相应主频的雷达天线,一般采用地面耦合方式,空间采样点距为 0.2 ~0.5m;而地下隐含裂缝则不同,它在横向上的尺度很小,一般不超过 2cm,对于这样小尺度的异常体,若仍按常规的方法和采集参数进行检测,则多半异常目标会被漏掉,或偶尔检测到一两个异常也很难判定其真实性。所以,为达到对所有异常目标(裂缝)毫无遗漏地采集并获得较好的检测效果,对采集方法和参数的考虑和试验是很有必要的。

(1)雷达天线类型的选取

前面已经提及,雷达天线分很多类型,如屏蔽天线、非屏蔽天线(包括平板式天线、棒状天线)及采用空气偶合的喇叭形天线等,可根据检测目的不同进行适当选取。一般来讲,非屏蔽形天线(包括平板式天线、棒状天线等)的探测深度较大。进行数据采集时,要求其发射和接收两个极板(极棒)之间的距离(偏移距)设置较大。但由于其非屏蔽性,来自整个上半空间很强的电磁干扰也会被接收并记录下来。该类型天线较适于探测地下较深、横向上具有较大尺度的异常体,如路基沉陷、含水量偏大等,不适用于对道路基层裂缝的探测;采用空气耦合的喇叭形天线属于高频天线系列。其探测深度很浅,一般不超过 30cm,也不适用于裂缝检测。所以,在排除了这些类型的天线后,只能选择屏蔽天线了。

(2)雷达天线主频的选取

屏蔽型探地雷达天线系列中,从 300 ~1000MHz,其主频与探测深度之间有很好的对应关系。一般来讲,天线主频越低,探测深度就越大。而主频又与其整体尺寸有关:主频越低,整体尺寸也越大,对应的收发偏移距也就越大。由于探地雷达天线为偶极极化天线,发射极化波的强度随发射角度而变。当雷达天线正对下方时,它在垂直方向上的发射强度最强,偏离垂直方向后逐渐减弱。所以,当某天线的探测深度较大时,并不意味着它也能兼顾浅层;相反,探测深度越大,其收发偏移距越大,对浅层的探测能力也就越差。图 4-35 示意了雷达天线频率、收发偏移距与地下可探测范围和最佳探测深度之间的对应关系。图 4-35 中 4 个带阴影的矩形框定的范围对应每种天线的地下可探测范围;A、B、C、D 对应着每种天线的最佳探测深度点。

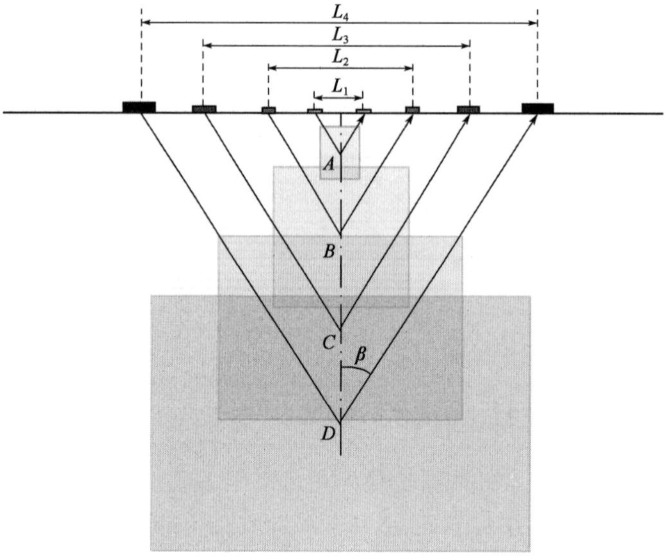

图4-35　雷达天线频率、收发偏移距、地下可探测范围和最佳探测深度关系示意图

在前面的讨论中，为将问题简化，均假设雷达天线的收发偏移距为零，但实际的雷达天线收发偏移距均不为零。对于非零偏移距的情况，假定存在如图4-35所示的可探测范围和最佳探测深度的概念。可探测范围和最佳探测深度依赖于地下介质对雷达波的吸收衰减情况，不能一概而论。利用该图示可以选择合适频率的雷达天线，但在问题还没有真正搞透彻之前最好不要盲目通过定量计算来选择。

有了以上认识并结合以往在类似情况下检测经验，各种天线的最大探测深度和最佳探测深度最好的选择方法就是，通过现场试验来确定。根据试验结果，500MHz的天线对16～50cm深度段的反应效果最好（从异常能量和横向分辨能力综合考虑）。

（3）横向采样间隔

横向采样间隔大小的选择对于是否能成功实施和检测基层中隐含的横向裂缝非常关键。裂缝的最大宽度一般不超过2cm。前面讨论过，对于垂直裂缝，只有当仪器位于其正上方时才能得到最强的散射信号，向两侧则快速衰减。如果横向采样间隔选择过大，很多裂缝有可能会被漏检；而如果选择过小，又会影响采集效率，进而涉及很多其他问题。因为在车辆通行的情况下，在高速公路上进行慢速移动作业存在相当的风险：一是无法进行交通管制，二是因强行占道很容易引发交通事故。所以，如何用最短的时间来完成外业采集也很关键，是必须考虑的实际问题。

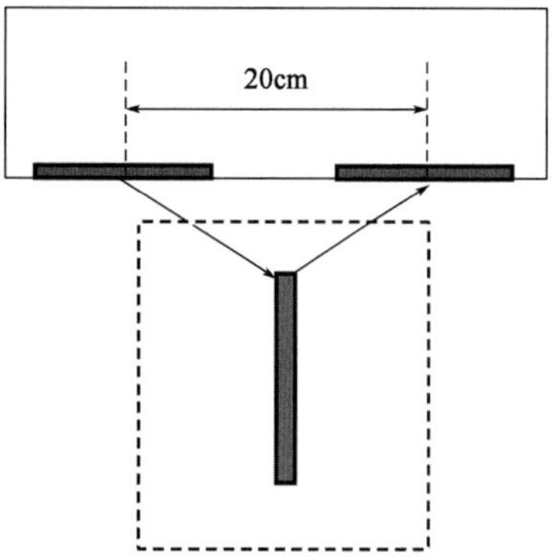

图4-36　收发偏移距与可检测范围（以500MHz天线为例）

前面虽然说到，采用探地雷达检测垂直裂缝时，只有当天线位于裂缝的正上方时异常信号才最强，当天线偏离异常时，信号急剧衰减。但实际上雷达天线收发偏移距不为零，如500MHz主频的天线，其收发偏移距为20cm（图4-36），在其垂向可检测范围内，横向可检测范围至少不小于

20cm。在该范围内,只要存在裂缝,就一定会被雷达波射线穿透。据此,一个地下裂缝,当其刚好位于500MHz 雷达天线的可检测范围内时,它被天线有效跨越的距离至少为天线收发间距的2倍。若用 L 表示天线收发间距,Δx 表示横向采样点距,N 表示对垂直裂缝的可记录道数,则有 $N=2L/\Delta x$。如对于500MHz 雷达天线,当 $\Delta x=5$cm 时,$N=8$;当 $\Delta x=20$cm 时,$N=2$;而当 $\Delta x=50$cm 时,$N=0.8$。很显然,当 $N\leqslant 1$ 时,属于有可能被漏检的情况。实际检测表明,N 值不宜小于4(选择4的理由是:一个事件的偶然出现若连续超过了3次,就有足够的理由认为存在异常情况)。

所以,若已知某天线的收发间距为 L,设计对横向微裂缝的可记录道数不小于 N,满足 N 值的采样点距为 Δx,则有

$$\Delta x \leqslant \frac{2L}{N} \tag{4-2}$$

若取 N 为4,则有 $\Delta x\leqslant L/2$。在现场检测试验中,设计对横向微裂缝的可记录道数 N 不小于8,选择500MHz 天线时横向采样点距为5cm。

其实,对于工程构筑物或构件,特别是混凝土材料构件,如高速公路混凝土结构层,一旦产生裂缝,裂缝表面的混凝土材料就直接暴露于空气或水中,在外界空气、水和温度变化的直接侵蚀作用下产生蚀变,形成蚀变带(图4-37)。位于蚀变带内的材料因蚀变程度不同,具有非均质电磁特性,在电磁场的作用下可显示较明显的异常。该非均匀条带的宽度较实际裂缝的宽度要大,所以,对于裂缝来说,特别是开裂时间较长的裂缝,它所引起的异常要比外观宽度的裂缝引起的异常更强、更明显。

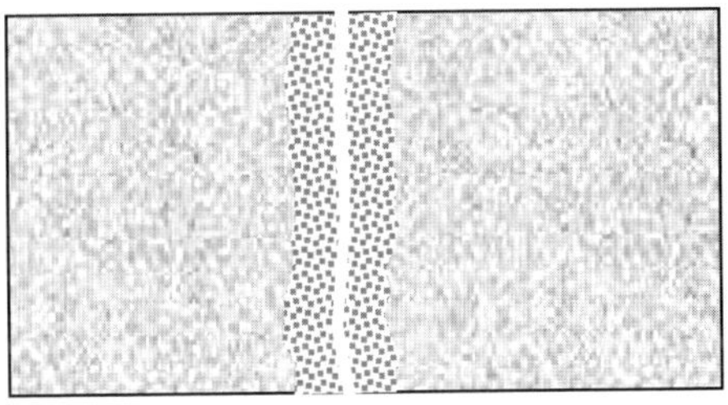

图4-37 混凝土裂缝及其蚀变带示意图

(4)天线方向

由于要检测的裂缝是属于垂直于公路行进方向的横向裂缝,所以测线的布置理当沿公路方向。前面通过物理模拟试验已经证实,所用的500MHz 雷达天线试验其方向差别时,“方式A”和“方式B”能量差别不大,但波场特征差别很大,其中采用方式B可得到特殊的“倒埋穗”波形,由“倒埋穗”的形态(“麦芒”的长短)还可帮助我们大致判别异常体在纵向上的延伸大小。所以试验确定采用方式B安置天线。

(5)其他参数

其他参数包括每扫描样点数、时窗长度、垂直叠加次数等,只需按常规检测确定即可。这里每扫描样点数取512,时窗长度取30ns,垂直叠加次数取4次。

综上所述,针对某高速公路基层隐含裂缝的现场检测试验方法和主要采集参数为:采用屏蔽型500MHz 主频的雷达天线,横向采样间隔5cm,天线方向为两个极板连线方向与测线方向垂直(与裂缝发育方向平行),采用地面耦合方式,耦合距离2cm,每扫描样点数512,时窗长度30ns,垂直叠加次数4次。

4.8.2 现场资料采集

采集因素确定后,现场资料采集是很简单的,在采集过程中要特别注意安全问题。首先要

征得有关交通管理部门的同意和配合，同时采取一些必要的防范措施，如在检测车后安装醒目的警示标志、检测人员着交通信号服、配备停车锥形标，如果条件许可，最好能有交警车在后面护航等，以充分保证外业施工安全。

在以上安全措施的保证下，在试验选定的1km路段上，仪器沿左幅紧急停车带连续扫描一遍，即完成外业实验检测，整个过程大约需要半个小时。

4.8.3 试验资料处理

(1)标准化：把实际采集记录的非标准点距标准化为标准点距。

(2)零点调整：把零时刻以前的记录切除。

(3)动校正：把非零偏记录校正为零偏记录(自激自收)。

(4)去除背景：突出异常。

(5)时深转换：将时间剖面转换为深度剖面。

4.8.4 试验资料分析

经过以上数据处理，得到深度剖面。考虑到总剖面较长，裂缝也较多，限于篇幅，这里只针对裂缝摘选部分剖面段进行显示。下面根据第3章关于裂缝的电磁波响应特征的论述，对剖面中显示的异常进行分析解释。

为便于剖面解释，在剖面中添加了几个简单的符号，其意义如下：

箭头：箭头所指的位置为裂缝的上端点位置。

椭圆：被椭圆圈定的裂缝为在摊铺沥青碎石面层以前已经被记录在案的老裂缝。

矩形：被矩形圈定的裂缝以前没有记录，可能属于摊铺面层后出现的裂缝，或者裂缝早已存在，但在摊铺面层以前从基层表面观察不到(上端没有裂穿基层，当时属于隐含裂缝)。

(1)裂缝的识别

为了在横向比例尺尽可能接近的情况下比较数值模拟、物理模拟和现场检测试验结果中裂缝异常的电磁波响应特征，将前面的数值模拟和物理模拟剖面，按实际检测剖面的横向比例尺进行压缩，结果如图4-38所示。

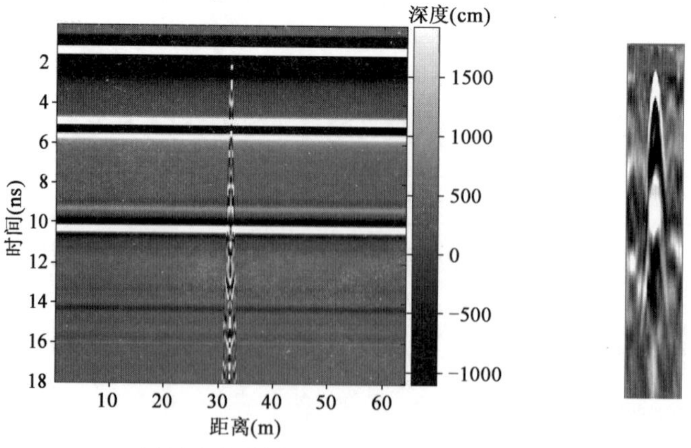

a)多层均匀介质中的数值模拟　　b)干砂中的物理模拟

图4-38　裂缝的数值模拟与物理模拟剖面

在针对裂缝采集的雷达检测剖面上,裂缝异常特征特别明显,表现为垂直的黑白相间的"斑马条"。前面已经对"斑马条"形成的原因进行了详细的分析,这里不再赘述。"斑马条"的宽窄直接反映了裂缝的宽窄,"斑马条"的上端点对应裂缝的顶端位置。由于垂直裂缝的多次散射波能量特别强,裂缝的底端深度很难直接确定,做动平衡处理后可较好确定。如图4-39左边的裂缝是一条新发育的裂缝,自基层顶面向下开裂,但还没有裂穿基层,否则,在底基层中应能看到明显多次波"斑马条";而右边的裂缝不但向下很可能已裂穿基层,进入底基层,而且肯定已开始向上发展,因为剖面上清楚地显示出裂缝的顶端已进入面层的时窗范围。可见,该裂缝在面层摊铺后仍在发育。图4-39～图4-46的剖面中编号为1～7号的裂缝均属于摊铺面层后仍在发育的裂缝,而且已将面层下部撕裂并向上发展。

裂缝的发育总是遵循从无到有、从窄到宽的规律。当水泥稳定碎石基层在某种力的作用下出现断裂后,随着时间的推移,裂缝会逐渐扩张、加宽。若面层与基层之间的结合非常紧密,首先是面层的下部,在裂缝的位置会受到拉张力的作用。当拉张力大到一定程度时就会把面层的下部撕裂。又因为沥青面层属于柔性材料,在这种力的缓慢作用下不会出现瞬间完全断裂,而是有一个缓慢的发育过程,所以,在时间较短的情况下,不可能从路表面观察到面层裂隙的存在,但在面层的下部,很多地方已经有裂缝开始向上延伸。

另外,大多数裂缝都表现为上窄下宽的渐变趋势,如图4-47剖面中的裂缝,这一特征表现得就尤为突出。一般情况下,这并不代表着裂缝上窄下宽,而是因为第一菲涅尔带的宽度随深度增加而增大。第一菲涅尔带越宽,对应的跨越距就越大,采用同样的点距能记录到裂缝异常的道数越多,在剖面上显得裂缝越宽。这种宽窄的变化在浅层表现得更突出。

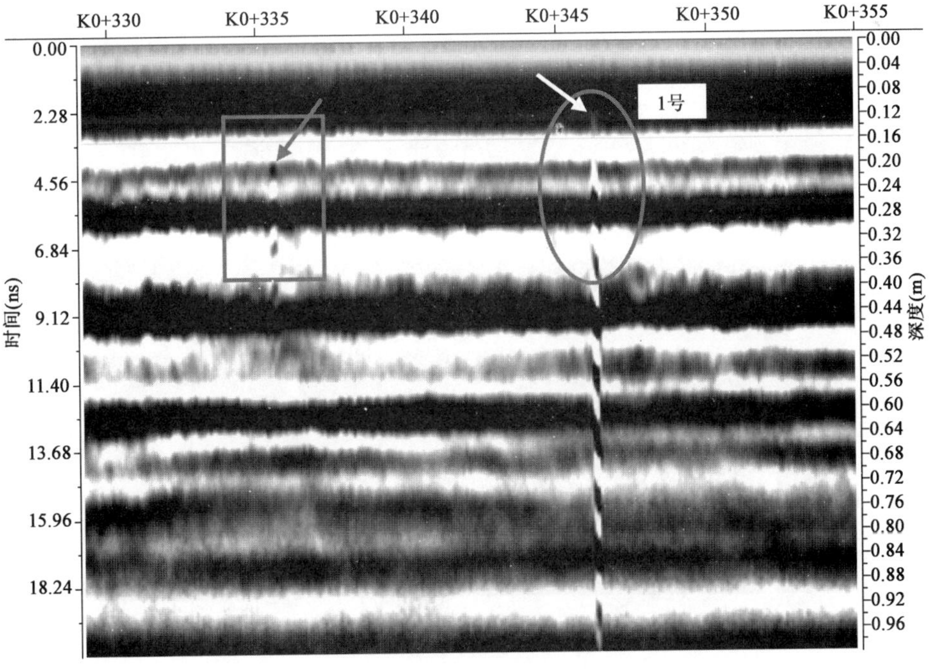

图4-39　雷达检测公路裂缝剖面(1)

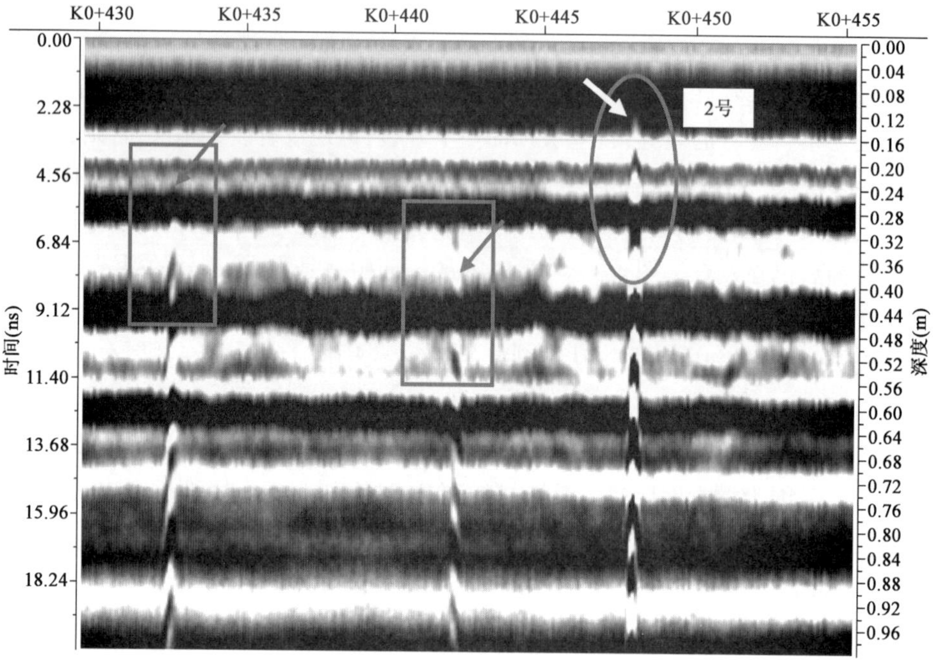

图 4-40　雷达检测公路裂缝剖面(2)

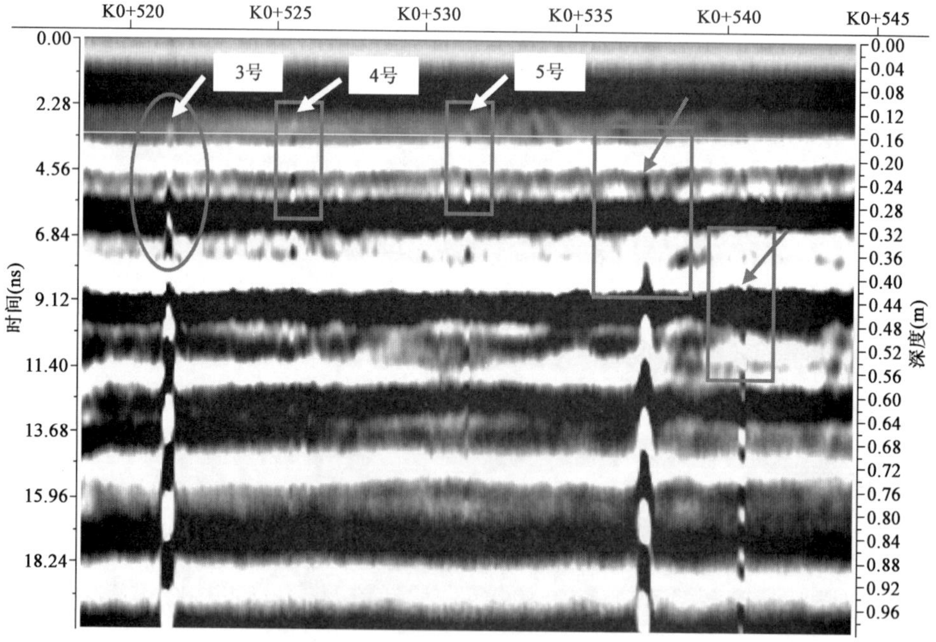

图 4-41　雷达检测公路裂缝剖面(3)

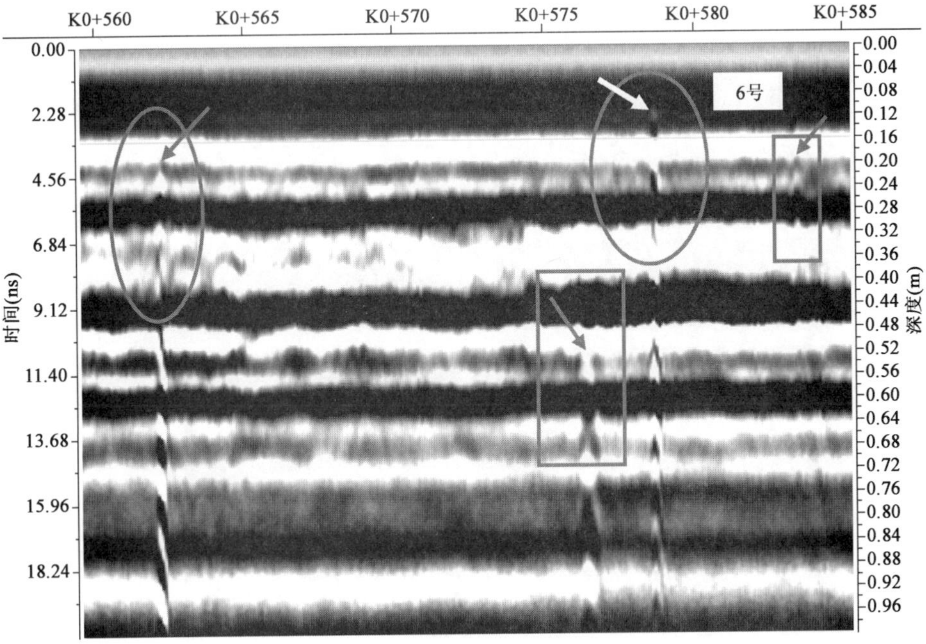

图4-42　雷达检测公路裂缝剖面(4)

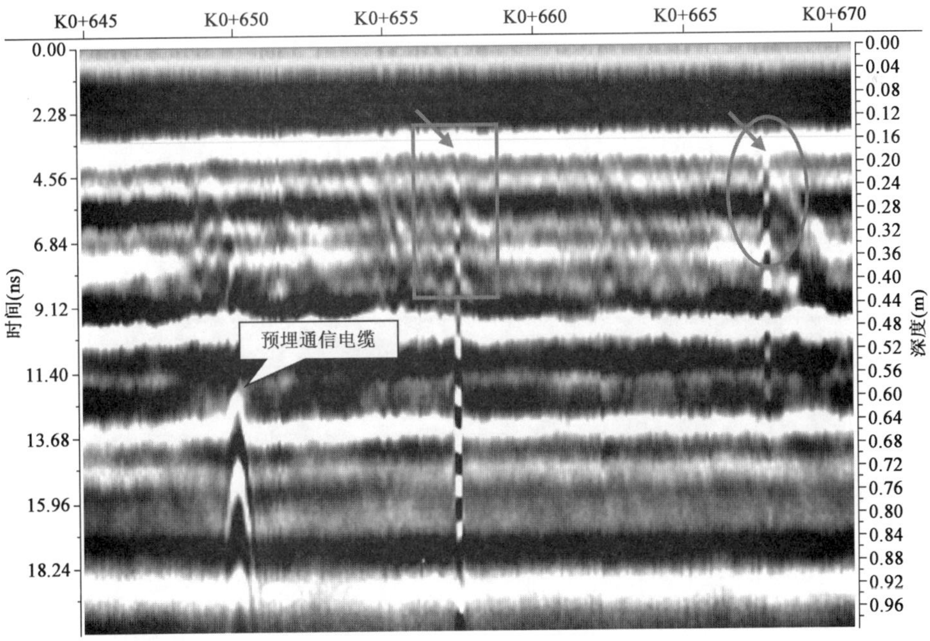

图4-43　雷达检测公路裂缝剖面(5)

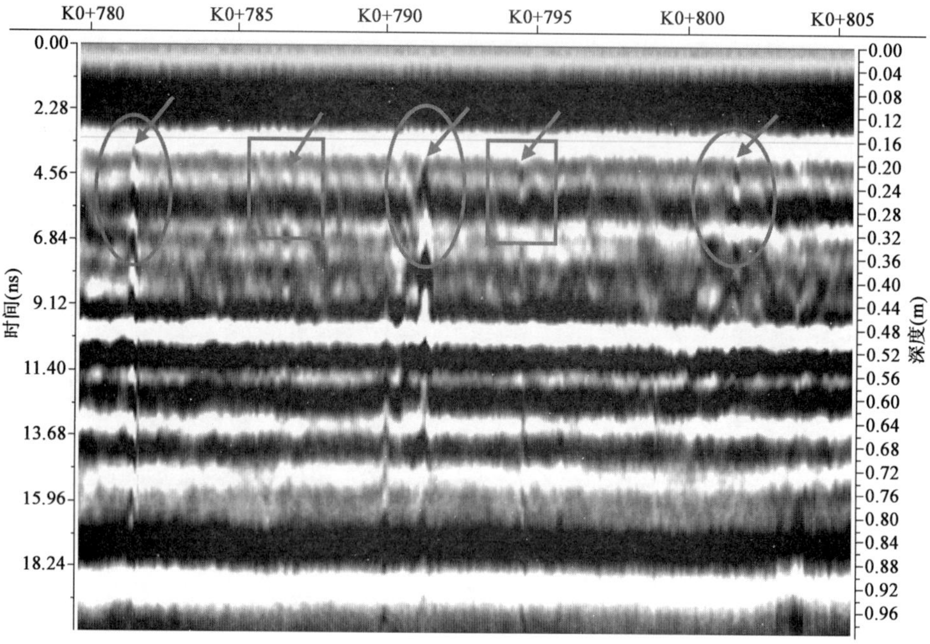

图 4-44 雷达检测公路裂缝剖面(6)

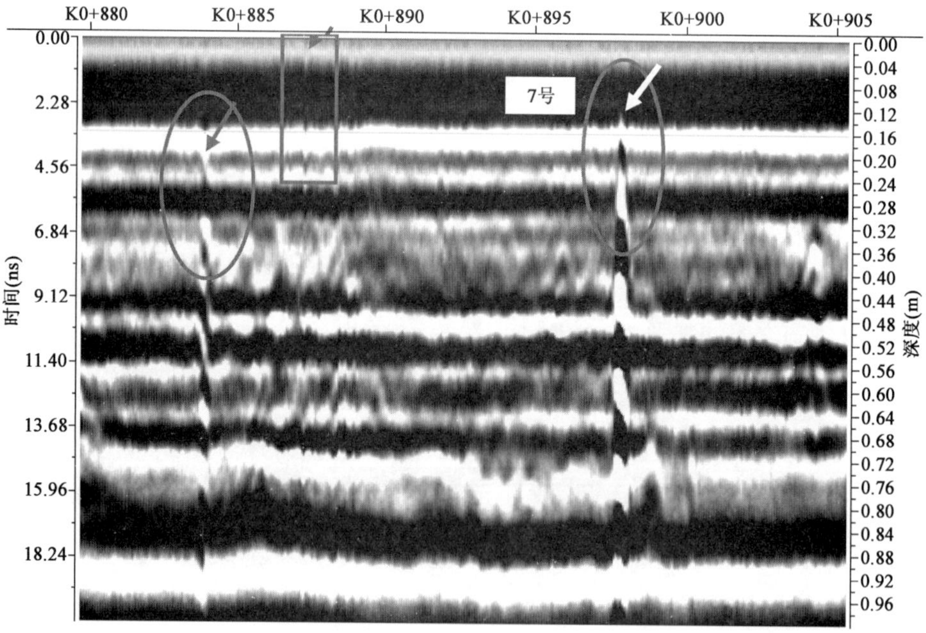

图 4-45 雷达检测公路裂缝剖面(7)

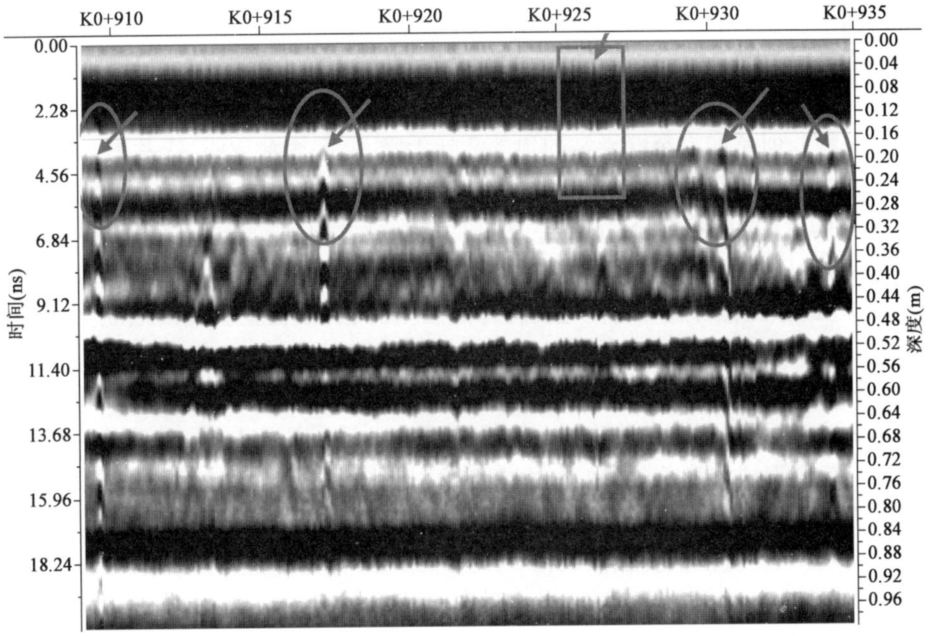

图 4-46　雷达检测公路裂缝剖面(8)

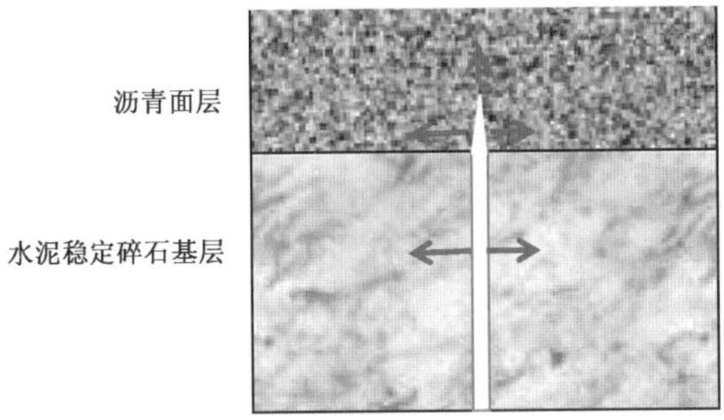

图 4-47　公路结构层垂直裂缝由下向上发展示意图

(2)裂缝倾斜方向的判别

在第 3 章中已经讨论过,当裂缝倾斜时,其倾向一侧的散射波能量较强,另一侧能量较弱。高速公路结构层中的裂缝,除属于层间脱空的水平裂缝外,以垂直裂缝最为常见。倾斜裂缝虽也存在,但所占比例相对较小。对于垂直裂缝,其特征表现为水平“斑马条”和“倒麦穗”。倾斜裂缝则表现为倾斜的“斑马条”。“斑马条”的倾向代表了裂缝的倾向。

(3)裂缝顶深的含义

裂缝顶端的埋深可以非常确切的判定。因为顶端的埋深计算只依赖于裂缝顶部以上介质的雷达波速度。裂缝的顶深位置具有非常重要的含义。下面我们根据剖面反映的情况加以分析。

①部分裂缝在摊铺面层后继续发育。如编号为 1 ~ 7 号的裂缝就属于这种情况。因为面层不可能在摊铺时就已经开裂,而是在基层裂缝的影响下才慢慢开裂的。

②根据裂缝的顶深位置来判定裂缝的发育方向。在高速公路结构层中,某结构层开裂,总是从一个面向另一个面开裂,要么从顶面向下开裂,要么从底面向上开裂,而几乎不可能是从结构层的内部向外开裂,因为这不符合力的作用原理。如果裂缝的顶端位于某结构层中,则该裂缝一定是从结构层的底面向上开裂;而如果裂缝的顶端位于某结构层的顶面,则有可能是两种情况中的一种。但是如果裂缝异常的顶部清晰干脆,下部逐渐减弱,或者在下一层中看不到明显的多次波,则该裂缝多是从结构层的顶部向下开裂的,而且基本上没有裂穿,如图4-39中左面的裂缝、图4-41中的4、5号、图4-43中右面的裂缝及图4-44中右面的两条裂缝等都属于这种情况。图4-41中下面的方框表示该裂缝发育在底基层中。图4-45和图4-46中最上面方框锁定的裂缝虽然很细微,但因它们是发育在面层中,而且很快就会使面层完全裂穿,导致雨水下渗,引起水毁病害,应引起足够重视。

(4)电缆线引起的异常与裂缝异常的区别

在高速公路基层摊铺前,一些跨路电缆线被预先埋置。因这些电缆线为良导体,所以它们在雷达检测剖面会形成很显著的异常。由电缆线引起的异常与由裂缝引起的异常最明显的区别就在于二者两翼的长度和形态不同。由于电缆属于导体,感应信号强,所以,其异常的两翼双曲线形态特别明显,整体幅度也很大;而裂缝多表现为明显的相位错断。这是因为在很多情况下,由于裂缝两翼的信号较弱,再经过严重的吸收或散射衰减,两翼能量几乎完全消失,所以,从实测剖面上只能看到双曲线顶点的痕迹。

4.8.5 试验结果总结

在理论分析、数值模拟和物理模拟的基础上,通过现场试验充分证实了采用探地雷达方法检测地下隐含裂缝的可行性和可靠性。现场试验是成功的,试验结果是令人满意的。这进一步证实了前面的理论分析、数值模拟、物理模拟及对采集方法和参数的试验、论证和选取是正确的。研究成果转化为实用检测技术,对促进我国乃至世界经济发展具有重大的现实意义。现对试验结果总结如下:

(1)通过采用探地雷达方法对某高速公路1km路段现场检测试验,全面查明了该路段隐含在基层和底基层中的新老垂直裂缝;

(2)详细提供了各隐含裂缝的横向位置和顶点深度等;

(3)对裂缝的纵向延伸范围进行了合理的分析;

(4)从波场强弱的角度提供了裂缝大小宽窄方面的信息;

(5)分析了部分裂缝向上发展的趋势,为下一步的养护治理提供了科学的依据。

基于以上检测结果可以做如下大胆的预言:探地雷达方法在未来高速公路养护监控中必将发挥巨大的作用。

4.9 生命探测仪

近年来全球范围内恐怖袭击事件不断,国际反恐形势依然严峻。由于犯罪分子多躲藏在暗处,而工作人员暴露在明处,在执法行动中容易受到意外的攻击,付出较大的牺牲。而房间既是多数犯罪活动实施的场所,又是犯罪分子潜逃躲藏的地方,更是犯罪分子最后负隅顽抗的依托。如果在进行突袭抓捕之前能对躲藏在诸如房间等建筑物内的犯罪分子的数量及位置进行先期侦察,必将大幅度提高行动的准确性、降低伤亡风险。因此,公安、安全等部门亟须这种能够透过墙壁等障碍实现人体快速、高效、准确地探测、定位的技术手段。

现代战争虽然不像第二次世界大战时期炮火连天、钢铁倾泻,但弹药的当量却有增无减,而且由于使用大量的精确打击武器,对前线工事和后方的重要军事设施的破坏程度更加严重,搜救战场伤员和废墟中的幸存者也需要更加有效的技术手段。一般应用光学、红外线、无线电、声波等传统技术进行探测,但这些技术都有各自的局限性,无法有效探测到埋藏在废墟、瓦砾或建筑物下的人员。超宽带穿墙侦察雷达技术为战时应急搜救提供了迅速有效的技术手段。这种技术也可以战场的军事侦察和区域的警戒等(图4-48)。

我国是全球大陆性地震较活跃、灾害损失较严重的国家之一。各类建筑物倒塌、塌方、泥石流等灾害也偶有发生。我国又是能源大国,各种矿场数量众多,因此,矿难事故也会偶发。当不幸发生时,残存的生命被掩埋在瓦砾和残垣断壁下,随着时间的流逝,生存可能性在降低。“时间就是生命”,快速探测搜寻幸存者是抢救人民生命财产的关键。利用超宽带穿墙侦察这种新的技术新装备,快速搜寻到幸存者(图4-49),这对保护人民的生命、构建和谐社会、体现以人为本、维护社会稳定等具有重要意义。

图4-48　军事侦察和区域的警戒

图4-49　搜救队员在瓦砾中寻找生命迹象

总之,多通道超宽带穿墙侦察雷达技术在军事、安全、公安及抗震救灾等方面均具有较大的应用价值,具有较为广阔的市场前景,可以创造巨大的社会效益和经济效益。

上面提出了三种需求情形,对雷达技术的一个共同要求就是能够穿过墙壁或废墟等障碍探测到内部的具有生命的运动的或静止的人体。具有超宽带特点的探地雷达技术,具备高距离分辨能力和“穿墙破壁”的本领,成为实现上述目的的首选技术途径。

雷达产生的宽带高频电磁波,穿透遮挡介质,检测人体生命活动所引起的各种微动,从这些微动中得到呼吸、心跳的有关信息,从而辨识有无生命体。超宽带雷达生命探测仪集超宽带雷达技术、生物医学工程技术于一体,利用超宽带雷达穿透能力强、距离分辨能力高的优势,不仅可以探测到被埋生命体的呼吸、体动等生命特征,而且能够精确测量被埋生命体的距离深度。超宽带雷达可以透过许多建筑材料,譬如砖、钢筋混凝土、石头、木头及其复合材料、石膏、瓷砖以及玻璃纤维等墙体实现侦察探测。如果采用连续波体制的窄带雷达探测生命,虽然可以感知生命的存在及其方向,但不能判断距离。

超宽带生命探测雷达(图4-50)与生物、光学、红外和音频探测技术相比,不受环境温度、气味、热物体、声音及空间射频等干扰的影响,抗干扰能力强。

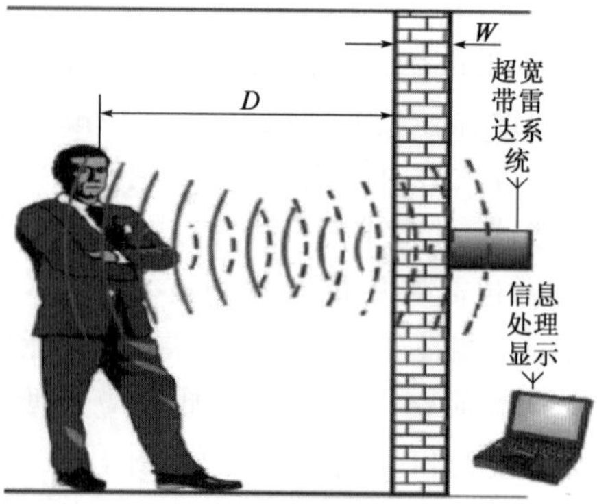

图 4-50　超宽带生命探测雷达工作示意图

超宽带生命探测雷达工作原理：

生命探测雷达以快速窄脉冲形式的波束照射人体，由于人体生命活动（呼吸、心跳、肠蠕动等）的存在，使得被人体反射后的回波脉冲序列的重复周期发生变化，而回波脉冲信号的重复周期与人体生命的活动速度和频率有关。对该脉冲序列（携带有与被测人体生命运动相关的信息）进行解调、积分、放大、滤波，送入计算机进行数据处理和分析，就可以得到与被测人体生命体征相关的参数（呼吸、心跳等）。由于这些生命体征引起人体的器官的起伏很小，对雷达信号的相位和幅度影响甚微，因此要求雷达硬件系统具有较高的距离分辨率和信噪比。在雷达式生命探测系统中，动目标干扰对后续处理影响很大，因此，首先采用跟踪干扰谱峰的滤波算法，对动目标干扰进行抑制，将动目标干扰的影响降到最小。然后，信号分两路并行处理，一路采用神经网络的模式识别算法，对探测目标进行识别，以确定探测区域内是否有人存在；另一路先进行基于 FFT 的频域积累，估计出生命信号的频谱范围，并进行小波变换，分离出呼吸信号，以进一步对生命目标进行辨识。图 4-51 是 4 楼探测到仰卧在 2 楼的人的呼吸波形。探测仪器与被探测人中间隔了 2 层钢筋混凝土楼板，距离约 8m。

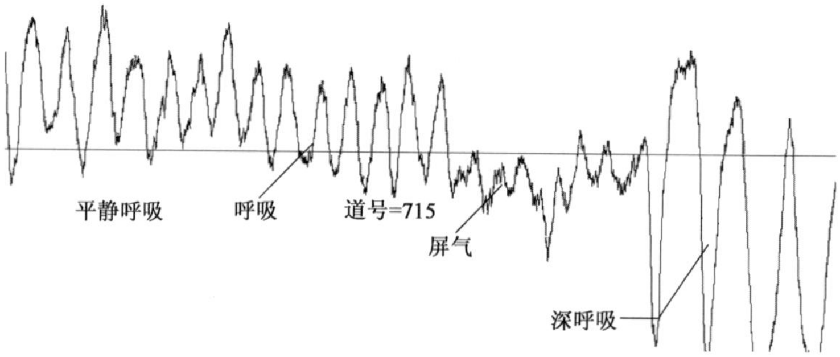

图 4-51　试验数据提取的人的呼吸波形

第5章 隐性病害探地雷达无损检测方法

5.1 检测仪器及设备

(1)探地雷达主机技术指标应符合下列规定：

①系统增益不应低于120dB。

②信噪比不应低于60dB。

③模数转换不应低于12位。

④信号迭加次数应可以选择。

⑤采样间隔不宜大于0.5ns。

⑥实时滤波功能可选择。

⑦应具有点测与连续测量功能。

⑧应具有手动或自动位置标记功能。

⑨应具有现场数据处理功能。

(2)探地雷达天线宜采用不同频率的组合天线,技术指标应符合下列规定：

①应具有屏蔽功能。

②最大探测深度应大于2m。

③垂直分辨率应高于2cm。

(3)探地雷达工作环境应符合下列规定：

①工作环境温度应为-10~+40℃。

②工作环境湿度应小于90%。

5.2 现场检测

(1)检测前的准备应符合下列规定：

①检测前应对被检工程进行现场调查,搜集设计、施工资料,了解工作条件及环境安全状况。

②应调查施工过程中特殊施工段,记录结构物位置和影响检测工作障碍物和电磁干扰源的位置。

③应调查已发表层病害,并记录其位置和类型。

④检测前应正确连接雷达系统,并在检测前进行试运行。

⑤检测前应准确标记检测里程(桩号)及测线位置。

⑥测量轮连续采集时应保持测量轮随检测距离的增大而运转良好,计程准确。

⑦在不间断通行道路检测时，检测车后应跟随保通警示车辆，检测车内应有专人负责安全。

（2）测线布置应符合下列规定：

①测线布置应以纵向布线为主，横向布线为辅。

②每车道应布设一条纵测线。应选取有代表性病害的特征部位布设横测线，对于重点病害异常区段宜进行加密测线，必要时应根据缺陷目标体形状布置横向测线。

③测线每隔1km应有一个里程标记，标记应清晰。

（3）介质参数标定应符合下列规定：

①检测前应对道路结构层的介电常数或电磁波速做现场标定，每同类道路结构层不宜少于3处，取平均值为该类道路结构层的介电常数或电磁波速。当检测长度大于10km时应适当增加标定点数。

②标定宜采用钻孔实测方法，标定记录中的界面反射信号应清晰准确。

③标定结果应按下式计算：

$$\varepsilon = \left(\frac{0.3t}{2d}\right)^2 \tag{5-1}$$

$$v = \frac{2d}{t} \times 10^9 \tag{5-2}$$

式中：ε——相对介电常数；

v——电磁波速（m/s）；

t——双程旅行时间（ns）；

d——标定目标体厚度或距离（m）。

（4）现场参数应根据检测目标体特征而设定，检测参数应包括中心频率、时窗、采样率、测点点距等。现场检测参数设定应符合下列规定：

①天线中心频率应按下式计算：

$$f = \frac{150}{x\sqrt{\varepsilon}} \tag{5-3}$$

式中：f——天线中心频率（MHz）；

x——要求的空间分辨率；

ε——相对介电常数。

②时窗应按下式计算：

$$T = 1.3 \times \frac{2d}{v} \tag{5-4}$$

式中：T——时窗长度（ns）；

d——目标体厚度或距离（m）；

v——电磁波速（m/s）。

③采样率应满足奈奎斯特采样定律，采样率不宜小于天线中心频率的6倍。

④测量点距应满足每个目标体有不少于5条以上的扫描道通过。

⑤距离记录方式宜采用测量轮连续测量采集方式,特殊情况可采用点测方式。

⑥当使用分离式天线时,天线间距应按下式计算:

$$s = \frac{2d}{\sqrt{\varepsilon}} \tag{5-5}$$

式中:s——天线间距(MHz);

d——目标体厚度或距离(m);

ε——相对介电常数。

(5)现场检测应符合下列规定:

①检测时,检测天线应平稳匀速直线行进。

②检测时移动速度应控制在以不丢失采集数据为准,不宜太快。

③当雷达图像变化时,应对图像异常段进行记录,必要时应进行复检或加密检测。

④应随时记录可能对测量产生电磁影响的物体形态及其位置。

⑤检测记录应包括测线位置、编号、天线移动方向、标记间隔、天线类型及异常描述等。

5.3 数据处理与分析

(1)原始数据处理前应检查原始数据的完整性、信号的清晰度、里程记录的准确度。不合格的原始数据不得进行处理与解释。

(2)当外业原始记录有下列情况之一时,资料应作废重新采集:

①测点、测线、里程(桩号)混淆不清;

②干扰背景强烈,妨碍有效波的识别;

③不能可靠采集有效波。

(3)数据处理与解释软件应使用正式认证或经鉴定合格的软件。

(4)应正确选择处理参数,处理参数应能有效压制干扰信号,提高信噪比,真实反映地下介质的情况,获取清晰的处理剖面。

(5)处理后的资料中,里程桩号和位置标记应准确无误。

5.4 资料解释

(1)资料解释应在掌握测区内物性参数和道路结构层的基础上,应按“由已知到未知,定性指导定量”的原则进行。

(2)应根据现场记录,分析可能存在的干扰体位置与雷达记录中异常的关系,准确区分有效异常与干扰异常。

(3)应准确读取双程旅行时的数据。

(4)道路结构层界面应根据反射信号的强弱、频率变化及延伸情况确定。

(5)雷达数据解释完后,应现场打孔验证。

(6)解释结果和成果应符合道路质量检测要求。

5.5 评价报告

(1)检测工作完成后,应编制探地雷达检测报告。报告应由说明书、图件和附件组成。

(2)检测报告应准确、完整,数据应真实、齐全。内容应包括:检测项目、检测方法、采用的仪器和设备、工作布置、工作量、检测数量、抽验路段、检测结果、资料处理和解释、检测结果验证分析、结论等。

(3)报告主要图表应包括下列内容:

①测线布置图,含测线的位置、方向和里程等。

②探地雷达时间剖面图像。

③探地雷达深度剖面图像。

④综合解释断面图。

⑤病害检测结果及评价表。

⑥病害分布统计表和分布图。

(4)报告附件应包括如下内容:

①原始记录。

②原始数据(仪器原始数据应转换为标准物探格式)。

③检测影像资料及电子文档等。

第6章　雷达检测仪的应用

研究人员共开发了9种雷达检测仪,包括道路结构层厚度检测仪、道路结构变形检测仪、地质特征调查仪、路面隐性病害调查仪、梁板检测仪、边坡隐患调查仪、隧道检测仪、裂缝检测仪、生命探测仪。

目前应用较多的是结构层厚度检测仪、路面隐性病害调查仪、隧道检测仪和裂缝检测仪。

6.1　结构层厚度检测仪

结构层厚度检测仪工作原理如图6-1所示。

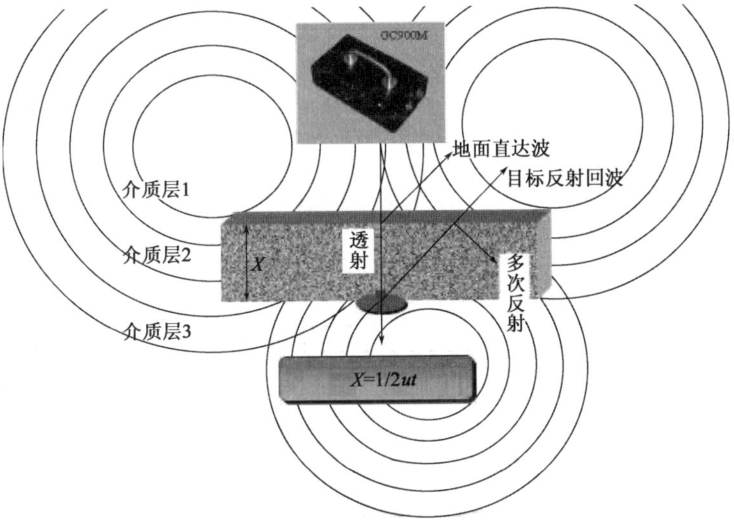

图6-1　雷达测厚原理图

X-穿透深度;v-电磁波传播速度;t-双程旅行时间

图6-2、图6-3是早期的应用实例。

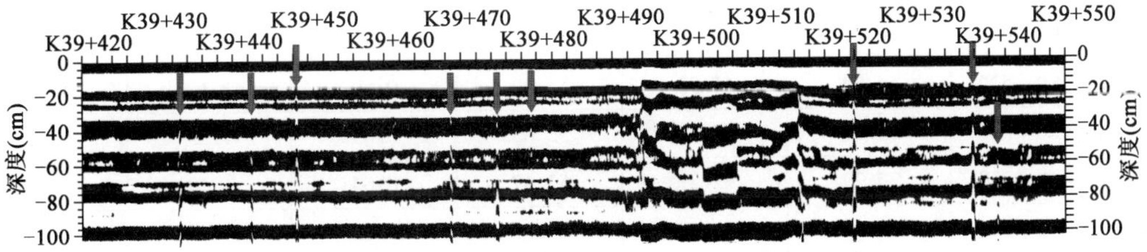

图6-2　公路结构层层厚度探地雷达检测剖面图

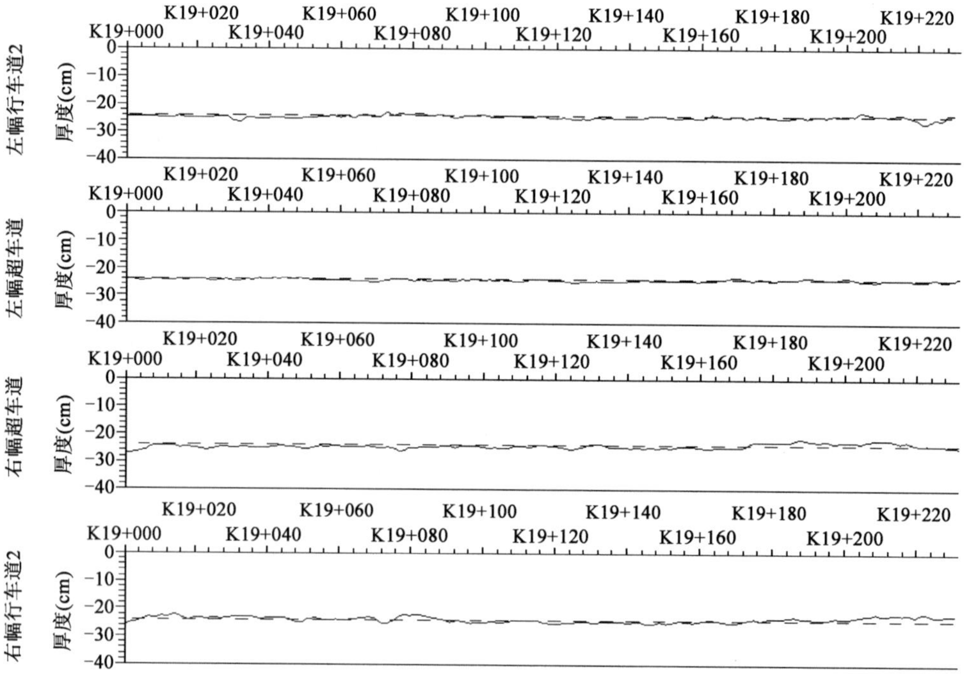

图 6-3 高速公路路面厚度检测剖面图

下面介绍某高速公路使用结构层厚度检测仪对水泥稳定碎石层进行质量检测和施工质量控制。

探地雷达检测水泥稳定碎石层厚度分段统计，见表 6-1。

探地雷达检测水泥稳定碎石层厚度分段统计 表 6-1

起 止 桩 号	最大值(cm)	最小值(cm)	平均值(cm)	标准差(cm)	变异系数	代表厚度(cm)
左幅行车道						
K0 +420 ~ K0 +520	54.78	51.63	52.91	0.75	1.41	52.89
K0 +520 ~ K0 +620	54.24	51.05	53.02	0.95	1.80	52.99
K0 +620 ~ K0 +720	55.11	50.76	53.27	0.97	1.82	53.24
K0 +720 ~ K0 +820	54.53	52.21	53.67	0.50	0.94	53.66
K0 +820 ~ K0 +920	54.53	51.92	53.12	0.70	1.31	53.10
K0 +920 ~ K1 +016	55.40	52.21	53.49	0.67	1.26	53.47
K1 +159 ~ K1 +259	53.66	51.34	52.80	0.55	1.04	52.78
K1 +259 ~ K1 +359	53.95	48.15	52.06	1.21	2.33	52.01
K1 +359 ~ K1 +470	55.11	49.02	53.23	1.47	2.75	53.18
K0 +420 ~ K0 +520	54.24	51.92	53.40	0.59	1.11	53.38
K0 +520 ~ K0 +620	53.66	50.47	52.65	0.65	1.23	52.63
K0 +620 ~ K0 +720	55.23	52.21	53.47	0.64	1.19	53.45
K0 +720 ~ K0 +820	55.23	51.83	54.19	0.65	1.19	54.17
K0 +820 ~ K0 +920	54.78	51.92	53.53	0.63	1.18	53.51

续上表

起止桩号	最大值(cm)	最小值(cm)	平均值(cm)	标准差(cm)	变异系数	代表厚度(cm)
左幅行车道						
K0 +920 ~ K1 +016	54.53	51.05	53.41	0.78	1.47	53.38
K1 +159 ~ K1 +259	53.95	50.14	52.56	0.71	1.35	52.54
K1 +259 ~ K1 +359	53.37	48.85	51.86	1.03	1.99	51.82
K1 +359 ~ K1 +470	54.24	50.47	52.88	0.81	1.53	52.85
右幅超车道						
K0 +810 ~ K0 +910	54.14	52.13	53.61	0.41	0.77	53.59
K0 +910 ~ K1 +016	54.00	52.83	53.52	0.21	0.39	53.52
K1 +159 ~ K1 +259	53.77	48.38	51.94	1.15	2.22	51.90
K1 +259 ~ K1 +359	53.57	49.53	51.82	0.97	1.88	51.78
K1 +359 ~ K1 +470	55.29	49.86	53.82	1.15	2.13	53.78
右幅行车道						
K0 +810 ~ K0 +910	55.21	53.15	54.06	0.51	0.94	54.04
K0 +910 ~ K1 +016	55.06	52.85	53.89	0.45	0.83	53.87
K1 +159 ~ K1 +259	54.33	47.99	52.08	1.61	3.09	52.02
K1 +259 ~ K1 +359	54.33	47.07	51.93	1.86	3.59	51.86
K1 +359 ~ K1 +470	56.24	50.08	53.53	1.61	3.00	53.48

6.2　路面隐性病害调查仪

图6-4为郑民高速公路郑州段路面1标使用路面隐性病害调查仪调查水泥稳定碎石基层隐性病害，表6-2为调查结果。

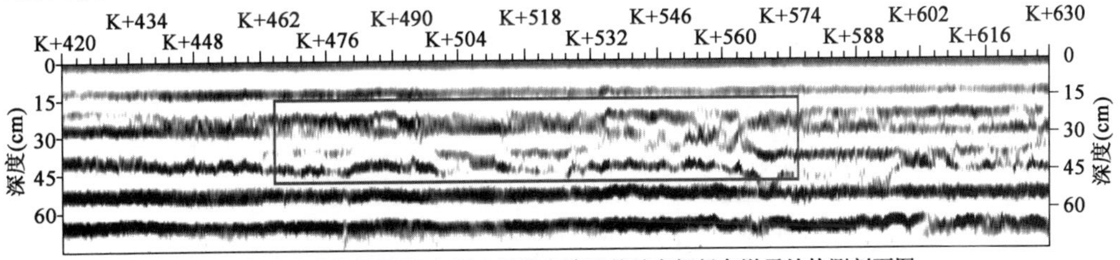

a)郑民高速公路郑州段路面1标水泥稳定碎石基础左幅行车道雷达检测剖面图

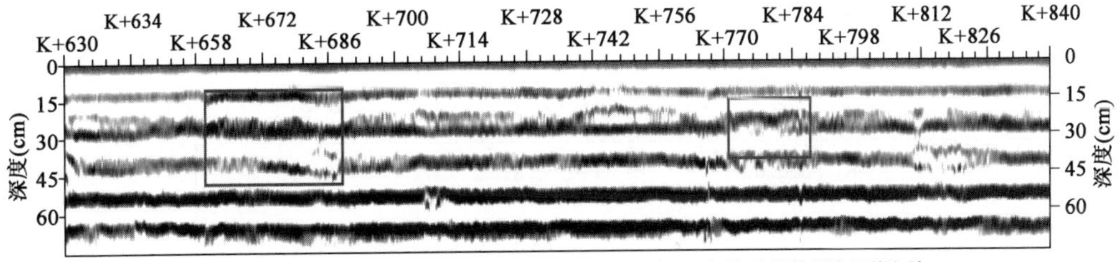

b)郑民高速公路郑州段路面1标水泥稳定碎石基础左幅行车道雷达检测剖面图(续1)

图　6-4

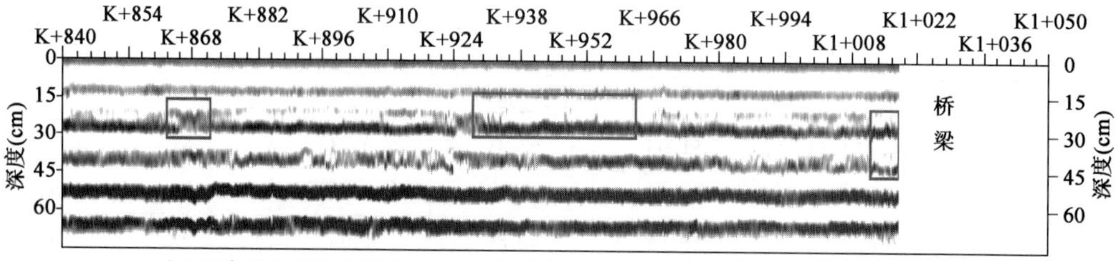

c)郑民高速公路郑州段路面1标水泥稳定碎石基础左幅行车道雷达检测剖面图(续2)

图6-4　水泥稳定碎石基层隐性病害调查

左幅行车道异常统计表　　表6-2-1

序　号	起点桩号	终点桩号	长度(m)	缺陷类型
1	K+465.3	K+575.77	110.47	离析
2	K+660.15	K+689.16	29.01	脱空
3	K+771.02	K+788.24	17.22	松散
4	K+862.81	K+872.21	9.40	离析
5	K+928.11	K+962.68	34.57	松散
6	K1+012.35	K1+016.33	3.97	离析
7	K1+163.76	K1+166.94	3.18	松散
8	K1+268.4	K1+312.37	43.98	离析
9	K1+314.76	K1+394.76	80.01	脱空

右幅超车道异常统计表　　表6-2-2

序　号	起点桩号	终点桩号	长度(m)	缺陷类型
1	K+893.48	K+908.26	14.78	脱空
2	K+962.32	K+968.44	6.12	离析
3	K+994.81	K1+015.98	21.17	脱空
4	K1+164.56	K1+168.96	4.39	离析
5	K1+178.94	K1+211.96	33.02	松散
6	K1+248.45	K1+253.51	5.06	脱空
7	K1+307.3	K1+323.14	15.84	松散
8	K1+356.69	K1+366.81	10.12	松散
9	K1+389.85	K1+413.95	24.1	脱空
10	K1+453.89	K1+467.74	13.85	离析

6.3　隧道检测仪

(1)隧道衬砌质量检测、隧道钢骨架分布调查。

可以检测隧道不规则岩面和初衬之间、初衬和二次衬砌之间是否存在空洞或空隙;初衬和二次衬砌的衬砌厚度是否符合设计要求;钢骨架和钢筋的分布是否符合设计要求等(图6-5)。

图6-5　隧道衬砌质量检测、隧道钢骨架分布调查

(2)隧道施工超前预报。

隧道地质超前预报要解决的问题主要有三个方面,包括断裂、溶洞、破碎带等不良地质对象的性质、规模的判定;不良地质体的位置及产状的确定;岩体工程类别化的识别等内容(图6-6)。

(3)禹登高速公路隧道雷达检测,如图6-7所示。

(4)汝鑫高速公路隧道雷达检测,如图6-8所示。

(5)岭南高速公路隧道雷达检测,如图6-9所示。

(6)洛嵩高速公路隧道雷达检测,如图 6-10 所示。

(7)南水北调穿黄工程隧洞雷达检测,如图 6-11 所示。

(8)北京 110kV 线路电缆隧道雷达检测,如图 6-12 所示。

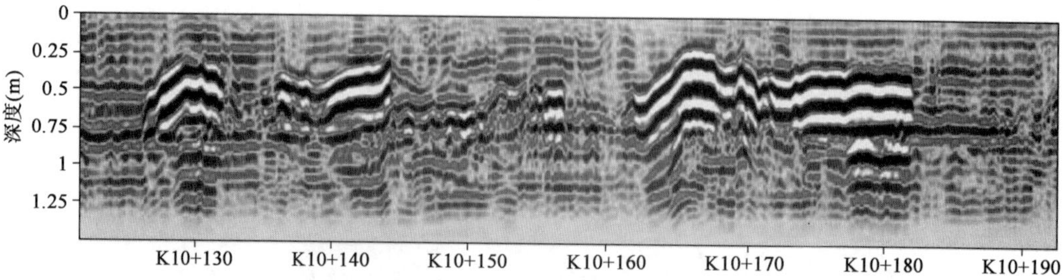

图 6-6　隧道施工超前预报

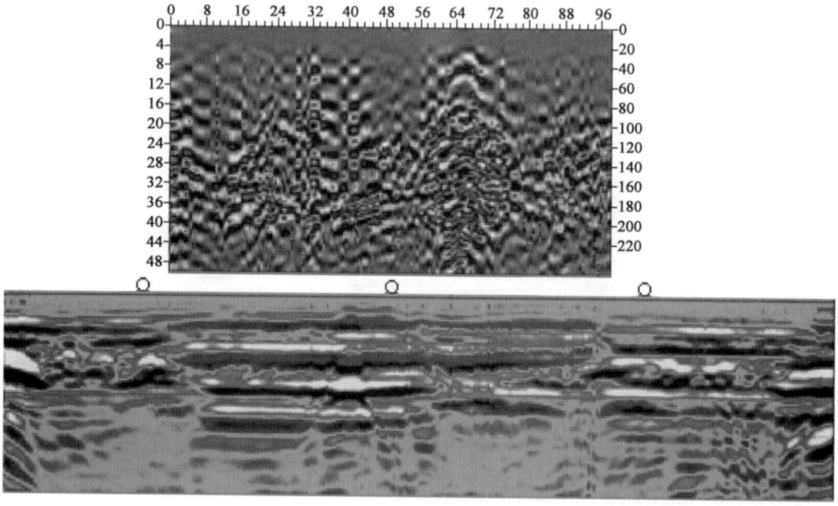

图 6-7　禹登高速公路隧道雷达检测

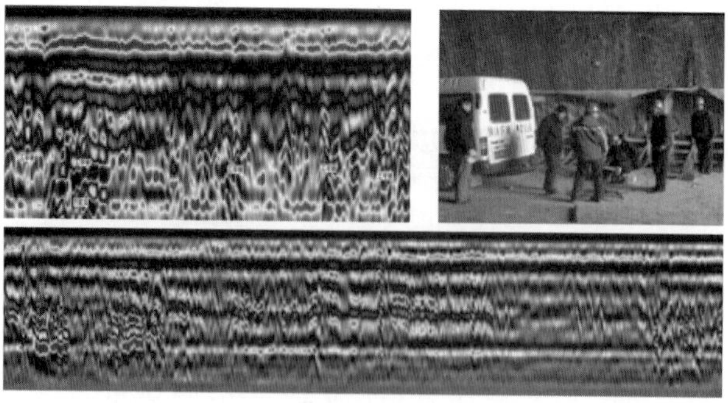

图 6-8　汝鑫高速公路隧道雷达检测

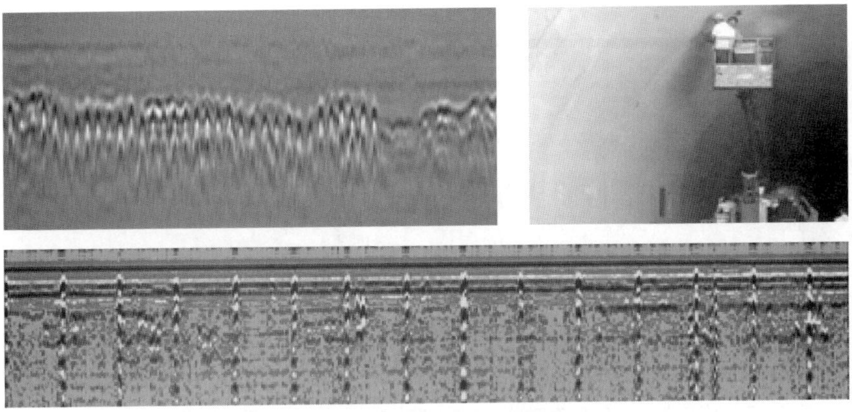

图 6-9　岭南高速公路隧道雷达检测

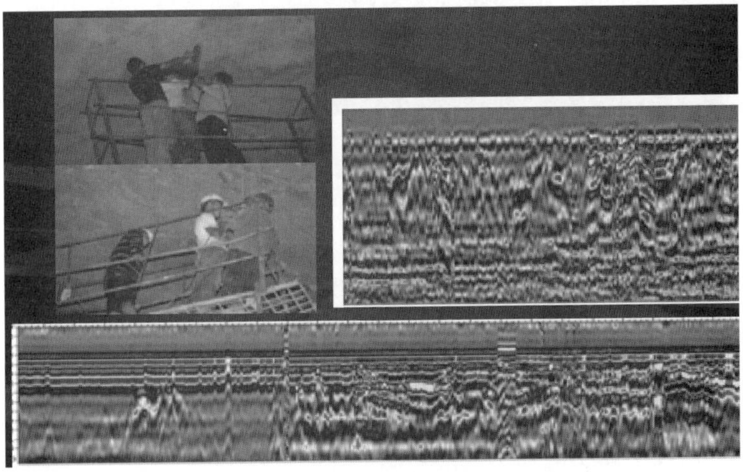

图 6-10　洛嵩高速公路隧道雷达检测

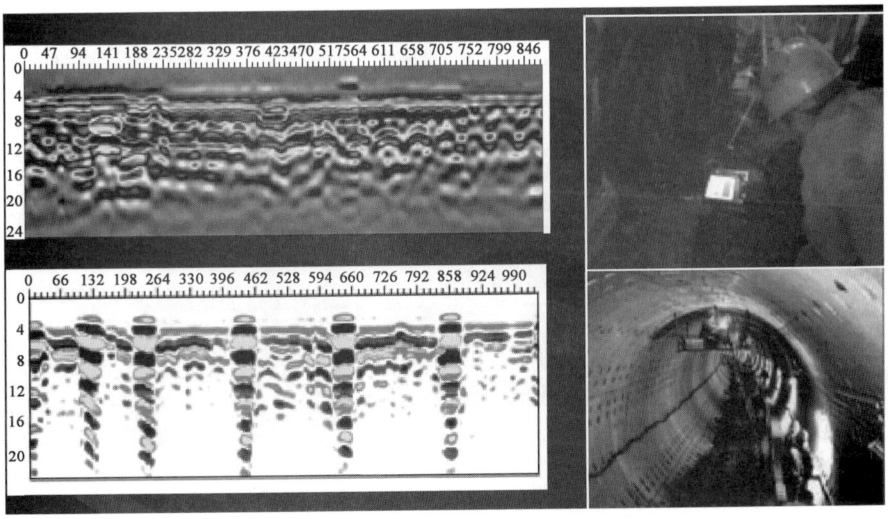

图 6-11　南水北调穿黄工程隧道雷达检测

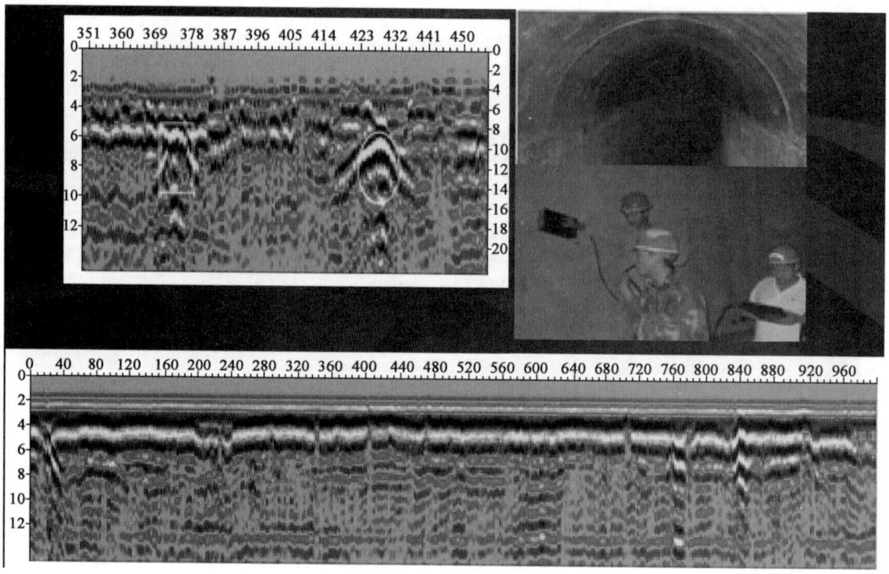

图 6-12　北京 110kV 线路电缆隧道雷达检测

6.4　裂缝检测仪

(1)安徽合六路裂缝检测,如图 6-13 所示。

(2)靖王高速公路裂缝检测,如图 6-14 所示。

(3)陕西榆林高速公路裂缝检测,如图 6-15 所示。

图 6-13　安徽合六路裂缝检测

图 6-14　靖王高速公路裂缝检测

图 6-15　陕西榆林高速公路裂缝检测

参考文献

[1] 牛永田,吴子平,陈永彰,等. 混凝土堤坝成因机理分析[J]. 水利技术监督,2004(3):40-42.

[2] 夏惠芬,李福军,夏克英,等. 水力压裂垂直裂缝几何形态数值模拟及影响因素分析[J]. 大庆石油学院学报,1996,20(1):10-13.

[3] 刘江平,陈超,侯卫生,等. 浅层地震映像法在堤坝无损检测中的应用[J]. 人民长江,2002,33(5):26-28.

[4] 刘江平,陈超,许顺芳,等. 垂直裂缝的波场特征及实例[J]. 工程地球物理学报,2004,1(1),55-58.

[5] 聂立新. 垂直裂缝方位的确定[J]. 油气井测试,2000,9(2):6-14.

[6] 贺振华,李亚林,张帆,等. 定向裂缝对地震波速度和振幅影响的比较[J]. 物探化探计算技术,2001,21(1):1-5.

[7] 罗杰,张亮. 壁可法修补混凝土裂缝雷达检测技术的研究[J]. 中南公路工程,2004,24(3),81-85.

[8] 曾昭英,徐魁生,冯凤萍,等. 矩形油藏垂直裂缝试井数学模型及应用方法[J]. 大庆石油学院学报,2004,28(5):13-15.

[9] 李成香,强建科,王建军,等. 地质雷达在公路裂缝检测中的应用[J]. 工程地球物理学报,2004,1(1):282-286.

[10] 薛国新,肖立川. 基于最小矩理论的计算机裂缝自动识别方法[J]. 工矿自动化,2003(6):1-3.

[11] 岳建华,何兵寿. 超吸收边界条件在地质雷达剖面正演中的应用[J]. 中国矿业大学学报,1999,28(5):453-456.

[12] 何兵寿,张会星. 地质雷达正演中的频散压制和吸收边界改进方法[J]. 地质与勘探,2000,36(3):59-63.

[13] 孟美丽,蔡迎春,高海彬,等. 路用探地雷达的回波模拟[J]. 郑州大学学报(工学版),2002,23(2):44-46.

[14] 孙洪星,康永华. 有耗介质探地雷达波传播衰减特性的研究[J]. 工程地质学报,1999,7(4):344-348.

[15] 王惠濂. 利用物理模拟和异常识别的成果进行异常识别[J]. 地球物理学报,1993,43(6):95-263.

[16] 姚姚,詹正彬,钱绍湖. 地震勘探新技术与新方法[M]. 武汉:中国地质大学出版社,1991.

[17] 孙家振,李兰斌. 地震地质综合解释教程[M]. 武汉:中国地质大学出版社,2002.

[18] 王秉中. 计算电磁学[M]. 北京:科学出版社,2002.

[19] 葛德彪. 闫玉波. 电磁波时域有限差分法[M]. 西安:西安电子科技大学出版社,2002.

[20] 漆新民.电磁场论[M].武汉:武汉大学出版社,1998.
[21] 陈伯舫.冯戬云.三维电磁感应的有限差分法的网格收敛试验[J].地球物理学报,1989,32(6):695-963.
[22] 陈本池.李金铭.TEM 波场变换方法研究:中国地球物理学会年刊[M].上海:同济大学出版社,1997.
[23] 葛德彪,闫玉波.电磁波时域有限差分法[M].西安:西安电子科技大学出版社,2002.
[24] 王家映.石油电法勘探[M].北京:石油工业出版社,1992.
[25] 吴如山,[美]安艺敬一.地震波的散射衰减[M].李裕澈,卢寿德,等,译.北京:地震出版社,1993.
[26] 陆基孟.地震勘探原理[M].北京:石油大学出版社,1996.
[27] 马在田,等.计算地球物理学概论[M].上海:同济大学出版社,1997.
[28] 杨文才.地球物理反演的理论与方法[M].北京:地质出版社,1996.
[29] 唐新功.三维模型瞬变电磁响应正演研究[D].北京:北京大学,1999.
[30] 何兵寿.地质雷达正演中的频算压制和吸收边界改进方法[J].地质与勘探,2000(36).
[31] 袁明德.浅析探地雷达的分辨率[J].物探与化探,2003,27(1):28-31.
[32] 李大心.探地雷达方法与应用[M].北京:地质出版社,1993.
[33] 何兵寿,等.FDTD 法在地质雷达正演模拟中的应用[J].中国煤田地质,1999(4):81-83.
[34] 詹毅,梁昌洪,方广有,等.近地面平面蝶形偶极天线模拟及应用[J].电波科学学报,2000,15(2):134-138.
[35] 唐大荣.地质雷达数据的拟浅层地震资料处理[J].物探化探计算技术,17(3):14-18.
[36] 肖兵.探地雷达信号瞬态谱分析[J].物探与化探,1999,23(6):459-466.
[37] 彭苏萍,杨峰,苏红旗.高效采集地质雷达的研制及应用[J].地质与勘探,2002,38(5):63-66.
[38] 李成方,王绪本,王山山.振幅处理技术在探地雷达资料处理中的应用[J].物探化探计算技术,2002,24(3):224-227.
[39] 高本庆,陈金元.色散介质中电磁场时域有限差分法[J].中国科学,1994,24(5):538-545.
[40] 马在田.地震成像技术[M].北京:石油工业出版社,1989.
[41] 贺振华.反射地震资料偏移处理与反演方法[M].重庆:重庆大学出版社,1994.
[42] 张钋,李幼铭,刘洪.几类叠前深度偏移方法的研究现状[J].地球物理学进展,15(2).
[43] 马在田.高阶方程偏移的分裂算法[J].地球物理学报,26(4):377-388.
[44] M M Nurul Kabir,D J Verschuur,孙晶梅.用共聚焦点技术进行偏移速度分析[C]//美国勘探地球物理学家学会第 66 届年会论文集,北京:石油工业出版社,1997.
[45] Scott A Morton,Jan Thorbecke,孙晶梅.用共焦点道集进行自动叠前偏移分析[C]//美国勘探地球物理学家学会第 66 届年会论文集,北京:石油工业出版社,1997.